地面铺装的装饰性

李 瑾◎著

吉林科学技术出版社

图书在版编目（CIP）数据

地面铺装的装饰性 / 李瑾著 . -- 长春 : 吉林科学技术出版社 , 2019.5
ISBN 978-7-5578-5495-9
Ⅰ . ①地… Ⅱ . ①李… Ⅲ . ①路面铺装—研究 Ⅳ . ① U416.041
中国版本图书馆 CIP 数据核字（2019）第 106176 号

DIMIAN PUZHUANG DE ZHUANGSHIXING

地面铺装的装饰性

著	李　瑾
出 版 人	李　梁
责任编辑	李思言
封面设计	马静静
制　　版	北京亚吉飞数码科技有限公司
开　　本	710mm×1000mm1/16
字　　数	278 千字
印　　张	15.5
印　　数	1—5 000 册
版　　次	2020 年 3 月第 1 版
印　　次	2020 年 3 月第 1 次印刷

出　　版	吉林科学技术出版社
发　　行	吉林科学技术出版社
地　　址	长春市人民大街 4646 号
邮　　编	130021

发行部传真 / 电话　0431-85635176　85651759　85635177
　　　　　　　　　　85651628　85652585
储运部电话　0431-86059116
编辑部电话　0431-85635186

网　　址	www.jlsycbs.net
印　　刷	三河市铭浩彩色印装有限公司

书　　号	ISBN 978-7-5578-5495-9
定　　价	70.00 元

如有印装质量问题　可寄出版社调换
版权所有　翻印必究　举报电话：0431-85635186

前 言

在经济发展和生活节奏日益加快的今天,在科学技术和新材料不断推陈出新的新时代下,人们对物质需要和精神文化生活的追求与要求不断提高,特别是现代高质量生活的新观念、新理念已深入人心,人们越来越迫切需要改善自身的生活和工作环境。国内外工程实践充分证明,现代建筑技术和现代装饰技术越受到人们的重视,对人们的生活和工作环境的改善,越能起到重要的作用。在现代建筑中,地面的铺装是一项很重要的内容。地面不但要符合人们的使用和功能上的要求,还要满足其在审美方面的要求。

随着经济与科技的发展,用于建筑地面的材料也得到更新,涌现出了许多不同材质、不同装修效果的新材料。因此,如何根据客观条件和功能需要来选择装修材料和施工工艺就成为首要问题。本书就是本着解决上述问题而撰写的。

地面铺装的目的是增强地面的艺术美感,对结构进行保护,使地面脚感舒适、使用安全、便于清理、易于保持。对于地面铺装来说,就像在设计一幅图,其过程必然包含材料、技术、色彩和图案等方面。本书即从地面铺装的基本概念谈起,并从地面铺装的各种材料的装饰工艺以及地面铺装的色彩选择和图案选择入手,全面分析地面铺装的各个环节。本书内容丰富,结构合理,语言简练,论述深入,具有很好的学习和参考作用。

本书在撰写时按照先进性、针对性、实用性和规范性的原则,特别突出理论与实践相结合,具有应用性突出、可操作性强、通俗易懂等特点。

本书在内容上,根据铺装工程的实际情况,注重新材料、新技术、新工艺、新方法的体现。在撰写体例上,以具体项目的施工操作程序为依据,采用浅显易懂的语言,努力做到图文并茂、直观形象。

由于作者的水平所限,书中不足之处敬请原谅,并恳请广大读者提出批评和建议。

作 者

2019 年 1 月

目 录

第一章 地面铺装及其材料解读 … 1
第一节 地面与地面铺装的概念 … 1
第二节 地面铺装的材料分析 … 10

第二章 地面铺装的色彩与图案的装饰性 … 73
第一节 地面装饰的色彩选择 … 73
第二节 地面装饰的图案选择 … 89

第三章 木质地板铺装的装饰性 … 94
第一节 木质地板面概述 … 94
第二节 实木地板装饰工艺 … 110
第三节 实木复合地板装饰工艺 … 123
第四节 新型木地板地面装饰工艺 … 130

第四章 卷材地面铺装的装饰性 … 140
第一节 地毯面层装饰工艺 … 140
第二节 塑料地面装饰工艺 … 152

第五章 板块地面铺装的装饰性 … 171
第一节 陶瓷地砖底地面装饰工艺 … 171
第二节 大理石、花岗岩地面装饰工艺 … 182

第六章 特殊面层地面铺装的装饰性 … 190
第一节 玻璃砖地面的装饰工艺 … 190
第二节 导电地面的装饰工艺 … 198
第三节 防水地面的装饰工艺 … 200
第四节 保温地面的装饰工艺 … 214
第五节 采暖地面的装饰工艺 … 222

参考文献 … 238

第一章 地面铺装及其材料解读

本章首先概括探讨了地面与地面铺装,主要包括地面的构造层次、功能、分类及铺装要求,接着重点论述了地面铺装的材料分析,包括木质地面装饰材料、天然石材装饰材料、陶瓷、水磨石、塑料、地毯等装饰材料。

第一节 地面与地面铺装的概念

一、地面及地面铺装的概念及种类

(一)地面铺装的概念

地面铺装是指在原有地面基础上做一些泥浆、地砖木板或者石砾等面层的艺术装饰,达到美观、环保、承重量增强、透水性增强等效果。

地面铺装主要分为两大类,分别是整体面料和块状面料。整体面料的有水泥砂浆、水磨石、地毯、地面涂料等;块状面料的有木地板、地砖、地板革、玻璃、金属、地毯块等。

(二)地面铺装材料

地面材料多指建筑物内部和周围地表的铺筑层,也指楼层表面的铺筑层(楼面)装饰材料,常用的有水泥砂浆地面、大理石地面、水磨石地面、环氧树脂、瓷砖、木地板、塑胶地板、地毯等等材料。

地面材料的基本种类有:(1)水泥砂浆;(2)大理石;(3)水磨石环氧树脂;(4)瓷砖;(5)木地板;(6)塑胶地板。

(三)地面分类

地面的种类很多,可以从不同角度进行划分。

地面铺装的装饰性

根据饰面材料的不同,可分为水泥砂浆地面、水磨石地面、大理石(花岗石)地面、地砖地面、木地板地面等。根据构造方法和施工工艺不同,可分为整体类地面、块材类地面、木地面及人造软制品地面等。本书参考《建筑地面工程施工质量验收规范》(GB 50209-2002)的方法,按照构造方法的不同特点归纳为整体面层地面、板块面层地面、木质面层地面、地毯及塑料面层地面、特殊面层地面5个大类。在每个大类中,再按照材料、施工工艺的不同,划分为几个小类。

二、地面铺装的应用

(一)城市道路铺装

城市道路铺装是城市地面铺装的重中之重。大街小巷串联着城市的每一个点,成为独特的城市道路网,它覆盖着城市的各个角落,规定了城市的交通、流向以及市中区的定位等。所以做好城市地面铺装的首要任务便是做好城市道路铺装。

1. 城市道路铺装的景观功能性

道路铺装景观具有双重功能:交通功能和环境艺术功能。交通功能包括可辨识性、界定性、方向性、警示性、诱导性和限速性;环境艺术功能包括营造宜人空间、连接建筑与环境、美化城市形象等。

2. 影响道路铺装设计的因素

影响道路铺装设计的因素主要包括以下三个方面,它们分别是道路用途、道路铺装材料的性价比和设计师主观的设计风格。道路设计与铺装材料在道路铺装方面起着重要的作用。

(二)广场地面铺装

1. 广场地面铺装设计的类型

广场是城市的客厅,同时也是城市的一种象征。构成广场的重要元素之一的地面铺装,在整个广场设计中占有极其重要的地位。场地类型主要分为复合功能场地和专用场地。复合功能场地没有特殊的设计要求,而专用场地则具有一定的设计要求,如某些专用的儿童游乐场。

2. 广场地面铺装的选材

广场地面铺装的材料常用的有花岗岩、砂子、卵石和混凝土。花岗岩,外观大气、高雅、华贵,但在雨雪天气时防滑效果不佳,并且投资较大,需要在一些固定的场合搭配使用。而砂子和卵石,外观形状各异,色彩丰富,具有趣味性,弧形的状态更具备亲和力,一般常用作广场铺地中步行小径的材料。混凝土拥有多种质感和色彩,在搭配上较简洁,且价格实惠,常用作大面积铺地材料使用。

3. 广场地面铺装的图案处理手法

对于地面铺装的图案处理手法主要可以分为以下几种。一是规范图案重复使用。二是整体式图案。图案本身对于广场空间感的影响比较大,同时更加能够体现出设计师所要展现的艺术效果,它往往也是广场主题的一种表现方式。三是组合式图案,结合广场周边的环境做出相协调的组合图案,既能增加广场铺装的多样性,又因图案的组合交叉而提高视觉兴奋度。四是广场边缘的处理,区分开广场区域和非广场区域,突出广场整体形象,使广场铺装设计更加完善。

(三)室内地面铺装

地面铺装设计是构成室内装饰的重要组成部分,地面铺装的任务就是在不同的室内空间合理地利用有限的条件,积极发挥设计师的创造思维,创造出一个既符合室内统一的装饰风格,又符合生产和生活物质功能要求的和谐空间。

室内地面铺装材料主要包括地砖、地毯和木地板三大类。地砖、地毯和木地板这三大类材料在室内地面铺装过程中比较常用。在铺装中使用这三种材料也有地域特征、材料的用途。例如地砖的防水性优先于另外两个,所以可以大量的铺装在卫生间和厨房以及用水量较多的地方。木地板温差不大,所以大多安装在卧室或者客厅。当然在装饰效果上面地砖也用于墙面,而地毯的使用一般可以起到装饰房间的功能。在房间内使用地毯也会使房间变得比地砖和地板舒适。

三、地面铺装的发展前景

地面铺装从单一的装饰层面发展到现今很有前景的行业,它潜在的能量是无限的。地面铺装的材料因此而被更多的人所熟知,价格也在迅猛的增长中。对于众多的铺装材料应当给予分类,让消费者明白每一个铺装项目所需要选的材料是哪些,或者说能够大致了解一些铺装材料的性能。每一个生产铺装材料的厂家需要严格把关,高质量高效益地完成

地面铺装的装饰性

任务,减少危害性材料流入市场。对于过时的铺装材料给予创新,达到新的铺装效果。增强现今材料的性能,采用高科技创造绿色环保的铺装材料。铺装艺术的表现手法要更接近于现今时尚人群的理念,更接近国际化的概况。坚持不懈地开发新的铺装材料,坚持在地面铺装的材料上不断创新,保证质量观。结合西方的艺术表现手法,创造出具有中国特色的表现手法,才能将中国铺装市场推向国际平台。

四、地面构造层次

建筑地面包括建筑物的底层地面和楼层地面,即楼地面。楼地面一般由承担荷载的基层和满足使用要求的饰面层两个主要部分组成。为满足找平、结合、防水、防潮、弹性、保温隔热及管线敷设等功能上的要求,往往在基层与饰面层之间还要增加相应的附加构造层,也称中间层。地面构造层次如图1-1所示。

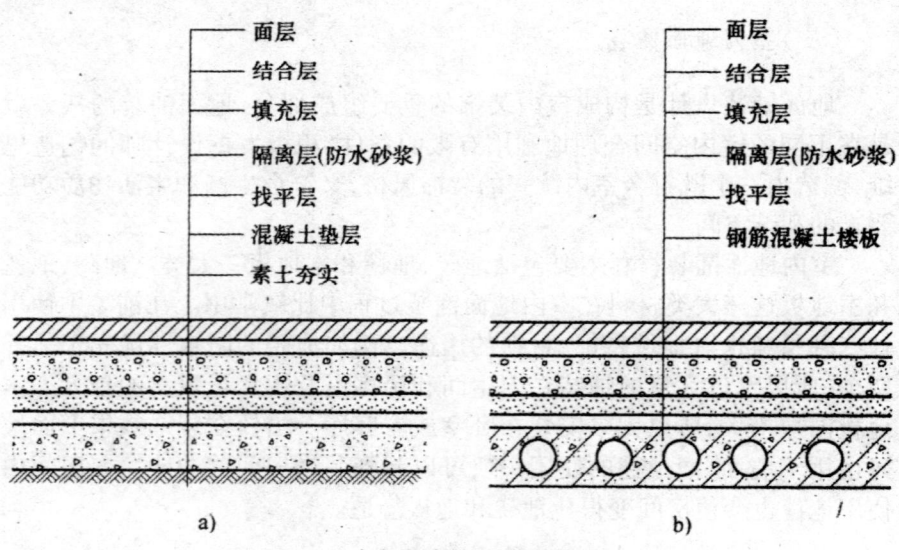

a)底层地面 b)楼面
图1-1 地面构造

(一)基层

地面的基层是指地面最下面的土层,即地基。它应具有一定的耐压力,一般为素土夯实即可。楼面的基层是钢筋混凝土楼板,应具有足够的承载力。

基层要承受其上面的全部荷载,因此必须坚固稳定,以保证安全与正常使用。

(二)附加构造层

虽然各类附加构造层由于所起的作用不同而有所不同,但都必须承受并传递面层传来的荷载,因此要有较好的刚性、韧性和较大的蓄热系数,有隔声、保温、防潮及防水的能力。

1. 垫层

垫层是位于地面基层与面层之间的结构层,它既要承受面层传来的荷载,还要将这个荷载均匀地传到基层上去。垫层分为刚性垫层和柔性垫层两种。

刚性垫层有足够的整体刚度,受力后变形很小。常采用强度等级为C10—C15的素混凝土。柔性垫层整体刚度较小,受力后容易产生变形,常用砂、炉渣、矿渣及碎(卵)石等松散材料做成。

2. 找平层

找平层是起找平作用的构造层。通常设置于粗糙的基层表面,用水泥砂浆取平,以利于铺设防水层或较薄的面层材料。

3. 隔离层

隔离层主要用于卫生间、厨房、浴室、盥洗室和洗衣间等地面的构造层,起防渗漏的作用,对底层地面还有防潮作用。隔离层可采用沥青胶结料、掺有防水剂的水泥砂浆等材料做成。

4. 填充层

填充层是起隔声、保温、找坡或敷设暗管线等作用的构造层。其材料可选用水泥石灰炉渣、加气混凝土及膨胀珍珠岩块等。

5. 结合层

结合层是促使上、下两层之间结合牢固的中间层,例如,在水泥砂浆找平层上涂刷热沥青防水层时,其结合层的材料就是冷底子油。

(三)饰面层

饰面层是指人们进行各种活动时接触到的地面表层。它要直接承受摩擦和洗刷等各种物理与化学的作用,应具有一定的强度、耐久性、舒适性及装饰性。

地面铺装的装饰性

五、饰面层功能

我们日常使用的是楼地面在水泥地面、混凝土地面及灰土垫层等各种地坪表面上所做的饰面层,它一般具有以下三个方面的功能。

(一)保护楼板和地坪

楼地面的饰面层覆盖在结构构件表面之上,在一定程度上缓解了外力对结构构件的直接作用,可以起到耐磨、防碰撞破坏及防止渗漏等作用。这样就保护了结构构件,提高了结构构件的使用耐久性。

(二)满足使用要求

人们对楼地面的使用要求,一般有坚固、耐磨、平整、防滑、不易起灰和易于清洁等。对于楼面而言,还要具备防止生活用水渗漏的性能;而对于底层地面,则要有一定的防潮性能。当然,因建筑使用功能和部位的不同,其要求也会不同。对一些标准较高的建筑物及有特殊用途的空间,还必须考虑以下一些功能。

1. 隔声要求

隔声主要是对楼面而言的。隔声要求包括隔绝空气传声和撞击传声两个方面,如果楼面没有裂缝、孔洞时,出现空气传声的现象较少,可以起到隔绝空气传声的作用。至于撞击声的隔绝,其途径主要有两个:一是采用浮筑或弹性夹层地面的做法;二是采用弹性地面。前一种做法的构造、施工都比较复杂,效果也一般,因而较少使用;而弹性地面则是利用富有弹性的铺面材料作面层,做法简单,能较好地吸收一部分冲击能量。

2. 吸声要求

在标准较高、室内音质控制要求严格以及使用人数较多的公共建筑中,通过合理地选择和布置地面材料,可以有效控制室内噪声。一般来说,表面致密光滑、刚性较大的地面,如大理石地面,对于声波的反射能力较强,吸声能力较差。而各种软质地面,可以起到较大的吸声作用,如化纤地毯的平均吸声系数达到55%。

3. 保温性能要求

生活中人们会对不同地面材料的导热性能产生不同的心理感受,并以此来评价整个建筑空间的保温特性。因此,对于地面保温性能的要求,就要结合材料的导热性能、暖气负载与冷气负载的相对份额大小、人的感受、人在这一空间活动的特性等因素加以综合考虑。

4. 弹性要求

当一个不太大的力作用在混凝土楼板上时,楼板会把作用在它上面的力全部反作用给这个施力物体。由于弹性材料的变形具有吸收冲击能量的性能,所以当同样大的力作用在有弹性的橡胶板上时,反作用力就要比原来所施加的力小,人在这样的地面上行走会感觉比较舒适。因此,对于一些装饰标准较高的建筑室内地面,就应该尽可能地采用有一定弹性的材料作为地面的装饰面层。

(三)满足装饰方面的要求

楼地面的装饰是整个装饰工程的重要组成部分,对整个室内空间的装饰效果有很大影响。一定要结合实用功能、空间形态、环境色彩、图案质感、家具饰品、人的活动状况及心理感受等多因素进行综合考虑。

六、地面铺装的要求

进行地面铺装时,要满足地面铺装的三个作用,须遵守以下规定。

(1)建筑装饰材料应按设计、规范的规定选用,进场材料的质量合格资料等应齐全。

(2)石材有害物质的限量符合控制标准,并有检测报告资料。

(3)胶黏剂、沥青胶结料和涂料等材料应按设计要求选用,并符合相关国家标准的规定。

(4)卫生间和有防滑要求的建筑地面所用板块材料应符合设计要求。

(5)有隐蔽要求的施工项目,经检验合格并完善资料后再进行后续工程的施工。

(6)施工环境温度应符合要求,一般不低于 0℃。

(7)地面构造层次之间、专业工种之间应进行工序交接检验。

(8)卫生间、厨房和有排水(或其他液体)要求的建筑地面面层在与其他地面相连接时,其标高差应符合设计要求。

(9)进行地面铺装施工时,应对已完成的装饰项目采取保护措施;完工后,应对地面的面层采取保护措施。

(10)地面铺装施工应按现场施工质量验收规范进行验收,并形成完整的工程资料。

地面铺装的装饰性

七、地面铺装施工的基本流程及控制

（一）施工流程

一般来说，室内装饰施工应先进行顶棚部分的施工，再进行墙面部分的施工，最后进行地面部分的施工。其中，室内地面空间施工的安排一般为"先上后下，先内后外"以及"先房间，后走廊，再楼梯；先栏板，后扶手"等。

地面铺装施工流程如图1-2所示。地面铺装施工的具体程序为：基层（体）交接、清理—施工准备—基层（体）处理—弹线、放线—从下至上各构造层逐层施工、验收、保护—结合层、面层施工—整体验收—施工完清场，产品保护。

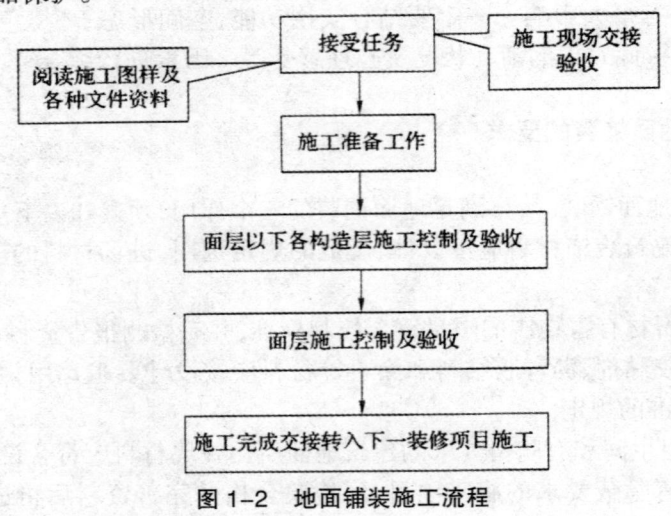

```
┌──────────────┐     ┌──────────┐     ┌──────────────┐
│阅读施工图样及│────▶│ 接受任务 │◀────│施工现场交接  │
│各种文件资料  │     │          │     │验收          │
└──────────────┘     └────┬─────┘     └──────────────┘
                          ▼
                   ┌──────────────┐
                   │施工准备工作  │
                   └──────┬───────┘
                          ▼
                ┌────────────────────────┐
                │面层以下各构造层施工控制│
                │及验收                  │
                └──────────┬─────────────┘
                           ▼
                ┌────────────────────────┐
                │面层施工控制及验收      │
                └──────────┬─────────────┘
                           ▼
                ┌────────────────────────────┐
                │施工完成交接转入下一装修项目│
                │施工                        │
                └────────────────────────────┘
```

图1-2 地面铺装施工流程

1. 基层交接、清理

完成上道工序的现场（场地）交接，明确责任。对基层、基体进行全面清理，如发现有不适宜下道工序施工的情况，应尽早提出处理方法。

2. 施工准备

协调装饰施工的顺序，即应先明确地面与相邻装饰施工项目的先后顺序，或可同时进行施工的逻辑关系，做好施工准备工作。

施工准备工作通常包括材料准备、机具准备、劳动力准备、技术经济准备和现场施工条件准备。所以要根据施工场地情况，做好落实施工人

第一章 地面铺装及其材料解读

员、材料、机具等各项准备工作。

3. 基层(体)处理

在正式施工前,对基层(体)进行湿润、凿平、找补、毛化等处理。

4. 弹线、放线

在现场将整个工程的控制线导入到地面工程当中。将在地面工程所使用的平面、标高控制线,按地面施工方便的要求弹、放出来,其精度、准度应符合要求。

5. 基层施工、验收

按不同地面的施工工艺进行逐层施工,完成后按国家相关标准或企业标准进行验收,并整理好完整的工程资料。

（二）施工控制

1. 施工依据

地面铺装工程施工必须依据工程图样等技术文件、资料,典型地面装饰构造及规范的工艺流程,以及地面装饰工程的质量检验标准。

2. 施工控制措施

在施工过程中,一般从进度、质量、安全等各个方面采取控制措施。

（1）进度控制措施。一般可从增加劳动力、增加班次、改进施工工艺、合理进行施工组织等方面采取措施。

（2）质量控制措施。一般可从管理、进场验收、过程控制、完成验收的环节采取措施。其中,应按照国家建筑工程质量验收要求进行地面装饰施工验收,主要包括进场验收、过程复检、交接检查,工程完成后进行检验批、分项、分部等检查,并形成记录资料。

（3）安全控制措施。一般可从安全管理制度、安全技术要求等方面采取措施。

地面铺装的装饰性

第二节　地面铺装的材料分析

一、木质地面装饰材料

木地板作为室内地面的装饰材料,具有自重较轻、弹性较好、脚感舒适、导热性小、冬暖夏凉等特性,尤其是其独特的质感和天然的纹理,迎合人们回归自然、追求质朴的心理,受到消费者的青睐。

木地板从原始的实木地板发展至今,品种繁多,规格多种,性能各异。目前,在建筑装饰工程中常用的木地板有实木地板、复合木地板、强化木地板、软木地板等。

（一）实木地板

实木地板是指用天然木材不经任何黏结处理,用机械设备直接加工而成的地板。木地板由于具有天然的木材质地、柔和的触感、润泽的质感、自然温馨、高贵典雅,从古至今深受人们的喜爱。目前,常见的实木地板有拼花木地板和条木地板两种。

1. 拼花木地板

拼花木地板是用阔叶树种的硬木材,经干燥处理并加工成一定几何尺寸的木块,再拼成一定花纹图案的地板材料。拼花木地板通过小木板条不同方向的组合,可以拼制出多种美观大方的图案花纹。

图案花纹可以千变万化,其选用应根据房间面积的大小和使用者的爱好而定,科学合理地选择木地板的图案花纹,能使面积较大的房间显得稳重高雅,面积较小的房间能感到宽敞、亲切、轻松。拼花木地板的木块尺寸比较小,一般长度为250—300mm、宽度为40—60mm、板厚为20—25mm。拼花木地板有平口接缝地板和企口拼接地板两种。在我国常用拼花木地板的品种和规格见表1-1。

拼花木地板的铺设一般从房间的中央开始,先画出图案花纹的式样,在地面上弹出铺设的控制线,铺好第一块拼花木地板后,依次向四周铺开。因此,第一块地板铺设的位置、方向、高程和平整度,是保证整个房间地板铺贴是否合格的关键。

为确保拼花木地板的装饰效果和铺设质量,在拼花木地板铺设之前,首先对拼板进行挑选和试拼,将纹理和颜色相近者集中使用,把质量好的拼板铺设在显眼处，质量稍差的铺设在墙根或门后的隐蔽处，做到合理拼接、物尽其用。拼花木地板应当采用透明清漆进行表面处理，以显露木材的天然纹理。

表 1-1 常用拼花木地板的品种和规格

品种	地板材质	规格（长度 × 宽度 × 厚度）/mm
平头接缝地板	以水曲柳、柞木、榆木等硬木为原料经加工而成	120×24×8 150×30×10 150×50×10 150×37.5×10 300×50×12
企口地板	以进口缅甸柚木、樱桃木、花梨木、楠木和中国青枫、白梨等优质木材为原料，经加工而成。有柚木和白木组合拼格砖块、花梨与白木组合、镶上钢条、柚木中点缀白木图案、席纹拼贴等多种图案	缅甸柚木：305×50.8×12 400×100×15 305×50.8×18 200×50×12 600×100×15 400×100×18 320×80×12 800×100×15 600×100×18 400×80×12 910×100×15 800×100×18 500×80×12 1000×100×15 1000×100×18
		中国青枫、白梨：305×50.8×12 400×100×15 305×50.8×18 1000×100×18
席纹地板	采用南方优质硬木，经蒸煮烘干处理后加工而成。经过油漆、打蜡、抛光，具有豪华、舒适、防潮、隔声、耐磨、装饰性好等优点	平口板：150×30×14 150×30×10 200×40×14 200×40×20
		企口板：200×40×18 300×50×20

拼花木地板的铺装分为双层和单层两种。双层拼花木地板是将地板分为两层，其面层用暗钉钉在毛板上；单层拼花木地板是采用适宜的黏结材料，将木地板直接黏贴在找平后的混凝土基层上。拼花木地板按质量不同，可分为高、中、低三个档次。

拼花木地板材质坚硬、富有弹性、耐磨性好、耐蚀性强、质感和光感好、纹理美观，在加工中一般经远红外线干燥处理，其含水率恒定，外形非常稳定，易保持地面平整而不变形。拼花木地板适用于高级宾馆、饭店、别墅、会议室、展览室、体育馆、影剧院及住宅等的室内地面装饰。

2. 条木地板

条木地板是中国传统的木地板，这种木地板一般采用径级大、缺陷少的优良树种，经干燥处理和设备加工而制成。常用的树种有松木、柞木、

地面铺装的装饰性

杉木、柳桉木、水曲柳、樱桃木、柚木、桦木和榉木等,所用的木材应当具有耐磨性好、不易腐蚀、不易变形的特性。条木地板有双层和单层之分,双层者下层为毛板,面板为硬质木板。

条木地板是使用最普遍的木质地面,按其构造不同可分为空铺和实铺两种。空铺条木地板是由龙骨、水平支撑和地板三部分组成。实铺条木地板是直接将木地板黏贴在找平后的混凝土基层上。条木地板的长度一般为450—600mm,宽度一般不大于120mm,厚度不大于25mm。按照地板铺设要求,地板的接缝处可做成平头、企口或错口。

条木地板有上漆和不上漆之分。不上漆的条木地板是在铺设安装完毕后再上漆,而上漆条木地板是指生产厂家在木地板生产过程中就上了漆。目前,市场上比较流行的是不必上漆、一次成型的实木地板(简称实木漆板)。

实木漆板的漆质量高、铺设安装简便、装饰效果好,已成为实木地板中的主要品种,但价格大大高于同级未上漆的实木地板。实木地板的油漆工艺简称为"UV漆淋涂工艺",是一种利用紫外线照射含有感光原料的特种漆,使漆的分子结构发生变化而进行重组,从而完成漆固化的过程,这个固化过程是不可逆的,与一般的烤漆利用温度使漆面产生固化的工艺有很大区别。如果没有人为地严重破坏,漆板不需要每年上漆保养,在正常使用的情况下,使用寿命可高达几十年。

条木地板具有整体感强、自重较轻、弹性较好、导热性小、脚感舒适、易于清洁、美观大方等特点,尤其是经过良好的表面涂饰处理后,既能显示出优美自然的纹理,又能保持亮丽的木材本色,给人以清洁雅致、自然淳朴的美好感受。条木地板主要适用于办公室、会议室、休息室、宾馆客房、舞台、住宅等的地面装饰。

3. 实木地板的质量标准

根据国家标准《实木地板·技术条件》(GB/T 15063.1—2001)的规定,用于实木地板的木材树种要求纹理美观,材质软硬适度,尺寸稳定性和可加工性都较好。国产常用的木材有桦木、水曲柳、柞木、枫木、花梨木、柚木等;进口常用的木材有甘巴豆、印茄木、香脂木豆、重蚁木、古夷苏木、李叶苏木、二翅豆、四籽木、鲍迪豆、铁线子等;比较珍贵稀少的木材有香脂木豆、花梨、柚木等;稳定性较好的木材有重蚁木、李叶苏木、印茄木、柚木等;色差较大的木材有重蚁木、二翅豆等。

实木地板产品按其外观质量、物理力学性能等,可分为优等品、一等品和合格品三个质量等级。实木地板的质量检验应按照国家标准《实木地板·检验和试验方法》(GB/T 15063.2—2001)中的要求进行。实木地板的外观质量要求见表1-2；实木地板的主要尺寸及偏差见表1-3；实木地板的形状位置偏差见表1-4；实木地板的物理力学性能指标见表1-5。

表1-2 实木地板的外观质量

名称	级别			背面质量状况
	特等品	一等品	合格品	
活节	直径≤5mm 长度≤500mm,≤2个 长度>500mm,≤4个	5mm<直径≤15mm 长度≤500mm,≤2个 长度>500mm,≤4个	直径≤20mm 个数不限	尺寸与个数不限
死节	死节不允许有	直径≤2mm 长度≤500mm,≤1个 长度>500mm,≤3个	直径≤4mm ≤5个	直径≤20mm 个数不限
蛀孔	蛀孔不允许有	直径≤0.5mm,≤5个	直径≤2mm,≤5个	直径≤15mm,个数不限
树脂囊	不允许有		长度≤5mm 宽度≤1mm ≤2条	不限
翻斑	不允许有	不限		不限
腐朽	不允许有			初步腐朽且面积≤20%,不剥落也不能捻成粉末
缺棱	不允许有			长度≤板长30%,宽度≤板宽的20%
裂纹	不允许有	宽≤0.1mm,长≤15mm,≤2条		宽度≤3mm,长度≤50mm,条数不限
加工波纹	不允许有	不明显		不限
漆膜期痕	不允许有	轻微		—

地面铺装的装饰性

续表

名称	级别			背面质量状况
	特等品	一等品	合格品	
漆膜鼓泡	不允许有			—
漏漆	不允许有			
漆膜上针孔	不允许有	直径≤0.5mm，≤3个		—
漆膜皱皮	不允许有	小于板面积5%		
漆膜粒子	长度≤500mm，≤2个 长度>500mm，≤4个	长度≤500mm，≤4个 长度>500mm，≤8个		—

表1-3 实木地板的主要尺寸及偏差

名称	偏差规定
长度	当长度≤500mm时，公称长度与每个测量值之差的绝对值应≤0.50mm；当长度>500mm时，公称长度与每个测量值之差的绝对值应≤1.0mm
宽度	公称宽度与平均宽度之差的绝对值应≤0.30mm，宽度的最大值与最小值之差应≤0.30mm
厚度	公称厚度与平均厚度之差的绝对值应≤0.30mm，厚度的最大值与最小值之差应≤0.40mm

表1-4 实木地板的形状位置偏差

名称		偏差规定
翘曲度	横弯	当长度≤500mm时，允许≤0.2%；当长度>500mm时，允许≤0.3%
	翘弯	宽度方向；凸翘曲度≤0.20%，凹翘曲度≤0.30%
	顺弯	长度方向≤0.30%
宽度方向		平均值≤0.30mm，最大值≤0.40mm
拼装高度差		平均值≤0.26mm，最大值≤0.30mm

表 1-5　实木地板的物理力学性能指标

性能名称	单位	优等品	一等品	合格品
含水率	%	7≤含水率≤我国各地区的平衡含水率		
漆板表面耐磨	g/100r	≤0.08 且漆膜未磨透	≤0.10 且漆膜未磨透	≤0.15 且漆膜未磨透
漆膜附着力	—	0—1	2	3
漆膜硬度	—	≥H		

（二）复合木地板

随着天然林木资源的逐渐减少,特别是优质装饰用的阔叶树材资源日渐枯竭,木材的合理利用已越来越受到世界各国人们的高度重视,实木复合地板应运而生,并且发展非常迅速。实木复合地板是利用优质阔叶树材料或其他装饰性较强的材料作为表层,以材质较软的速生材或人造材作为基材,经高温高压而制成的多层板状结构。

国家标准《实木复合地板》(GB/T 18013—2000)中规定:以实木板或单板为面层、实木条为芯层、单板为底层制成的企口地板,或以单板为面层、胶合板为基材制成的企口地板称为实木复合地板。

1. 实木复合地板的分类

实木复合地板的分类方法很多:按面层材料不同,可分为实木拼板作为面层的实木复合地板和单板作为面层的实木复合地板;按板的结构不同,可分为三层结构实木复合地板和以胶合板为基材的实木复合地板;按地板表面有无涂饰,可分为涂饰实木复合地板和未涂饰实木复合地板;按甲醛释放量不同,可分为 A 类实木复合地板(甲醛释放量小于 9mg/100g)和 B 类实木复合地板(甲醛释放量为 9—40mg/100g);按制作方法不同,可分为普通实木复合地板和强化复合木地板。

2. 实木复合地板组成与特点

（1）实木复合地板的组成

实木复合地板分为三层实木复合地板和多层实木复合地板,三层实木复合地板是由三层实木板相互垂直层压、胶合而制成;多层实木复合地板是以多层实木胶合板为基材,在基材上黏贴一定厚度的珍贵木材薄片或刨切单板为面板,通过合成树脂胶热压而成。目前国内应用较多的是三层实木复合地板。

三层实木复合地板由面层、芯层和底层三层组成。面层为耐磨层和饰面层,其厚度为4—7mm,应选择质地坚硬、纹理美观的珍贵树种,如榉木、樱桃木、水曲柳、橡木等锯切板;芯层是面层的固定层,其厚度为7—12mm,可采用软质的速生材,如松木、杉木、杨木等;底层(防潮层)厚度为2—4mm,一般采用速生杨木或中硬性杂木单板。

三层板材通过合成树脂胶热压而成,再用机械设备加工成地板。实木复合地板面层是最关键的一层,其厚度和材质决定地板使用寿命,面层板材越厚、硬度越大,耐磨损时间越长。

(2)实木复合地板的特点

三层实木复合地板常用规格一般为2200mm×(180—200)mm×(14—15)mm。实木复合地板由于各层纹理相互垂直胶结而成,避免了木材的各向异性,减少了木材的胀缩率,因而变形小、不开裂。整个地板只有面层采用优质硬木板,厚度仅为4—5mm,不仅可以节约大量珍贵木材,而且可以降低地板的价格。

实木复合地板与传统的实木地板相比,由于结构发生变化,其使用性能和技术性能随之发生变化,除以上特点外,实木复合地板的主要优点有:具有实木地板的优点;铺装方便简单(可直接铺贴在平整的普通水泥地面或其他地面上);涂层光洁均匀、保养方便;抗变形能力增加,不易变形、不易翘曲,尺寸稳定性好;木材的花纹典雅大方,整体装饰效果好;阻燃、绝缘、隔潮、耐腐蚀等。

其主要缺点有:如果胶合质量把关不严和使用维护不当,会发生开胶;如果采用脲醛胶进行胶合,板内含有一定量的甲醛,对人体健康有害。在国家标准《室内装饰装修材料·人造板及其制品甲醛释放量》(GB 18580—2001)中有明确规定,实木复合地板必须达到E1级的要求,即甲醛释放量应≤1.5mg/L。

3. 实木复合地板的技术要求

(1)实木复合地板的等级

根据国家标准《实木复合地板》(GB/T 18013—2000)中的规定,实木复合地板按其外观质量、物理化学性能可分为优等品、一级品和合格品三个等级。

(2)三层实木复合地板的技术要求

①表层常用的树种。水曲柳、山毛榉、栎木、柞木、榉木、枫木、楸木、樱桃木等,表层板条的宽度为50—75mm,厚度为0.5—4.0mm,偏差为±0.2mm。

②芯层常用的树种。杨木、杉木、泡桐、桦木、椴木等,芯层的厚度一

般不小于 7mm。芯板条的宽度不能大于其厚度的 6 倍。芯板条之间的缝隙不能大于 3mm。芯板条不允许有钝棱、严重腐朽和树脂漏出现象，芯板条中脱落节的孔洞直径如果大于 10mm，必须用同一树种补洞或用腻子抹平压实。

③背板常用的树种。杨木、松木、桦木、椴木等。背板的厚度一般为 1.5—2.5mm，偏差为 ±0.10mm。

（3）以多层胶合板或细木工板为基材的层压实木复合地板的技术要求

①表层常用的树种。水曲柳、桦木、山毛榉、栎木、柞木、榉木、枫木、楸木、樱桃木等，其厚度通常为 0.2—1.2mm。

②基材的质量要求。多层胶合板的质量不低于《胶合板》（GB 9846—88）和《热带阔叶树材普通胶合板》（GB/T 13009—91）中二等品的技术要求。基材要进行严格挑选和必要的加工，不能留有影响饰面质量的缺陷。

4. 实木复合地板的外观质量

根据国家标准《实木复合地板》（GB/T 18013—2000）中的规定，各等级实木复合地板的外观质量要求，应符合表 1-6 中的规定。

表 1-6　实木复合地板的外观质量要求

名称	项目	板的表面 优等品	一等品	合格品	板的背面
死节	最大单个长径 /mm	不允许	2	4	50
孔洞(含虫孔)	最大单个长径 /mm	不允许		2个,需修补	15
浅色夹皮	最大单个长度 /mm	不允许	20	30	不限
	最大单个宽度 /mm	不允许	2	4	不限
深色夹皮	最大单个长度 /mm	不允许		15	不限
	最大单个宽度 /mm	不允许		2	不限
树脂囊和树脂道	最大单个长度 /mm	不允许		5个,且最大单个宽度小于1	不限
腐朽	—	不允许			允许有初腐，但不剥落，也不能捻成粉末

续表

名称	项目	板的表面 优等品	板的表面 一等品	板的表面 合格品	板的背面
变色	不超过面积/%	不允	5个,板面色彩要协调	20个,板面色彩要大致协调	不限
裂缝	—	不允许			不限
拼接离缝 横拼	最大单个宽度/mm	0.1	0.2	0.5	不限
拼接离缝 横拼	最大单个长度不超过板长/mm	5	10	20	不限
拼接离缝 纵拼	最大单个宽度/mm	0.1	0.2	0.5	不限

另外,实木复合地板在外观质量上还要求不允许有叠层、鼓泡、分层、补条、补片、毛刺沟痕、漏漆等现象。

5. 实木复合地板的理化性能指标

根据国家标准《实木复合地板》(GB/T 18013—2000)中的规定,实木复合地板的理化性能指标见表1-7。

表1-7 实木复合地板的理化性能指标

检验项目	单位	优等品	一等品	合格品
浸渍剥离	—	每一边的任一胶层开胶的累计长度不超过该胶层的1/3（3mm以下不计）		
弹性模量	MPa	≥4000		
静曲强度	MPa	≥30		
含水率	%	5—14		
漆膜附着力	—	割痕及割痕交叉处允许有少量的断续剥落		
表面耐磨性	g/100r	≤0.08,且漆膜未磨透		≤0.15,且漆膜未磨透
表面耐污染	—	无污染的痕迹		
甲醛释放量	mg/100g	A类,≤9；B类,4—9		

实木复合地板的铺设与验收应按照《木地板铺设面层验收规范》(WB/T 1016—2002)和《木地板保修期内面层检验规范》(WB/T 1017—2002)行业标准执行。

（三）强化木地板

浸渍纸层压木质地板（商品名为强化木地板）是近年来在市场上出现的一种新型木地板，与传统的实木地板相比，在结构和性能上有一定的差异。这种实木复合地板是以一层或多层专用纸浸渍热固性氨基树脂，铺装在刨花板、中密度纤维板、高密度纤维板等人造板基材表面，在背面加上平衡层，正面加上耐磨层，经热压而制成的地板。

1. 强化木地板的结构组成

强化木地板由表层、基材（芯层）和底层三部分构成。其表层可选用热固性树脂装饰层压板和浸渍胶膜纸两种材料；基材（芯层）通常可选用刨花板、中密度纤维板或高密度纤维板等；底层材料通常采用热固性树脂装饰层压板、浸渍胶膜纸或单板，主要有平衡和稳定产品尺寸的作用。

2. 强化木地板的主要特点

强化木地板与实木地板相比，其主要优点是耐磨性比较强，表面装饰花纹整齐，色泽鲜艳均匀，抗压强度较高，抗冲击、抗静电、耐污染、耐光照、耐灼烧、安装方便、保养简单、价格便宜、便于清洁。此外，从木材资源的综合有效利用角度来看，强化地板更有利于木材资源的可持续利用。

强化木地板的主要缺点是弹性较差，脚感不如实木地板，水泡损坏后不可修复，胶黏剂含有一定的甲醛，对人体健康有害，应严格控制在国家标准范围之内。

3. 强化木地板的技术标准

根据国家标准《浸渍纸层压木质地板》（GB/T 18102—2000）中的规定，与强化木地板相关的技术标准主要包括以下四个方面。

（1）在国家标准《浸渍纸层压木质地板》（GB/T 18102—2000）中，规定了浸渍纸层压木质地板的分类、技术要求、检验方法和检验规则，以及标志、包装、运输和贮存等。其中明确规定了地板各等级的外观质量要求、幅面尺寸、尺寸偏差、理化性能。因此，在选购强化木地板之前，应据此了解浸渍纸层压木质地板的主要物理化学指标，如甲醛释放量、耐磨转数、基材密度、吸水厚度膨胀率、尺寸稳定性、含水率等。

（2）在国家标准《室内装饰装修材料·人造板及其制品中甲醛释放限量》（GB 18580—2001）中，规定了室内装饰装修用人造板及其制品中甲醛释放量的指标值、试验方法和检验规则。

（3）行业标准《木地板铺设面层验收规范》（WB/T 1016—2002）中，

地面铺装的装饰性

主要对木地板铺设的基本要求、施工程序、验收时间、验收标准等作了具体规定。

（4）行业标准《木地板保修期内面层检验规范》（WB/T 1017—2002）中，主要对木地板的维护使用、保修期限、面层检验、保修义务等作了具体规定。

4. 强化木地板的分类方法

强化木地板的分类方法有多种，主要有以下5种分类方法。

（1）按地板基材不同分类

按地板的基材不同，可分为刨花板为基材的强化木地板、中密度纤维板为基材的强化木地板和高密度纤维板为基材的强化木地板。

（2）按其装饰层不同分类

按其装饰层不同，可分为单层强化木地板、多层强化木地板和热固性树脂装饰层强化木地板。

（3）按表面图案不同分类

按表面图案不同，可分为浮雕强化木地板和光面强化木地板。

（4）按主要用途不同分类

按其主要用途不同，可分为公共场所用强化木地板（耐磨转数≥9000r）和家庭用强化木地板（耐磨转数≥6000r）。

（5）按甲醛释放量不同分类

按甲醛释放量不同，可分为A类强化木地板（甲醛释放量≤9mg/100g）和B类强化木地板（甲醛释放量9—40mg/100g）。

5. 强化木地板的技术要求

根据国家标准《浸渍纸层压木质地板》（GB/T 18102—2000）中的规定，强化木地板产品按其外观质量、理化性能指标等，可分为优等品、一等品和合格品三个等级。强化木地板的外观质量要求见表1-8，强化木地板的理化性能指标见表1-9。

表1-8 强化木地板的外观质量要求

缺陷名称	板的正面			板的反面
	优等品	一等品	合格品	
干湿花	不允许		总面积不超过板面的25%	允许
表面划痕	不允许			不允许露出基材
表面压痕	不允许			不允许

续表

缺陷名称	板的正面			板的反面
	优等品	一等品	合格品	
透底现象	不允许			不允许
光泽不均	不允许		总面积不超过板面的25%	允许
污斑	不允许	≤ 3mm², 允许1个/块	≤ 10mm², 允许1个/块	允许
鼓泡、鼓包	不允许			≤ 10mm², 允许1个/块
分层	不允许			≤ 10mm², 允许1个/块
纸张撕裂	不允许			≤ 10mm², 允许1个/块
局部缺纸	不允许			允许
崩边	不允许			不允许
表面龟裂	不允许			不允许
榫舌及边角缺损	不允许			不允许

表1-9 强化木地板的理化性能指标

检验项目	单位	优等品	一等品	合格品
静曲强度	MPa	≥ 40.0		≥ 30.0
内结合强度	MPa	≥ 1.0		
含水率	%	3.0—10.0		
密度	g/cm³	≥ 0.80		
吸水厚度膨胀率	%	≤ 2.5	≤ 4.5	≤ 10.0
表面胶合强度	MPa	≥ 1.0		
表面耐冷热循环	—	无龟裂、无鼓泡		
表面耐划痕	—	≥ 3.5N 表面无整圈连续划痕	≥ 3.0N 表面无整圈连续划痕	≥ 2.0N 表面无整圈连续划痕
尺寸稳定性	mm	≤ 0.50		
表面耐磨性	r	家庭用耐磨转数 ≥ 6000r；公共场所用耐磨转数 ≥ 9000r		
表面耐香烟灼烧	—	无黑斑、裂纹和鼓泡		
表面耐干热性	—	无龟裂、无鼓泡		
表面耐污染腐蚀	—	无污染、无腐蚀		

续表

检验项目	单位	优等品	一等品	合格品
表面耐龟裂性	—	0级	1级	
表面耐水蒸气	—	无突起、变色和龟裂		
抗冲击性能	mm	≤9	≤12	
甲醛释放量	mg/100g	A类：≤9 B类：9—40		

6. 强化木地板的质量判断

强化木地板的质量判断，可从以下几个方面进行。

（1）地板试样的密度、含水率、甲醛释放量的平均值满足标准规定要求，该地板试样的密度、含水率、甲醛释放量则判为合格，否则判为不合格。

（2）地板试样的静曲强度、内黏结强度、表面胶合强度的平均值满足标准规定要求，且任一试件的最小值不小于标准规定值的80%，该地板试样的静曲强度、内黏结强度、表面胶合强度则判为合格，否则判为不合格。

（3）地板试样的吸水厚度膨胀率、尺寸稳定性的平均值满足标准规定要求，且任一试件的最小值不大于标准规定值的120%，该地板试样的吸水厚度膨胀率、尺寸稳定性则判为合格，否则判为不合格。

（4）地板试样的表面耐划痕、抗冲击、表面耐磨、表面耐冷热循环、表面耐香烟灼烧、表面耐干热、表面耐污染腐蚀、表面耐水蒸气、表面耐龟裂的任何一项，试件均必须达到标准规定值的要求，该地板试样的上述性能则判为合格，否则判为不合格。

（5）当地板试样所需进行的各项理化性能检验均合格时，该批产品的理化性能则判为合格，否则判为不合格。

（6）综合判断产品外观质量、规格尺寸和理化性能检验结果，均应符合相应类别和等级的技术要求，否则应降类、降等或判为不合格。

（四）软木地板

软木实际上并非木材，它是由阔叶树种栓皮栎（属于栎木类）的树皮上采割而获得的"栓皮"。该类树的树皮不同于一般树的树皮，它的树皮中栓皮层极其发达，其质地柔软、皮层很厚、纤维很细、成片状剥落。

软木作为一种性能独特的天然材料，具有许多优良的物理性能和稳定的化学性能,例如密度较小、热导率低、密封性好、无毒无臭、不易燃烧、耐强酸碱、保温性较好、柔软性显著以及具有弹性、耐磨性和隔热性等。此外,软木还是一种吸音性和耐久性均佳的材料,吸水率接近于零,这是由于软木的细胞结构呈蜂窝状,中间密封空气占70%。软木可用于卫生间、厨房等地方。

软木所谓的软,主要是指其柔韧性非常好。在显微镜的观察下,可以看到软木是由成千上万个犹如蜂窝状的死细胞组成,细胞内充满了空气,形成了一个个密闭的气囊。在受到外力作用时,细胞会收缩变小,细胞内的压力升高;当压力失去时,细胞内的空气压力会将细胞恢复原状。正是这种特殊性的内在结构,使得软木有静音、隔热、舒适和耐磨的独特性能。

如果将软木颗粒用现代工艺技术压制成规格片状,表面有透明的树脂耐磨层,下面有PVC防潮层,这是一种优良的天然复合地板。这种地板既保持了原木天然的色泽纹理,又具有软木特有的弹性和柔韧性,看似木板,踏如地毯。再加上软木具有特殊的细胞结构,使这种复合软木地板具有自然美观、弹性良好、脚感舒适、吸声减振、保温隔热、防水防火、抗静电、耐污染、耐磨损、不变形、不扭曲、不开裂等优点,被誉为"环保型高档装饰材料",可以代替地毯,是一种理想的室内地板。

世界上的软木制品以葡萄牙的产品最为有名,其产量和质量均居世界首位。中国生产软木地板的厂家很少,但近几年在产品花色品种的开发和质量上都取得了较大的进步。现有的软木地板品种有天然软木地板、天然软木复合地板、特种橡胶软木地板等。地板的长条板规格尺寸有 300mm×100mm、600mm×200mm、900mm×100mm、900mm×150mm、900mm×200mm、900mm×300mm、1200mm×100mm 和 1200mm×200mm 等;方形板规格尺寸有 300mm×300mm 和 400mm×400mm 等。

我国生产的软木地板有长条形和方形两种,不仅能相互拼花,也可切割出任何几何图案。软木地板的铺设方法简单易行,需要注意的是,铺贴用的胶水一般应是软木地板配套使用的胶水。铺贴完毕后,要用布和酒精抹去被压出来已干燥的胶水,尽量不要在铺贴后的2h内使用软木地板和48h内清洁地板。

软木地板在使用过程中要注意清洁和保养。实现清洁和保养非常简单,只需及时吸尘和采用温和清洁剂。在清洁时一定要使用软木地板生产商推荐的光亮剂、清洁剂和去污剂,切勿使用含有氨和PH值大于8的清洁剂。

软木除用来制造地板外,还可用来制造墙面装饰材料——软木墙贴

地面铺装的装饰性

板。软木墙贴板完全是天然软木的纹理,有不同的自然图案,切割容易,弯曲不裂。表面经磨绒处理后,手感十分舒适,特别是冷、暖兼顾的色调给人以亲切、宁静的感受。软木墙贴板一般为长条块材,常用规格为 600mm×300mm;有的也制成宽 480mm、长 8—10m 的卷材。

二、天然石材装饰材料

天然石材是一种有悠久历史的建筑装饰材料,它不仅具有较高的强度、硬度、耐久性、耐磨性等优良性能,而且经表面处理后可获得优良的装饰性,对建筑物起保护和装饰的双重作用。人造石材是近些年发展起来的一种新型建筑装饰材料,无论在材料加工生产、适用范围方面,还是在装饰效果、产品价格等方面,都显示出极大的优越性,成为一种具有较好发展前景的建筑装饰材料。

(一)天然石材的技术性质

天然石材由于造岩矿物成分和结构的不同,其物理力学性质和外观色彩均有很大的差异。因此,即使是同一类岩石,它们的技术性质也可能有很大区别。天然石材的技术性质主要包括表观密度、抗压强度、耐水性能、抗冻性能、风化作用、岩石硬度、耐磨性能、吸水性能和可加工性等。

1. 表观密度

天然石材按其表观密度大小,可分为重石和轻石两类。表观密度大于 $1800kg/m^3$ 的为重石,主要用于建筑物的基础、墙体、地面、路面、桥梁及水上建筑物;表观密度小于 $1800kg/m^3$ 的为轻石,主要用于砌筑保暖房屋的墙体。

天然石材的表观密度与其矿物组成、孔隙率、含水率等有关。致密的石材,如花岗岩、大理石等,其表观密度接近于其密度,约为 $2500—3100kg/m^3$;而孔隙率较大的火山灰、浮石等,其表观密度约为 $500—1700kg/m^3$。石材的表观密度越大,其结构越致密,抗压强度越高,吸水率越小,耐久性越好,导热性也越好。

2. 抗压强度

天然石材的抗压强度是其最重要的力学指标,它是以边长 70mm×70mm×70mm 的立方体试件,用标准试验方法测得的,以 MPa 表示。石材的抗压强度是划分其强度等级的依据。根据《砌体结构设计规范》(GB 50003—2001)中的规定,天然石材按抗压强度分为 MU100、MU80、

MU60、MU50、MU40、MU30 和 MU20 七个强度等级，如 MU60 表示石材的抗压强度为 60MPa。

天然石材的抗压强度大小，主要取决于岩石的矿物组成、结构特征、胶结物质的种类以及均匀性等因素。此外，试验方法对测定出的抗压强度大小也有一定影响。

3. 耐水性能

天然石材的耐水性用软化系数 K 表示。软化系数是指石材在吸水饱和的条件下，其抗压强度与干燥条件下抗压强度的比值，这个系数充分反映了石材的耐水性能。天然石材的耐水性分为高、中、低三个等级：软化系数 K>0.90 的石材称为高耐水性石材，软化系数 K=0.70—0.90 的石材为中耐水性石材，软化系数 K=0.60—0.70 的石材称为低耐水性石材。

工程实践证明，软化系数 K 小于 0.80 的石材，不允许用于建筑物的重要部位。对于重要的与水接触的石材建筑装饰工程，应选用耐水性较好的石材，其软化系数 K 一般应大于 0.85。

4. 抗冻性能

石材的抗冻性是指其抵抗冻融破坏的能力，用冻融循环次数表示。石材在吸水饱和的状态下，经过规定次数的反复冻融循环，如果无贯穿性裂纹，且质量损失不超过 5%，强度损失不大于 25%，则为抗冻性合格。

根据石材能经受的冻融循环次数，可将石材分为 F5、F10、F15、F25、F50、F100 和 F200 等抗冻标号。试验证明，吸水率低于 0.5% 的天然石材，其抗冻性较高，无需进行抗冻性试验。

5. 风化作用

天然石材在使用环境中会受到雨水、环境水、温度和湿度变化、阳光、冻融循环、外力等一系列作用，还会受到空气中的二氧化碳、二氧化硫、三氧化硫的侵蚀及其形成的酸雨侵蚀作用等，这些作用均会使石材发生断裂、破碎、剥蚀、粉化等破坏，这种破坏称为岩石的风化作用。粉化后形成的砂砾，如果被风卷起，则会对石材建筑形成更为猛烈的侵蚀和破坏，如埃及的金字塔及其旁边的狮身人面像，正面临着这种侵蚀。

天然石材风化破坏的速度主要取决于石材的种类，所以，合理选择石材品种，是防止石材风化的最主要措施。在石材表面涂刷合理的防水性保护剂，形成防水防侵蚀的保护膜，也可以起到防风化的作用。

6. 岩石硬度

天然岩石的硬度用莫氏硬度或肖氏硬度来表示，其硬度大小主要取决于岩石组成矿物的硬度与构造。凡由致密、坚硬矿物组成的石材,其硬度就高。岩石的硬度与抗压强度有紧密的相关性,一般抗压强度高的,其硬度相应就大。岩石的硬度越大,其耐磨性和抗刻划性能越好,但表面加工越困难。

7. 耐磨性能

耐磨性是指石材在使用条件下抵抗摩擦、边缘剪切以及冲击等复杂作用的性质。石材的耐磨性以单位面积的磨耗量表示($9/cm^2$)。石材的耐磨性与其组成矿物的硬度、结构、构造特征以及石材的抗压强度和冲击韧性等密切相关。作为建筑物地面饰面所用的石材,要求其耐磨性要好。

8. 吸水性能

天然石材的吸水性主要与孔隙率及孔隙结构特征有关。深成岩及许多变质岩的孔隙率都较小,因而其吸水率也很小。例如花岗岩的吸水率通常小于0.5%;而沉积岩由于形成条件的不同,其密实程度有较大差异,其孔隙率和孔隙结构特征的变化也很大,则吸水率必然波动很大。例如致密的石灰岩,吸水率可小于1%;而多孔贝壳石灰岩,其吸水率可高达15%。

石材中的孔隙特征对吸水性的影响,主要表现在孔隙是开口孔隙还是闭口孔隙。如果孔隙相互封闭又不连通,即使孔隙率大,其吸水率也小;开口孔隙吸水量比较大,开口大孔隙虽然水分很易进入,但不能在里边留存,只能湿润孔壁,所以吸水率仍比较小。对于微细连通的开口孔隙,其孔隙率越大,则吸水率越大。

9. 可加工性

天然石材开采后加工成建筑材料,特别是加工成装饰材料,必须具有一定的可加工性。如石材荒料的开采、锯切、磨光等工序,还要求加工后的石材可进行钻孔,以便于施工安装。此外,天然石材的导热性、耐热性、抗冲击等性能,根据其用处不同,对其也有不同的要求。

天然大理石是一种变质岩,它是由石灰岩、白云岩、方解石、蛇纹石等在高温、高压作用下变质而生成的,其结晶主要由方解石和白云石组成,其成分以碳酸钙为主,大约占50%以上。另外,还含有碳酸镁、氧化钙、氧化镁及氧化硅等成分。大理石是以云南省大理县的大理城而得名的,大理以盛产大理石而驰名中外,是古今传颂的大理石之乡。

(二)天然大理石装饰石材

1. 天然大理石的特点及用途

(1)天然大理石的特点

天然大理石具有结构致密,抗压强度高,吸水率较小的特性,硬度虽然不大,但其具有良好的耐磨性(磨耗量很小),耐久性较好(使用年限达30—80年以上),变形非常小,表面易于清洁,装饰性非常好(色泽鲜艳、纹理自然),质感优良(光洁细腻、如脂似玉),花色品种多等优良性能。浅色大理石的装饰效果华丽而清雅,深色大理石的装饰效果庄重而高贵。天然大理石的性能指标见表1-10。

表1-10　天然大理石的性能指标

项目	指标	项目	指标
表观密度/(kg/m^3)	2500—2700	吸水率/%	<0.75
抗压强度/MPa	47—140	膨胀系数/×10^{-6}℃$^{-1}$	9.0—11.2
平均质量磨耗率/%	12	耐用年限/年	30—80

大理石的颜色与其组成成分密切相关,白色大理石含碳酸钙和碳酸镁,紫色大理石含锰,黄色大理石含铬化物,红褐色、紫红色、棕黄色的大理石含锰及氧化铁水化物。许多大理石都是由多种化学成分混杂而成,因此大理石的颜色变化多端,纹理错综复杂、深浅不一,光泽度差异很大。

质地纯正的大理石为白色,我国俗称为汉白玉,这是我国大理石中的珍品。因含矿物种类不同而具有不同色彩(如灰色、绿色、黑色、玫瑰色等)和花纹,磨光后非常美观,是室内高级装饰材料,也可供艺术雕刻之用。但由于多数大理石的主要化学成分为碳酸钙或碳酸镁等碱性物质,易被酸类物质侵蚀,因此,除个别品种(如汉白玉、艾叶青等)外,一般不宜用于室外装修。

(2)天然大理石的用途

天然大理石可制成高级装饰工程的饰面板,用于宾馆、展览馆、影剧院、商场、图书馆、机场、车站等公共建筑工程的室内墙面、柱面、栏杆、地面、窗台板、服务台、电梯间门脸的饰面等,是非常理想的室内高级装饰材料。此外,还可以用于制作大理石壁画、工艺品、生活用品等。

用大理石的边角碎料做成"碎拼"。大理石墙面或地面,格调优美,乱中有序,别有风韵。大理石边角余料可加工成规则的正方形、长方形,也可不经锯割而呈不规则的毛边碎料。"碎拼大理石"可用来点缀高级建筑的庭院、走廊等部位,为建筑物增添色彩。

2. 天然大理石板材的分类等级和命名

经矿山开采出来的天然大理石块称为大理石荒料。大理石荒料经过锯切、磨光后,则称为大理石板材。

（1）天然大理石板材的分类

天然大理石板材按形状不同,可分为普通板材（N）和异型板材（S）两大类。普通板材（N）是指形状为正方形和长方形的板材；异型板材（S）是指普通板材以外的其他形状的板材。常用普通板材的厚度,不管其长度和宽度如何变化,一般为20mm,其常用定型规格,见表1-11。

表1-11 大理石板材常用定型规格（单位mm）

长度	宽度	厚度	长度	宽度	厚度
300	150	20	1200	900	20
300	300	20	305	152	20
400	200	20	305	305	20
400	400	20	610	305	20
600	300	20	610	610	20
600	600	20	915	610	20
900	600	20	1070	750	20
1200	600	20	1220	915	20

（2）天然大理石板材的等级

根据《天然大理石建筑板材》（JC/T 79—2001）的规定,天然大理石板材在规格尺寸方面允许偏差、平面度的允许极限公差、角度允许极限公差、外观质量及镜面光泽度等标准,将天然大理石板材分为优等品（A）、一级品（B）、合格品（C）三个等级,并要求同一批板材的花纹色调基本一致,不可以与标准样板有明显差异。

（3）天然大理石板材命名与标记

天然大理石板材的命名顺序为荒料产地地名、花纹色调特征名称、大理石（M）。

天然大理石板材的标记顺序为命名、分类、规格尺寸、等级、标准号。

例如,用北京房山白色大理石荒料生产的普通型大理石板材,若规格尺寸为600mm×400mm×20mm的一等品板材,其标准号应为JC-79,根据上述命名与标记的规定示例如下。

命名：房山汉白玉大理石。标记：房山汉白玉（M）N-600×400×20-B-JC79。

3.天然大理石板材的质量技术要求

(1)规格尺寸允许偏差

用刻度值为1.0mm的钢直尺测量板材的长度和宽度,用读数值为0.1mm的游标卡尺测量板材的厚度,板材的长度和宽度分别测量3条直线,如图1-3所示。厚度测量4条边的4个中点,如图1-4所示。然后分别用偏差最大值和最小值来表示长度、宽度、厚度的尺寸偏差;用同块板材上厚度偏差的最大值和最小值之间的差值,表示同块板材上的厚度极差,读数准确至0.2mm。

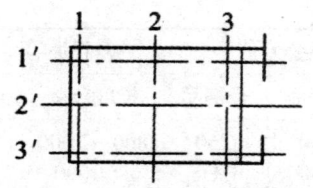

图1-3 板材长度和宽度测量

1—3为宽度测量线;1'—3'为长度测量线

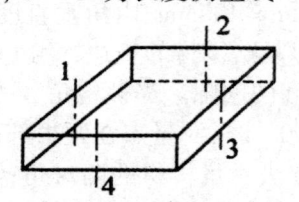

图1-4 板材厚度的测量

1—4为厚度测量点

异型板材规格尺寸的允许偏差,由供需双方协商确定。普通型板材规格尺寸的允许偏差,应符合表1-12中的规定。

表1-12 普通型大理石板材规格尺寸的允许偏差

测量部位		优等品	一等品	合格品
		0	0	0
长度和宽度/mm		-1.0	-1.0	-1.5
厚度/mm	≤15	±0.5	±0.5	±1.0
	>15	+0.5 -1.5	+1.0 -2.0	±2.0

板材厚度小于或等于15mm时,同一块板材上的厚度允许极限公差为1.0mm;板材厚度大于15mm时,同一块板材上的厚度允许极限公差

地面铺装的装饰性

为 2.0mm。

(2) 平面度的允许极限公差

将直线度公差为 0.1mm 的钢尺贴放在被检平面的两条对角线上，用塞尺测量尺面与板面间的间隙。若被检面对角线长度大于 1000mm 时，用长度 1000mm 的钢尺沿对角线分段检测。以最大间隙的塞尺片读数表示板材的平面度极限公差，读数准确至 0.5mm。平面度的允许极限公差，应符合表 1-13 中的规定。

表 1-13 大理石板材平面度的允许极限公差

单位：mm

板材的长度范围	允许极限公差值			板材的长度范围	允许极限公差值		
	优等品	一等品	合格品		优等品	一等品	合格品
≤ 400	0.20	0.30	0.50	800—1000	0.70	0.80	1.00
400—800	0.50	0.60	0.80	≥ 1000	0.80	1.00	1.20

(3) 角度允许极限公差

用内角边长为 450mm×400mm、内角垂直度公差为 0.13mm 的 90°钢直角尺，将角尺的长边紧贴板材的长边，短边紧贴板材的短边，用塞尺测量板材与角尺短边之间的间隙。当被检角大于 90° 时，测量点在角尺的根部；当被检角小于 90° 时，测量点在距根部 400mm 处。当角尺长边大于板材边时，用上述方法测量板材的两对角；当角尺长边小于板材长边时，用上述方法测量板材的 4 个角。以最大间隙的塞尺片读数表示板材的极限公差，读数精确至 0.5mm。

普通板材角度允许极限公差，应符合表 1-14 中的规定。拼缝板材正面与侧面的夹角不得大于 90°；异型板材的角度允许极限公差，由供需双方协商确定。

表 1-14 普通大理石板材角度允许极限公差

板材长度范围 /mm	允许极限公差 /mm		
	优等品	一等品	合格品
≤ 400	0.20	0.30	0.50
>400	0.50	0.60	0.80

4. 天然大理石的外观质量

同一批板材的花纹色调应基本相同。将板材平放在地面上，距板材 1.5m 处明显可见的缺陷视为有缺陷；距板材 1.5m 处不明显但在 1.0m 处可见的缺陷视为无明显缺陷；距板材 1.0m 处看不见的缺陷视为无缺陷。

缺棱掉角为 0.5mm 的用钢直尺测量其长度和宽度。同板材正面的外观缺陷应符合表 1-15 中的规定。

表 1-15　大理石板材正面的外观缺陷要求

名称	规定内容	优等品	一等品	合格品
裂纹	长度超过 10mm 的不允许条数(条)			
缺棱	长度不超过 8mm,宽度不超过 1.5mm（长度≤4mm,宽度≤1mm 不计),每米允许个数(个)			
掉角	沿板材边长顺延方向,长度≤3mm,宽度≤3mm（长度≤2mm,宽度≤2mm 不计),每块板允许个数(个)	0	1	2
色斑	面积不超过 6cm²（面积小于 2cm² 不计),每块板允许个数(个)			
砂眼	直径在 2mm 以下	0	不明显	有,但不影响装饰效果

大理石饰面板材在加工和施工过程中,可能由于石材本身或外界因素发生开裂或断裂,在不严重的情况下,板材允许采用专门的胶黏剂进行粘接和修补,但粘接和修补后不得影响板材的装饰质量和物理性能。

5. 天然大理石的物理力学性能

天然大理石的表观密度一般为 2500—2700kg/m³,抗压强度为 47—140MPa,弯曲强度不小于 7MPa,肖氏硬度为 40—50（莫氏硬度为 3—4),较花岗岩易于切割、雕琢、磨光。大理石的干燥压缩强度不小于 20.0MPa,弯曲强度不小于 7.0MPA。大理石板材镜面光泽度要求板材的抛光面应具有良好的镜面光泽,能清晰地反映出景物；生产厂家应按板材中主要化学成分的不同,来控制板材的镜面光泽度,其数值不得低于表 1-16 中的规定。

表 1-16　大理石板材镜面光泽度要求

主要化学成分含量 /%				镜面光泽度(光泽单位)		
氧化钙	氧化镁	二氧化碳	灼烧减量	优等品	一等品	合格品
40—56	0—5	0—15	30—45	90	80	70
25—36	15—25	0—15	35—45			

续表

主要化学成分含量 /%				镜面光泽度(光泽单位)		
氧化钙	氧化镁	二氧化碳	灼烧减量	优等品	一等品	合格品
25—35	15—25	10—25	25—35	80	70	60
34—37	15—18	0—1	42—45			
1—5	44—50	32—38	10—20	60	50	40

6. 天然大理石的出厂检验

作为建筑装饰用的大理石饰面板材,对其强度、体积密度、沥水率及耐磨性等,在一般情况下不进行检验,也不进行具体规定,而是以其外观质量、光泽度及颜色花纹等作为主要评价和选择的指标。

(1)检验项目 对于天然大理石板材检验的主要项目有规格尺寸偏差、平面度极限公差、角度极限公差、外观质量和镜面光泽度。

(2)组批规定 同一品种、等级、规格的大理石板材以 100m 为一批;不足 100m 的按单一工程部位为一批。

(3)抽样数量 板材规格尺寸、平面度、角度、外观质量的检验,应从同一批板材中随机抽样 5%,数量不足 10 块的,应抽足 10 块。镜面光泽的检验,应从以上抽取的板材中抽取 5 块进行检验。

(4)等级判定 单块板材的所有检验结果,如果均符合技术要求中相应等级时,判定为该等级。我国有关标准规定,在同一批板材中:优等品中不得有超过 5% 的一等品;一等品中不得有超过 10% 的合格品;合格品中不得有超过 10% 的不合格品;各等级的光泽度不得低于表 1-16 中规定的 95%。

检验结果不符合要求时,应该加倍抽样检验。如仍不符合要求,则判定该批板材的质量不符合该等级。

(三)天然花岗岩装饰石材

天然花岗岩是火成岩中分布最广的一种岩石,属于典型的深成岩和硬质石材。花岗岩主要由石英、长石、少量云母和暗色矿物(橄榄石类、辉石类、角闪石及黑云母)等组成,其成分以二氧化硅为主,大约占 65%—75%。花岗岩为全晶质结构的岩石,其岩质坚硬密实,按其结晶颗粒大小可分为"微晶""粗晶"和"细晶"3 种。

花岗岩矿体开采出来的块状石料称为花岗岩荒料,天然花岗岩板材是由矿山开采出来的花岗岩荒料,经过锯切、加工、研磨、抛光后成为不同规格的装饰板材。

第一章 地面铺装及其材料解读

1. 天然花岗岩的特点及用途

（1）天然花岗岩的特点

天然花岗岩具有结构致密、质地坚硬、抗压强度高、吸水率很小、耐磨性优良、耐腐蚀性强、抗冻性很好、耐久性和装饰性均好等特点。天然花岗岩的品质决定于矿物成分和结构。品质优良的花岗石,结晶颗粒细而均匀,构造紧密,石英含量多,云母含量少,并且不含有黄铁矿等杂质,长石光泽明亮,没有风化迹象。

天然花岗岩的密度约为 2.70g/cm³,表观密度为 2600—2800kg/m³,抗压强度较高,一般为 120—250MPa；其孔隙率和吸水率很小,吸水率常在 1% 以下；膨胀系数为（5.6—7.34）×10^{-6}℃$^{-1}$,抗冻性达到 100—200 次；耐风化,细粒花岗岩的使用年限可达 500 年以上,粗粒花岗岩的使用年限可达 100—200 年以上；具有对硝酸和硫酸的高度抗腐蚀性,可作为设备的耐酸衬里；磨光花岗岩板材表面平整光滑、色彩斑斓、质地坚实、华丽庄重、装饰性好。

（2）天然花岗岩的用途

天然花岗岩的用途十分广泛,从古至今都被视为极好的装饰材料。天然花岗岩可以加工成高级饰面板,主要用于宾馆、饭店、纪念性建筑物等的门厅、大堂的墙面、地面、墙裙、勒脚、楼梯和柱面的饰面等,也可用于吧台、服务台、收款台、家具装饰以及制作各种纪念碑、墓碑等,还可用来砌筑建筑物的基础、墙体、踏步、桥梁、堤坝、铺筑路面、制作城市雕塑等。磨光花岗岩板的装饰特点是华丽而庄重,粗面花岗岩板的装饰特点是凝重而粗犷。应根据不同的使用场合,选择不同物理性能及表面装饰效果的花岗岩。

2. 天然花岗岩板材的分类、等级和命名标记

（1）天然花岗岩板材的分类

天然花岗岩的分类方法很多,一般有按板材用途不同分类、按板材的形状不同分类和按表面加工程度不同分类三种。

① 按板材用途不同分类

由采石场开采出来的花岗岩荒料,经锯切、磨光等加工制成的花岗岩板材,再根据不同的用途,用不同的工序将花岗岩的板材加工成以下 4 个品种。

a. 剁斧板材剁。斧板材是经过剁斧加工,形成表面粗糙、具有规则条状斧纹的板材。这种板材加工比较容易,装饰效果较好,一般用于室外地面、台阶、基座等处。

b. 机刨板材。机刨板材是由专门石材加工机械,经过割切、锯刨等加工,形成表面比较平整、有相互平行机械刨纹的板材。一般用于地面、台阶、基座、踏步、檐口等处。

c. 粗磨板材。花岗岩板材经过粗磨,形成表面平整光滑、无光泽的板材。这种板材常用于墙面、柱面、台阶、基座、纪念碑、铭牌等处。

d. 磨光板材花岗岩板材经过磨洗加工和抛光,形成表面光亮、晶体裸露、色泽鲜艳、花纹鲜明的精制板材。这种板材主要用于室内外墙面、地面、立柱等处的高档装饰,或者用于要求较高的旱冰场地面、纪念碑、墓碑和铭牌等处。

②按板材的形状不同分类

天然花岗岩板材,按照形状不同可分为普通型板材(N)和异型板材(S)两类。常用的普通型板材(N)有正方形和长方形两种,其厚度一般为20mm。异型板材(S)为其他形状板材。

③按表面加工程度不同分类

按板材的表面加工程度不同分类,可分为细面板材(RB)、镜面板材(PL)和粗面板材(RU)3类。

a. 细面板材(RB)。细面板材(RB)是一种表面平整、光滑而无光泽的板材,其应用比较广泛。

b. 镜面板材(PL)。镜面板材(PL)是一种表面平整、具有镜面光泽的板材,主要用于高级建筑物的高档装饰。

c. 粗面板材(RU)。粗面板材(RU)是一种表面平整而粗糙、具有较规则加工条纹的板材,主要产品有机刨板、剁斧板、锤击板和烧毛板等,这是应用最广泛的一种板材。

(2)天然花岗岩的等级

天然花岗岩板材,可以根据规格尺寸允许偏差、平面度的允许极限公差、角度允许极限公差及外观质量等指标进行等级划分,工程上一般将天然大理石板材分为优等品(A)、一等品(B)、合格品(C)3个等级。

(3)天然花岗岩的命名与标记

天然花岗岩板材的命名顺序为:荒料产地名称、花纹色调特征名称、花岗岩(G)。

天然花岗岩板材的标记顺序为:命名、分类、规格尺寸、等级、标准号。

例如,用山东济南黑色花岗岩荒料生产的 400mm×400mm×20mm、普型、镜面、优等品板材,标准号为 JC-205,示例如下:

命名:济南青花岗岩。标记为济南青(G)N-PL-400×400×20-A-JC205。

3. 花岗岩板材的技术要求

天然花岗岩板材的技术要求与天然大理石基本相同，主要包括天然花岗岩的性能、化学成分、标准规格、质量标准等方面。

（1）天然花岗岩的性能

天然花岗岩的物理性能，包括力学性能和物理性能两个方面。天然花岗岩的性能指标见表1-17。

表1-17 天然花岗岩的性能指标

项目	指标	项目	指标
表观密度/（kg/m³）	2500—2700	吸水率/%	<1.00
抗压强度/MPa	120—250	膨胀系数/×10^{-6}℃$^{-1}$	5.60—7.34
平均质量磨耗率/%	12	耐用年限/年	75—200
抗折强度/MPa	8.5—15	抗剪强度/MPa	13—19

（2）天然花岗岩的化学成分

天然花岗岩中的主要化学成分包括：氧化硅、氧化铝、氧化钙、氧化镁和氧化铁等。各种天然花岗岩中氧化物所占比例见表1-18。

表1-18 天然花岗岩的化学成分

品种	代号	主要化学成分/%					产地
		SiO_2	Al_2O_3	CaO	MgO	Fe_2O_3	
白虎洞	151	71.14	10.00	0.48	1.14	0.52	略
花岗岩	304	70.54	14.34	1.53	1.14	0.88	
花岗岩	306	71.88	13.46	0.58	0.87	1.57	
花岗岩	359	66.12	17.24	2.73	1.16	0.19	
花岗岩	431	75.62	12.92	0.50	0.53	0.30	
笔山石	601	73.12	13.69	0.95	1.01	0.62	
目中石	602	72.62	14.05	0.20	1.20	0.37	
峰白石	603	70.25	15.01	1.63	1.63	0.89	
厦门白石	605	74.60	12.75	—	1.49	0.34	
砻石	606	76.22	12.43	0.10	0.90	0.06	
石山红	607	73.68	13.23	1.05	0.58	1.34	
大黑白点	614	67.88	15.96	0.93	3.15	0.90	

（3）天然花岗岩板材的标准规格

天然花岗岩板材的标准规格见表1-19。

地面铺装的装饰性

表 1-19　天然花岗岩板材的标准规格　　　　单位：mm

长度	宽度	厚度	长度	宽度	厚度
300	300	20	610	610	20
305	305	20	900	600	20
400	400	20	915	610	20
600	300	20	1067	762	20
600	600	20	1070	750	20
610	305	20	—	—	—

（4）天然花岗岩板材的质量标准

①规格尺寸允许偏差

天然花岗岩板材的规格尺寸允许偏差，随着板材表面加工程度不同而不同。普通型花岗岩板材的规格尺寸允许偏差，应符合表 1-20 中的规定。异型板材的规格尺寸允许偏差，由供需双方协商确定。

表 1-20　普通型板材的规格尺寸允许偏差

单位：mm

分类		细面和镜面板材			粗面板材		
等级		优等品	一等品	合格品	优等品	一等品	合格品
长度（宽度）		0（-1.0）	0（-1.5）	0（-2.0）	0（-1.0）	0（-2.0）	0（-3.0）
厚度	≤15	+0.5, -0.5	+1.0, -1.0	+1.0, -2.0	—	—	—
	>15	+1.0, -1.0	+2.0, -2.0	+2.0, -3.0	+1.0, -2.0	+2.0, -3.0	+2.0, -4.0

板材厚度小于或等于 15mm 时，同一块板材上的厚度允许极差为 1.5mm；板材厚度等于 15mm 时，同一块板材上的厚度允许极差为 3.0mm。

②平面度的允许极限公差

天然花岗岩板材的平面度的允许极限公差，应符合表 1-21 中的规定。

表 1-21　天然花岗岩板材的平面度的允许极限公差

单位：mm

板材长度范围	细面和镜面板材			粗面板材		
	优等品	一等品	合格品	优等品	一等品	合格品
≤400	0.20	0.40	0.60	0.80	1.00	1.20
400—1000	0.50	0.70	0.90	1.50	2.00	2.20
≥1000	0.80	1.00	1.20	2.00	2.50	2.80

第一章　地面铺装及其材料解读

③角度允许极限公差

天然花岗岩板材的角度允许极限公差,应符合表 1-22 中的规定。拼缝板材正面与侧面的夹角不得大于 90°。异型板材角度允许极限公差,由供需双方协商确定。

表 1-22　天然花岗岩板材的角度允许极限公差

单位:mm

板材长度范围	细面和镜面板材			粗面板材		
	优等品	一等品	合格品	优等品	一等品	合格品
≤400	0.40	0.60	0.80	0.60	0.80	1.00
>400	0.40	0.60	1.00	0.60	1.00	1.00

④外观质量要求

同一批花岗岩板材的色调花纹应基本一致,差别不得明显。其正面的外观缺陷,应符合表 1-23 中的规定。

表 1-23　天然花岗岩板材正面外观缺陷要求

名称	规定内容	优等品	一等品	合格品
缺棱	长度不超过 10mm（长度小于 5mm 不计）,周边每米长(个)	不允许	1	2
缺角	面积不超过 5mm×5mm（面积小于 2mm×2mm 不计）,每块板(个)			
裂纹	长度不超过两端延至板边长度的 1/10（长度小于 20mm 的不计）,每块板(条)			
色斑	面积不超过 20mm×30mm（面积小于 15mm×15mm 不计）,每块板(个)		2	3
色线	长度不超过两端延至板边长度的 1/10（长度小于 40mm 的不计）,每块板(条)			
坑窝	粗面板材的正面坑窝	不明显	出现,但不影响使用	

三、陶瓷锦砖装饰材料

陶瓷锦砖是陶瓷什锦砖的简称,俗称纸皮砖,又称马赛克(外来语 Mosaic 的译音),它是由边长不大于 40mm、具有多种色彩和不同形状的小块砖镶拼成各种花色图案的陶瓷锦砖制品。

陶瓷锦砖的生产工艺是采用优质瓷土烧制成方形、长方形、六角形等

地面铺装的装饰性

薄片小块瓷砖后,按设计图案反贴在牛皮纸上组成一联,每联为 305.5mm 见方,每 40 联为一箱,每箱的面积约为 3.7m²。陶瓷锦砖以优质瓷土为原料,按技术要求对瓷土颗粒进行级配,以半干法成型。为使产品制成各种颜色,在泥料中引入着色剂,经过 1250℃ 的高温烧制成产品。陶瓷锦砖可制成多种色彩和斑点,按其表面不同,有无釉和施釉两种陶瓷锦砖。

(一)陶瓷锦砖的品种和形状

1. 陶瓷锦砖的品种

陶瓷锦砖分类方法很多,工程上常按以下几种方法分类。按表面性质可分为有釉锦砖、无釉锦砖;按锦砖组成可分为单色陶瓷锦砖和拼花陶瓷锦砖两种;按其尺寸允许偏差和外观质量可分为优等品和合格品两个等级。

2. 基本形状

陶瓷锦砖的形状很多,常见的有正方形、长方形、对角形、六角形、半八角形、长条对角形和斜长条形等。

(二)陶瓷锦砖的特点及用途

1. 陶瓷锦砖的特点

陶瓷锦砖是一种良好的墙地面装饰材料,它不仅具有质地坚实、色泽美观、图案多样的优点,而且具有抗腐蚀、耐火、耐磨、耐冲击、耐污染、自重较轻、吸水率小、防滑、抗压强度高、易清洗、永不褪色、价格低廉等典型特色。

2. 陶瓷锦砖的用途

陶瓷锦砖由于其砖块较小、抗压强度高,不易被踩碎,所以主要用于地面铺贴。不仅可用于工业与民用建筑的清洁车间、门厅、走廊、卫生间、餐厅、厨房、浴室、化验室、居室等内墙和地面的装饰,而且也可用于高级建筑物的外墙饰面装饰,它对建筑立面有较好的装饰效果,并可增强建筑物的耐久性。

(三)陶瓷锦砖的技术质量要求

陶瓷锦砖的技术质量要求主要包括尺寸允许偏差、外观质量、物理力学性质和成联质量要求等。

第一章 地面铺装及其材料解读

1. 尺寸允许偏差

单块砖的尺寸和每联锦砖线路、联长的尺寸及其允许偏差应符合表1-24中的规定。

表1-24 单块砖的尺寸和每联锦砖线路、联长的尺寸及其允许偏差

项目	尺寸/mm	允许偏差/mm 优等品	允许偏差/mm 合格品
长度	≤25.0 >25.0	±0.50	±1.00
厚度	4.0、4.5、>4.5	±0.20	±0.40
线路	2.0—5.0	±0.60	±1.00
联长	284.0 295.0 305.0 325.0	+2.50 −0.50	+3.50 −1.00

2. 外观质量

陶瓷锦砖边长≤25mm的外观质量缺陷允许范围,应符合表1-25中的规定;陶瓷锦砖边长>25mm的外观质量缺陷允许范围,应符合表1-26中的规定。

表1-25 陶瓷锦砖的外观质量缺陷允许范围(边长≤25mm)

缺陷名称	表示方法	缺陷允许范围 优等品 正面	缺陷允许范围 优等品 反面	缺陷允许范围 合格品 正面	缺陷允许范围 合格品 反面	备注
夹层、釉裂、开裂		不允许				
斑点、粘疤、起泡、坯粉、麻面、波纹、缺釉、橘釉、棕眼、落脏、熔洞		不明显		不严重		
缺角/mm	斜边长	+1.5 −2.8	+3.5 −4.9	+2.8 −4.3	+4.9 −6.4	斜边长小于1.5mm的缺陷允许存在;正、背面缺角不允许在同一角部;正面只允许缺角1处
缺角/mm	深度	不大于厚砖的2/3				

地面铺装的装饰性

续表

缺陷名称	表示方法	缺陷允许范围				备注
^	^	优等品		合格品		^
^	^	正面	反面	正面	反面	^
缺边 /mm	长度	+3.0 -5.0	+6.0 -9.0	+5.0 -8.0	+9.0 -13.0	正、背面缺边不允许出现在同一侧面,同一侧面边不允许有两处缺边,正面只允许两处
^	宽度	1.5	3.0	2.0	3.5	^
^	深度	1.5	2.5	2.0	3.5	^
变形 /mm	翘曲	0.30		0.50		
^	大小头	0.60		1.00		

表 1-26　陶瓷锦砖的外观质量缺陷允许范围(边长 >25mm)

缺陷名称	表示方法	缺陷允许范围				备注
^	^	优等品		合格品		^
^	^	正面	反面	正面	反面	^
夹层、釉裂、开裂		不允许				
斑点、粘疤、起泡、坯粉、麻面、波纹、缺釉、橘釉、棕眼、落脏、熔洞		不明显		不严重		
缺角 /mm	斜边长	+1.5 -2.3	+3.5 -4.3	+2.3 -3.5	+4.3 -5.6	斜边长小于 1.5mm 的缺角允许存在;正、背面缺角不允许在同一角部;正面只允许缺角 1 处
^	深度	不大于厚砖的 2/3				^

续表

缺陷名称	表示方法	缺陷允许范围				备注
		优等品		合格品		
		正面	反面	正面	反面	
缺边 /mm	长度	+2.0 -3.0	+5.0 -6.0	+3.0 -5.0	+6.0 -8.0	正、背面缺边不允许出现在同一侧面；同一侧面边不允许有两处缺边；正面只允许两处
	宽度	1.5	2.5	2.0	3.0	
	深度	1.5	2.5	2.0	3.0	
变形 /mm	翘曲	不明显				
	大小头	0.20		0.40		

3. 物理力学性质

根据《陶瓷锦砖的质量标准》(JC 456-92)中对陶瓷锦砖的技术性能的具体要求,应符合表1-27中的规定。

表1-27 陶瓷锦砖的技术性能

项目	技术指标	项目	技术指标
密度 /(g/cm^3)	2.3—2.4	耐磨值	<0.60
吸水率 /%	无釉锦砖不大于0.2,有釉锦砖不大于1.0	耐急冷急热性	有釉砖；(140±2)℃下保持30min,取出立即放入冷水中,5min后取出,用涂墨法检查裂纹
抗压强度 /MPa	15—25	耐碱度 /%	>84
使用温度 /℃	-20—100	耐酸度 /%	>95
莫氏硬度	6—7		

4. 成联质量要求

锦砖与黏贴材料的黏结,不允许有脱落,正面贴纸陶瓷锦砖的脱纸时间,一般不大于40min,锦砖铺贴成联后不允许铺贴纸露出。联内、联与联之间锦砖的色差,优等品目测基本一致,合格品目测可以稍微存在一定色差。

（四）陶瓷锦砖的质量检验方法

1. 组批与抽样

陶瓷锦砖以同品种、同色号的产品 25—300 箱为一批，当少于 25 箱时，由供需双方商定。从每批中随机抽取 3 箱，从中随机抽取满足表 1-28 各项规定的样本量。

表 1-28 抽样检查项目

项次	检验项目	单位	样本大小 第一次	样本大小 第二次	第一次抽样 合格判定数	第一次抽样 不合格判定数	两次抽样之和 合格判定数
1		块	5	5	0	2	1
2	吸水率	块	5	5	0	2	1
3	耐急冷急热性	块	20	20	1	3	3
4		联	3	—	≤5%	>5%	—
5	尺寸偏差	联	15	—	1	2	—
6	外观质量	联	15	—	1	2	—
7	锦砖联长	联	15	—	1	2	—
8	锦砖线路	联	3	—	0	1	—
9		联	3	—	0	1	—

2. 规格尺寸检验

检查单块锦砖尺寸用最小读数为 0.05mm 的游标卡尺进行测量，通常以其中心线为准。检查每联产品的线路时，距锦砖约 0.5m 进行目测。每联产品的联长用最小读数为 0.5mm 的钢尺进行测量，以中心线为准，如果超过允许偏差，再量相邻上下两边尺寸。

3. 外观质量检验

外观质量检验采用距离产品 0.5m 处目测检查。缺角、缺边用最小读数为 0.05mm 的游标卡尺进行测量。锦砖翘曲，用钢尺立放在锦砖表面上沿对角线方向滑动，用塞尺测定其最大间隙。锦砖大小头用最小读数为 0.05mm 的游标卡尺进行测量，以距转角约 5mm 处的尺寸为准。

4. 锦砖色差检验

陶瓷锦砖的色差检验是用相同的九联锦砖组成一个正方形，平放在光线比较充足的地方，在距离产品 1.5m 处用目测方法进行检测。

5. 锦砖与纸牢固程度检验

陶瓷锦砖在出厂时,将单块的锦砖正面黏贴在规定的纸面上,以联为一个单位。锦砖与铺贴纸结合牢固程度是确保施工质量的关键。在进行检验时,一般可采用直立放平法和卷曲伸平法。

直立放平法:用两手捏住联在一边的两角,使联直立,然后将其放平,反复进行三次,以不掉锦砖为合格。卷曲伸平法:将锦砖联轻轻卷曲在一起,然后将其展平,反复进行三次,以不掉锦砖为合格。

6. 脱纸的时间检验

把锦砖联放平,并使黏贴纸一面朝上,在用清水浸透 40min 之内,用手捏住铺贴纸的一角,缓缓将纸揭下。如果能顺利、完整揭下者为合格。

7. 吸水率的测定

陶瓷锦砖的吸水率测定,应按《建筑卫生陶瓷吸水率试验方去》规定进行。一般采用煮沸法,也可以采用真空法。

四、水磨石地面装饰材料

水磨石地面施工所用的材料主要包括胶凝材料、石粒材料、颜料材料、分格材料和其他材料,这些材料必须符合国家或行业的现行标准。

(一)胶凝材料

现浇水磨石地面所用的水泥与水泥砂浆地面不同,白色或浅色的水磨石面层,应采用白色硅酸盐水泥;深色的水磨石地面,应采用硅酸盐水泥和普通硅酸盐水泥。无论白色水泥还是深色水泥,其强度均不得低于 32.5MPa。

对于未超期而受潮的水泥,当用手捏无硬粒、色泽比较新鲜时,可考虑降低强度 5% 使用;肉眼观察存有小球粒,但仍可散成粉末者,则可考虑降低强度的 15% 左右使用;对于已有部分结成硬块者则不能再使用。

(二)石粒材料

水磨石的石粒应采用质地坚硬、比较耐磨、洁净的大理石、白云石、方解石、花岗岩、玄武岩、辉绿岩等,要求石粒中不得含有风化颗粒和草屑、泥块、砂粒等杂质。石粒的最大粒径以比水磨石面层厚度小 1—2mm 为宜,见表 1–29。

地面铺装的装饰性

表 1-29 石粒粒径要求

水磨石面层厚度 /mm	10	15		20	25
石子最大粒径 /mm	9	14		18	23

工程实践证明,普通水磨石地面宜采用 4—12mm 的石粒,彩色水磨石地面宜采用 3—7mm、10—15mm、20-40mm 三种规格的组合。现浇彩色水磨石参考配合比,见表 1-30。

表 1-30 彩色水磨石参考配比

彩色水磨石名称	主要材料 /kg			颜料占水泥质量的质量分数 /%	
	紫红石子	黑石子	白水泥	红色	黑色
赭色水磨石	160	40	100	2	4
	绿石子	黑石子	白水泥	绿色	
绿色水磨石	160	40	100	0.5	
	红石子	白石子	白水泥	红色	黄色
浅粉红色水磨石	140	60	100	适量	适量
	绿石子	黄石子	白水泥	黄色	绿色
浅黄绿色水磨石	100	100	100	4	1.5
	黄石子	白石子	白水泥	黄色	红色
浅橘黄色水磨石	140	60	100	2	适量
	白石子	黄石子	425 水泥	—	
木色水磨石	60	140	100	—	
	白石子	黑石子	黄石子	白水泥	
白色水磨石	140	40	20	100	

石粒粒径过大则不易压平,石粒之间也不容易挤压密实。各种石粒应按不同的品种、规格、颜色分别存放,一定不能互相混杂,使用时按适当比例进行配合。除了石渣可作为水磨石的骨料外,质地坚硬的螺壳、贝壳也是很好的骨料,这些产品沿海地区资源丰富,它们在水磨石中经研磨后,可闪闪发光,显现珍珠般的光彩。

(三)颜料材料

颜料在水磨石面层中虽然用量很少,但对于面层质量和装饰效果,却起着非常重要的作用。用于水磨石的颜料一般应采用耐碱、耐光、耐潮湿的矿物颜料。要求呈粉末状,不得有结块,掺入量根据设计要求并做样板确定,一般不大于水泥质量的12%,并以不降低水泥的强度为宜。

(四)分格材料

分格材料也称为分格条、嵌条,即将大面积的地面分割成设计尺寸的材料,为达到理想的装饰效果,通常主要选用颜色比较鲜艳的黄铜条、铝条和玻璃条三种,另外也有不锈钢、硬质聚氯乙烯制品。

(五)其他材料

1. 草酸

它是水磨石地面面层抛光材料。草酸为无色透明晶体,有块状和粉末状两种。由于草酸是一种有毒的化工原料,不能接触食物,对皮肤有一定的腐蚀性,因此在施工中应注意劳动保护。

2. 氧化铝

呈白色粉末状,不溶于水,与草酸混合,可用于水磨石地面面层抛光。

3. 地板蜡

它用于水磨石地面面层磨光后作为保护层。地板蜡有成品出售,也可根据需要自配蜡液,但应注意防火。

五、塑料地面装饰材料

塑料地板以高分子合成树脂为主要材料,加入适量的其他辅助材料,经一定制作工艺制成的预制块状、卷材状或现场黏贴整体状的地面材料。

塑料地板是应用最早、发展最快的建筑装修塑料制品,塑料地板具有很多优点。

(1)花色品种繁多,装饰效果好,其色彩图案不受限制,只要改变印花辊子即可生产出不同花纹图案的地板,能满足各种用途需要,也可模仿天然材料,十分逼真。

地面铺装的装饰性

（2）质量比较轻，耐磨性很好。塑料地板的表观密度很小，一般不足 2000kg/m³，单位面积的质量为 3kg/m² 左右，比天然石材、陶瓷地砖、锦砖、水磨石等地面轻得多，与实木地板差不多，且耐磨性也很好，一般使用年限在 15—20 年，它是高层建筑、飞机、火车、轮船等地面的理想装修材料。

（3）使用功能良好。塑料地板具有防滑、防水、防潮、耐腐蚀、可自熄等特性，发泡塑料地板还具有优良的弹性、脚感舒适、吸声隔声、易于清洗、便于更换等特点，既适用于民用住宅，也适用于工厂车间地面，应用十分广泛。

（4）造价低廉、施工简便。塑料地板的质量差异很大，其价格相差悬殊，可满足不同层次的需求；与大理石、高档陶瓷地砖、地毯等材料相比，其造价相对较低。在铺设施工中，塑料地板可直接黏贴于平整的基层上，施工工艺非常简单，其铺设效率，尤其是宽幅卷材地板的铺贴效率极高。

（5）塑料地板的种类也很多，有适用于公共建筑的硬质地板，也有适用于住宅建筑的软性发泡地板，能满足各种建筑的使用要求，施工铺设和维护保养方便。不仅能获得良好的装饰及艺术效果，而且还能减轻建筑物自重，减少施工安装费用。

（一）塑料地板的分类

塑料地板的种类很多，主要有按形状不同分类、按材料性质不同分类、按使用的树脂分类、按结构不同分类和按花色不同分类。

1. 按形状不同分类

塑料地板按形状可分为块状和卷状两种。块状塑料地板可拼成各种不同图案，卷状塑料地板具有施工效率高的优点。

2. 按材料性质不同分类

按材料性质不同塑料地板可分为硬质、半硬质和软质三种。硬质塑料地板的使用效果较差，目前已很少生产；半硬质塑料地板价格较低，耐热性和尺寸稳定性较好；软质塑料地板铺覆好，软质弹性地板具有较好的弹性，有一定的保温吸声作用，脚感效果好。块状塑料地板有半硬质和软质两种；卷材地板均为软质。

3. 按使用的树脂分类

生产塑料地板的树脂有聚乙烯、氯乙烯、醋酸乙烯、聚氯乙烯等。目前各国生产的塑料地板绝大部分为聚氯乙烯地板，即 PVC 地板。

4. 按结构不同分类

塑料地板从结构上可分为单层塑料地板、双层塑料地板(包括双层同质复合塑料地板、双层异质复合塑料地板)、三层塑料地板(包括三层同质复合塑料地板；一层和三层同质、二层异质复合塑料地板)、三层异质塑料地板和多层塑料地板。

5. 按花色不同分类

塑料地板根据花色可以分为单色塑料地板、单色底大理石花纹塑料地板、单色底印花后再覆以透明膜的塑料地板、单色底印花的塑料地板、印花在透明膜背面复合单色底板的塑料地板等。表 1-31 是塑料地板的综合分类情况。

表 1-31　塑料地板的综合分类情况

名称		主要材料组成		加工方法	结构形式
		树脂	填充料		
油地毡		植物油、松香树脂	碳酸钙、木屑、软木粉、颜料	连续辊压	与沥青油纸或麻木织物复合的卷材
橡胶地毡		天然橡胶、再生橡胶或丁苯橡胶	碳酸钙、增塑剂、防老剂、硬化剂	层压或鼓式连续硫化	软质单层块材或卷材
聚氯乙烯塑料地板	卷材	聚氯乙烯	碳酸钙、增塑剂、稳定剂、颜料	挤出或连续辊压	软质单层块材或卷材
	石棉地砖	聚氯乙烯、聚乙烯—醋酸乙烯共聚物	石棉短纤维、碳酸钙、增塑剂、稳定剂、颜料	以层压为主	半硬质单层块材或卷材
	多填充料地砖	聚氯乙烯	轻质碳酸钙、重质碳酸钙、增塑剂、稳定剂、颜料	层压	接近于硬质的块材
	再生地板	再生聚氯乙烯	碳酸钙、少量增塑剂和稳定剂、颜料	连续压延	半软质单层卷材或块材

(二)塑料地板的结构与性能

目前市场上有多种弹性塑料地板。弹性塑料地板有单层的和多层的。单层的弹性塑料地板多属于低发泡塑料地板,一般厚 3—4mm,表面压成凹凸花纹,吸收冲击力好,防滑、耐磨,多用于公共建筑,尤其在体育馆应

地面铺装的装饰性

用较多。

弹性多层地板由上表层、中层和下层构成。上表层填料最少,耐磨性好;中层一般为弹性垫层(压成凹形花纹或平面)材料;下层为填料较多的基层。上、中、下层一般用热压法黏结在一起。透明的面层往往是为了使中间垫层的各种花色图案显露出来,以增添艺术效果。面层都是采用耐磨、耐久的材料。发泡塑料垫层凹凸花纹中的凹下部分,是在该处的油墨中添有化学抑制剂,发泡时能抑制局部的发泡作用而减少发泡量,形成凹下花纹,其他材料采用压制成型方法制作。

弹性垫层一般采用泡沫塑料、玻璃棉、合成纤维毡,或用合成树脂胶结在一起的软木屑和合成纤维及亚麻毡垫。弹性多层地板立体感和弹性好,不易污染,耐磨及耐烟头烫,适用于豪华商店及旅馆等。弹性地板类型很多,所用的材料不同时,地板的性能和生产工艺也不同,因此原料的配比也不同。

(三)聚氯乙烯塑料地板

聚氯乙烯(PVC)塑料地板,是发展最早、最快的建筑装饰塑料制品,广泛应用于各类建筑的地面装饰。PVC塑料地板也分为硬质块材、半硬质块材和软质卷材三种,我国目前以生产半硬质块材塑料地板为主,为确保证其生产质量,制订了《半硬质聚氯乙烯块状塑料》(GB4085-83)和《带基材的聚氯乙烯卷材地板》(GB11982-89)的国家标准和有关试验方法。

1. 聚氯乙烯塑料地板的性能

聚氯乙烯塑料地板的性能,主要包括尺寸稳定性、板面翘曲性、耐凹陷性能、表面耐磨性、耐高温性能、耐燃烧性能、耐污染性能、耐刻划性能、耐腐蚀性能、抗静电性能、力学性能和耐久性能等方面。

(1)尺寸稳定性

尺寸稳定性是指塑料地板在长期使用后尺寸的变化量。影响这种尺寸稳定性的原因主要有:塑料地板在加工时受到的热应力没有完全松弛,在材料内部还存在一定的内应力,故在使用过程中内应力逐渐松弛,造成尺寸变化;塑料地板中的增塑剂等迁移、挥发会引起尺寸收缩;塑料地板吸收空气中的水分填充了原有空隙,或填料吸潮而膨胀;地面通行时它受到的各种作用力致使塑料地板产生永久变形。

尺寸稳定性是塑料地板性能指标中最重要的一条。如果尺寸稳定性差,塑料地板在长期使用后会变大,影响外观。增塑剂含量多、填料较少的软质聚氯乙烯地板的尺寸稳定性较差;反之增塑剂较少、填料较多的半硬质地板其尺寸稳定性较好。

（2）板面翘曲性

有些塑料地板长期使用后可能会产生翘曲现象,即四边接缝处向上或向下翘曲。质量均匀的聚氯乙烯塑料地板一般不会发生翘曲。非匀质的塑料地板,即由几层性质不同的材料组成的地板,底面层的尺寸稳定性不同,就会发生翘曲。如面层收缩大,四周就向上翘曲,反之就向下翘曲。所以,塑料地板发生翘曲后不但影响美观和装饰效果,也影响到正常使用。

（3）耐凹陷性能

耐凹陷性是塑料地板在长期受静止负载后造成凹陷的恢复能力,它表示对室内家具等静止负载的抵抗能力。半硬质塑料地板比软质的或发泡的塑料地板耐凹陷性好。

（4）表面耐磨性

一般塑料地板的耐磨性好,聚氯乙烯塑料地板的耐磨性与填料加入量有关,填料加入愈多,耐磨性愈好。具有透明聚氯乙烯面层的印花卷材耐磨性最好。

（5）耐高温性能

聚氯乙烯是一种热塑性塑料,受热会软化,耐热性不及一些传统材料。因此,聚氯乙烯塑料地板上不宜放置温度较高的物品,以免变形。

作为地面饰面材料,很难避免不受到烟头的损害,这在公共建筑中尤其要引起注意。一般半硬质聚氯乙烯塑料地板的耐烟头性很好,但软质和发泡的聚氯乙烯塑料地板受烟头危害较严重。

（6）耐燃烧性能

聚氯乙烯树脂具有自熄性。在半硬质塑料地板中还加有大量的无机填料,如碳酸钙,因此有很好的耐燃性。但是,加较多增塑剂的软质聚氯乙烯塑料地板就没有自熄性。

（7）耐污染性能

聚氯乙烯塑料地板的表面比较致密,吸收性很小,耐污染性很好,有色液体、油脂等在表面不会留下永久的斑点,容易擦掉。塑料地板表面沾的灰尘也容易清扫干净。

（8）耐刻划性能

塑料地板的耐划性较差,容易被砂、鞋钉等划伤,表面划伤后容易被污染。目前有的塑料地板在生产时表面拉上杂色条纹,能对划伤起一定的遮盖作用。

（9）耐腐蚀性能

耐化学腐蚀性优异是聚氯乙烯塑料地板的特点之一,不仅对民用住

地面铺装的装饰性

宅中的酒、醋、油脂、皂、洗涤剂等有足够的抵抗力,不会发生软化或变形变色,而且在工业建筑中对许多有机溶剂、酸、碱等腐蚀性气体或液体有很好的抵抗力。但芳香族溶剂(如二甲苯、甲苯等)都会使聚氯乙烯溶解,强酸也会使聚氯乙烯塑料地板中的碳酸钙分解,所以它在工业建筑中必须经过试验后才能确定能否使用。

(10)抗静电性能

摩擦塑料地板会产生静电,静电积聚造成地板表面吸引灰尘;另外静电积聚后产生放电现象,可能引燃易燃物品而造成火灾。所以,在存放易燃品的室内应使用防静电的塑料地板。

(11)力学性能

塑料地板是建筑装饰的饰面层,不承受结构的负载,使用中受到的摩擦力、压力和撕拉力也较小,所以对力学性能的要求并不高。一般在塑料地板中掺入较多的填充料,其目的是在不影响使用性能的前提下,降低产品成本,改善其耐燃性、尺寸稳定性等物理性能。

(12)耐久性能

塑料地板长期使用后,会不同程度地出现老化现象,表现在褪色、龟裂、发脆等方面。耐老化性能主要取决于材料本身的质量,也与使用环境和保养条件等方面有关。从目前使用效果来看,在一般使用条件下,塑料地板的使用年限可达20年左右。

2.聚氯乙烯塑料块材地板

(1)单色半硬质塑料地板

这是生产和应用最早的一种PVC塑料地板,国内主要采用热压法生产,适用于各种公共建筑及有洁净要求的工业建筑楼地面装饰。这种塑料地板表面有一定硬度(也有柔性),具有脚感好、不翘曲、耐凹陷性好、耐污染性强等特点,但弹性较低,耐刻划性较差。

聚氯乙烯塑料单色地板,可以分为素色和杂色拉花两种。杂色拉花地板就是在单色的底色上拉出直条的其他颜色花纹,有的类似于大理石花纹,所以也有人称其为拉大理石花纹地板,花纹的颜色一般是白色、黑色和铁红色。杂色拉花不仅可以增加装饰效果,同时对表面划伤也有一定的遮盖作用。

单色半硬质聚氯乙烯塑料地板,按其结构不同有两种形式:①均质塑料地板,其底面是均一的,组成是相同的,一般用新料生产;②复合塑料地板,由两层或三层不同组成的材料构成,通常面层是新料,底层为回收料。目前还有全部用回收旧料再生的均质塑料地板,因全部采用回收再生料,其色彩也受到回收料的限制,一般只有铁黄色和铁红色等有限的几种。由于回收料多数为软质聚氯乙烯,所以均质塑料地板比较软。

(2)印花聚氯乙烯塑料地板砖

①印花贴膜塑料地板砖

印花贴膜塑料地板砖是由面层、印刷层和底层组成。面层为透明聚氯乙烯薄膜,厚度约0.2mm;底层为加填料的聚氯乙烯树脂,也有的产品用回收的旧塑料。印刷图案有单色和多色两种,表面是单色的,有的在表面上压制橘皮状的花纹或其他花纹,具有消光的作用。

②压花印花聚氯乙烯地板砖

压花印花聚氯乙烯地板砖,其表面没有透明聚氯乙烯薄膜;印刷图案下凹,通常以线条、粗点为形状,用时沾上油污后不易消去。其性能除了有压花印花图案外,其余均与单色半硬质聚氯乙烯塑料地板相同,其应用范围也基本相同。

③碎粒花纹聚氯乙烯地板砖

碎粒花纹聚氯乙烯地板砖是由许多不同颜色(2—3色)的聚氯乙烯碎粒互相黏合而制成,因此整个厚度上都有花纹。碎粒的颜色虽然不同,但基本是同一色调,粒度为3—5mm。碎粒花纹地板砖的性能,基本上与单色塑料地板块相同,主要特点是装饰性好,碎粒花纹不会因磨耗而丧失,同时也不怕未熄灭的烟头。

④聚氯乙烯水磨石地板砖

聚氯乙烯水磨石地板砖由一些不同色彩的聚氯乙烯碎粒和其周围的"灰缝"构成,碎粒的外形与碎石一样,所以其外观很像水磨石,砖的整个厚度上都有花纹。

3. 聚氯乙烯塑料卷材地板

(1)软质聚氯乙烯单色卷材地板

软质聚氯乙烯卷材地板通常是均质的材料,其底层与面层的组成性质相同。其花色品种比较多,有单色的卷材,也有大理石花纹的,还有表面压花的,这种卷材地板的性能如下。

①由于生产方法的限制,如果填充料的加入量较少、增塑剂含量较高,其质地就会较软,有一定的弹性和柔性。

②耐烟头性属于中等,不如半硬质聚氯乙烯地板块。

③由于是一种均质材料,所以其表面比较平,不会发生翘曲现象。

④耐沾污性和耐凹陷性属于中等,不如半硬质聚氯乙烯地板块。

⑤机械强度比较高,不易破损。软质聚氯乙烯卷材地板的性能要求见表1-32。

地面铺装的装饰性

表1-32 软质聚氯乙烯卷材地板的性能要求

性能	要求	性能	要求
软性	不允许有裂开、出现裂纹或其他破坏迹象	热老化和渗出	增塑剂不得有明显的渗出,外观不应有任何变化,软性保持不变
水分引起的伸缩	线度上的尺寸变化不得超过0.4%	弹性积	拉伸强度与延伸的乘积其平均值不小于2.0MJ/m³
尺寸稳定性	线度上尺寸变化不得超过0.4%,而且不应有翘曲	残余凹陷	不大于0.1mm

(2) 不发泡聚氯乙烯印花卷材地板

这种卷材地板与印花塑料地板砖的结构相同,也可由三层组成:面层为透明聚氯乙烯膜,有保护印刷图案的作用;中间层为印花层,是一层印花的聚氯乙烯色膜;底层为填料较多的聚氯乙烯树脂,有的产品以回收塑料为底料,这样可以降低生产成本。其表面一般有橘皮、圆点等压纹,以降低表面的反光,但仍保持一定的光泽。不发泡聚氯乙烯印花卷材地板通常采用压延法生产,其尺寸外观、物理力学性能,基本上与软质聚氯乙烯单色卷材地板相接近,但其印刷图案的套色精度误差应小于1mm,印花卷材还要有一定的层间剥离强度,且不允许有严重翘曲出现。它可用于通行密度不高、保养条件较好的公共和民用建筑。

(3) 印花发泡聚氯乙烯卷材地板

印花卷材地板的结构与不发泡印花卷材地板的结构相近,其底层是发泡的,表面有浮雕感,它一般由三层组成。面层为透明的聚氯乙烯(PVC)膜;中间为发泡的聚氯乙烯(PVC)树脂;底部为底布,通常用矿棉纸、玻璃纤维布、玻璃纤维毡、化学纤维无纺布等。也有的印花发泡PVC卷材地板在底衬材料下面加上一层PVC底层,使底衬平整,便于印刷。还有一种是底布采用玻璃纤维布。在玻璃纤维布的上下均加一层PVC底层,这样可提高平整度,防止玻璃纤维外露,这类地板称为增强型印花发泡PVC卷材地板。

这类卷材地板通常除用涂塑法生产外,必须使用价格较高的糊状聚氯乙烯(PVC)树脂,这是因为发泡温度比较高,所以生产速度较慢。有的产品还采用底布,因此产品价格较高,它有如下特点。

①有发泡层,增塑剂的含量较高,质地柔软,富有弹性,脚感舒适,有一定的隔热和隔声性能。

②除有印花图案外,还有利用化学压花法形成的压花纹,表面质感丰富,装饰效果优于其他卷材地板。

③增塑剂的含量较高,表面耐沾污性较差,但耐刻划性较好。

④卷材的平伏性较好,一般没有翘曲或荷叶边现象,可以不用黏结剂进行黏贴,可直接铺在平整的地面上。

⑤由于有发泡聚氯乙烯(PVC)树脂层,所以其耐凹陷性比较差,易产生永久性的凹陷,同时较易受机械损伤。

⑥不耐烟头火,燃烧的烟头不仅可使透明层烧焦,还会使泡沫聚氯乙烯(PVC)树脂被烧结成凹陷状,且不能修复。

⑦耐磨性优。印花发泡聚氯乙烯(PVC)卷材地板适用于民用住宅,其主要物理力学性能见表1-33。

表1-33 印花发泡 PVC 卷材地板的物理学性能

性能	要求	性能	要求
25℃凹陷度/mm	≤0.5	耐磨性/(g/cm^2)	<0.002
残余凹陷	小于全部厚度的20%	弹性积/(MJ/m^3)	>4
吸水长度变化率	横向小于0.10% 纵向小于0.50%	热老化	弹性积为原来的70%
加热长度变化率	横向小于0.20% 纵向小于0.40%	剥离强度/(kN/m)	>1

(四)聚氯乙烯地板的规格与性能

PVC 塑料地板的规格有:每卷长度 20m 或 30m,宽度为 1800mm 或 2000mm,总厚度为 1.5mm(家用)和 2.0mm(公共建筑用)。带基材的发泡聚氯乙烯卷材地板代号为 FB,带基材的致密聚氯乙烯卷材地板代号为 CB。

PVC 塑料地板的产品标记顺序为:产品名称—代号—总厚度—幅宽度—标准号。如聚氯乙烯卷材地板—FB—1.5—2000—(GB 1119-89),表示厚度为 1.5mm、幅宽为 2000mm 的带基材的发泡聚氯乙烯(PVC)卷材地板,其采用的标准号为(GB 1119-89)。

对于 PVC 塑料地板测试项目主要有:外观尺寸、拉伸强度、延伸率、耐烟头性、耐污染性、耐磨性、耐刻划性、耐凹陷性、阻燃性、硬度等。不同的 PVC 塑料地板,其性能是不同的,各类 PVC 塑料地板的性能比较见表 1-34。

地面铺装的装饰性

表 1-34　各类 PVC 塑料地板的性能比较

项目	半硬质地板	印花贴膜地板	软质单色卷材	不发泡印花卷材	发泡印花卷材
表面质感	平面 拉花 压花印花	平面 橘皮压纹	平面 拉花 压纹	平面 压纹	平面 化学压花
弹性	硬	软—硬	软	软—硬	软、有弹性
耐凹陷性	好	好	中	中	差
耐刻划性	差	好	中	好	好
耐烟头性	好	差	中	差	最差
耐污染性	好	中	中	中	中
耐机械损伤性	好	中	中	中	较好
脚感	硬	中	中	中	好
施工性	黏贴	黏贴,可能翘曲	可不粘	可不粘,可能翘曲	可不粘,平状
装饰性	一般	较好	一般	较好	好

（五）塑料地板使用中注意事项

为正确使用塑料地板,保证其使用功能和使用寿命,在使用过程中应当注意如下事项。

（1）为保证塑料地板能正常使用,要根据实际情况进行定期打蜡,一般应 1—2 个月进行一次。

（2）避免用大量的水拖地,特别要避免使用热水、碱水,以免影响塑料地板的黏结强度或引起变色、翘曲现象。

（3）尖锐的金属工具(如炊具、刀、剪等)应避免跌落在塑料地板上,更不能用尖锐的金属物在塑料地板上刻划,以免损坏地板表面。

（4）若塑料地板上沾污墨水、食品、油污等,应首先擦去污染物,然后用稀的肥皂水和布擦洗痕迹,如果仍擦洗不干净,可用少量汽油轻轻擦拭,直至痕迹消失为止。

（5）不要在塑料地板上放置 60℃ 以上的热物体及未踩灭的烟头,以免引起塑料地板的变形或产生焦痕。

（6）在静荷载集中部位,如家具的四脚等,最好垫一些面积大于家具脚 1—2 倍的垫块,以免塑料地板变形和留下痕迹。

（7）在经常受到阳光直接照射的地方,为避免塑料产生褪色,延长使用寿命,可用窗帘进行遮阳。

（8）塑料地板严重损坏时,应及时进行更换,最好备用少量相同的塑料地板。对于脱胶部位先清除干净后,再用原来的黏结剂进行全新黏贴,待保养结束 24h 后,方可正常使用。

六、地毯装饰材料

地毯是一种古老的、世界性的高级地面装饰材料,我国有着悠久的发展历史,延绵千年而经久不衰,在现代室内地面装饰中仍广泛应用。地毯以其独特的装饰功能和质感,使其具有较高的实用价值和欣赏价值,成为室内装饰中的重要组成部分。

地毯不仅具有隔热、保温、隔声、吸声、降噪、吸尘、柔软、弹性好、降低空调费用和较好缓冲作用等优点,而且又具有很高的欣赏价值,创造出其他装饰材料难以达到的高贵、华丽、美观、悦目的室内环境气氛,给人以温暖、舒适之感,是比较理想的现代室内装饰材料。

地毯是一种高档的地面装饰品,我国是世界上生产地毯最早的国家之一。中国地毯做工精细,图案配色优雅大方,具有独特的风格。有的明快活泼,有的古色古香,有的素雅清秀,令人赏心悦目,富有鲜明的东方风情。"京""美""彩""素"四大图案,是我国高级羊毛地毯的主流和中坚,是中华民族文化艺术的结晶,是我国劳动人民高超技艺的具体体现。世界上其他著名的地毯有波斯地毯、印度地毯、土耳其地毯等。

(一)地毯概述

1. 地毯的等级

地毯的原料、款式、品种多种多样,产品质量也有高、中、低档之分,通常人们按其图案、材质、规格尺寸、编制工艺等进行分类。在地毯装饰工程中,按其使用场所不同一般可分为6级,见表1-35。

表1-35 按其使用场所不同的地毯等级

序号	地毯等级	使用场所
1	轻度家用级	铺设在不常使用的房间或部位
2	中度家用级(或轻度专业使用级)	用于主卧室或家庭餐厅等
3	一般家用级(或中度专业使用级)	用于起居室及楼梯、走廊等行走频繁的部位
4	重度家用级(或一般专业使用级)	用于家中重度磨损的场所
5	重度专业使用级	用于特殊要求场合
6	豪华级	地毯品质好,绒毛纤维长,豪华气派,用于高级装饰的场合

建筑室内地面铺设的地毯,是根据建筑装饰的等级、使用部位及功能等要求而进行选用的。要求高级者应选用纯毛地毯,一般装饰可选用化

纤地毯等。

2. 地毯的分类

地毯所用的材料从最初的原状动物毛,逐步发展到精细的毛纺、麻、丝及人工合成纤维等,编织的方法也从手工发展到机械编织。因此,地毯已成为品种繁多、花色图案多样,低、中、高档皆有系列产品的地面铺装材料。

（1）按装饰花纹图案分类

按装饰花纹图案分类是我国传统的地毯分类方法,可分为我国手工羊毛地毯著名的几大流派。

①北京式地毯

北京式地毯,简称"京式地毯",它是北京地区一种著名的传统地毯,它具有主调图案突出、图案工整对称、色调典雅、庄重古朴、四周方形、边框醒目的特点,常取材于中国古老艺术精华,所有图案均具有独特的寓意及象征性,是手工地毯优秀产品之一。

②美术式地毯

美术式地毯突出美术图案,图案构图完整、色彩华丽、富于层次感,具有富丽堂皇的艺术风格。美术式地毯借鉴西欧装饰艺术的特点,常以盛开的玫瑰花、苞蕾卷叶、郁金香等组成花团锦簇,给人以繁花似锦之感。

③彩花式地毯

彩花式地毯以黑色作为主色,配以小花图案,浮现出百花争艳的情调,其图案清晰活泼,色彩绚丽,华贵大方,如同工笔花鸟画,构图富于变化。

④素凸式地毯

素凸式地毯色调较为清淡,图案为单色凸花织做,纹样剪后清晰美观,犹如浮雕,富有幽静、雅致的情趣。

⑤仿古式地毯

仿古式地毯以古代的古纹图案、优美风景、常见花鸟为题材,给人以古色古香、古朴典雅的感觉。

（2）按材质不同分类

按地毯的材质不同分类,可以分为纯毛地毯、混纺地毯、化纤地毯、塑料地毯和剑麻地毯五大类。

①纯毛地毯

纯毛地毯即羊毛地毯,是以粗绵羊毛为主要原料,采用手工编织或机械编织而成。纯毛地毯具有质地厚实、不易变形、不易燃烧、不易污染、弹性较大、拉力较强、隔热性好、经久耐用、光泽较好、图案清晰等优点,其装饰效果极好,是一种高档铺地装饰材料。

纯毛地毯的耐磨性，一般是由羊毛的质地和用量来决定的。用量以每平方厘米的羊毛量，即绒毛密度来衡量。对于手工编织的地毯，一般以"道"的数量来决定其密度，即指垒织方向（自上而下）上 1ft（1ft=0.3048m）内垒织的经纬线的层数（每一层即称为一道）。地毯的档次也与其道数成正比关系，一般家用地毯为 90—150 道，高级装修用的地毯均在 250 道以上，目前最高档的纯毛地毯达 400 道。

②混纺地毯

混纺地毯是以羊毛纤维与合成纤维混纺后编织而成的地毯，其性能介于纯毛地毯与化纤地毯之间。由于合成纤维的品种多，且性能也各不相同，当混纺地毯中所用的合成纤维品种或掺量不同时，制成的混纺地毯的性能也各不相同。

合成纤维的掺入可显著改善纯毛地毯的耐磨性。如在羊毛中加入 15%的锦纶，织成的地毯比纯毛地毯更耐磨损；在羊毛中掺入 20%的尼龙纤维，地毯的耐磨性可提高 5 倍，其装饰性能不亚于纯毛地毯，而价格比纯毛地毯要低。

③化纤地毯

化纤地毯也称为合成纤维地毯，是用簇绒法或机织法将合成纤维制成面层，再与麻布背衬材料复合处理而成。化纤地毯一般是由面层、防松涂层和背衬三部分构成。按面层织物的织造方法不同，可将其分为簇绒地毯、针刺地毯、机织地毯、黏合地毯和静电植绒地毯等，其中以簇绒地毯产销量最大，其次是针刺地毯和机织地毯。我国对这三种地毯制订了产品标准，它们分别是《簇绒地毯》（GB/T 11746-89）、《针刺地毯》（GB/T 15051-94）和《机织地毯》（GB/T 14252-93）。

化纤地毯常用的合成纤维有：丙纶、腈纶、涤纶及锦纶等。化纤地毯的外观和触感似纯毛地毯，耐磨且富有弹性，是目前用量最大的中、低档地毯品种。

化纤地毯的共同特性是不发霉、不易虫蛀、耐腐蚀、质量轻、吸湿性小、易于清洗等。但各种化纤地毯的特性并不相同，应注意它们之间的区别。如在着色性能方面，涤纶纤维的着色性很差；在耐磨性能方面，锦纶最好，腈纶纤维最差；在耐曝晒性能方面，腈纶纤维最好，而丙纶和锦纶较差；在弹性方面，丙纶和锦纶弹性恢复能力较好，而锦纶和涤纶比较差；在抗静电性能方面，锦纶在干燥环境下容易发生静电积累。

④塑料地毯

塑料地毯是采用聚氯乙烯树脂为基料，加入填料、增塑剂等多种辅助材料和添加剂，经均匀混炼、塑化，并在地毯模具中成型而制成的一种新

地面铺装的装饰性

型轻质地毯。这种地毯具有质地柔软、质量较轻、色彩鲜艳、脚感舒适、自熄不燃、经久耐用、污染可洗、耐水性强等优点。

塑料地毯一般是方块形地毯,常见的规格有400mm×400mm、500mm×500mm、1000mm×1000mm等多种,主要适用于一般公共建筑和住宅地面的铺装材料,如宾馆、商场、舞台等公用建筑及高级浴室等。

⑤剑麻地毯

剑麻地毯是采用植物纤维剑麻(西沙尔麻)为原料,经纺纱、编织、涂胶、硫化等工序而制成,产品分为素色和染色两类,有斜纹、罗纹、鱼骨纹、帆布平纹、多米诺纹等多种花色品种,幅宽在4m以下,每卷长在50m以下,可按需要进行裁切。

剑麻地毯具有耐酸、耐碱、耐磨、尺寸稳定、无静电现象等优点,比羊毛地毯经济实用,但其弹性较其他类型的地毯差,手感也比较粗糙。主要适用于楼、堂、馆、所等公共建筑地面及家庭地面的铺设。

⑥橡胶地毯

橡胶地毯是以天然橡胶为原料,用地毯模具在蒸压的条件下压制而成的一种高分子材料地毯,所形成的橡胶绒长度一般为5—6mm。这种地毯除具有其他材质地毯的一般特性外,如色彩丰富、图案美观、脚感舒适、耐磨性好等,还具有隔潮、防霉、防滑、耐蚀、防蛀、绝缘及清扫方便等优点。

橡胶地毯的供货方式一般是方块地毯,常见的产品规格有500mm×500mm、1000mm×1000mm等。这种地毯适用于各种经常淋水或需要经常擦洗的场合,如浴室、厨房、走廊、卫生间、门厅等。

(3)按编织工艺不同分类

按编织工艺不同,可分为手工编织地毯、簇绒地毯和无纺地毯三类。

①手工编织地毯

手工编织地毯,一般专指纯毛地毯,它是采用双经双纬,通过人工打结栽绒,将绒毛层与基底一起织做而成。这种地毯做工精细,图案千变万化,是地毯中的高档品。我国的手工地毯有悠久的历史,早在两千多年前就开始生产,自早年出口国外至今,"中国地毯"一直闻名于世,成为国际市场上的畅销产品,但这种地毯工效低、产量少、成本高、价格贵。

②簇绒地毯

簇绒地毯又称为栽绒地毯,是目前各国生产化纤地毯的主要工艺品,也是目前生产量最大的一种地毯。它是通过带有一排往复式穿针的纺织机,把毛纺纱穿入第一层基层(初级背衬织布),并在其面上将毛纺纱穿插成毛圈而背面拉紧,然后在初级背衬的背面刷一层胶黏剂使之固定,这样就生产出厚实的圈绒地毯。若再用锋利的刀片横向切割毛圈顶部,并经过修剪整理,则称为平绒地毯,又称割绒地毯或切绒地毯。

由于簇绒地毯生产时对绒毛高度进行调整,圈绒绒毛的高度一般为7—10mm,平绒绒毛高度一般为7—10mm,所以这种地毯纤维密度大,弹性比较好,脚感舒适,加上图案繁多,色彩美丽,价格适中,是一种很受欢迎的中档地面铺装材料。

根据国家标准《簇绒地毯》(GB/T 11746-89)中的规定,按其技术要求评定等级,其技术要求分为内在质量和外观质量两个方面,具体要求见表1-36 和表1-37。

表1-36 簇绒地毯内在质量指标

序号	质量项目	单位	技术指标	
			平割绒	平圈绒
1	动态负载下厚度减少值(绒高7mm)	mm	≤ 3.5	≤ 2.2
2	中等负载后厚度减少值	mm	≤ 3.0	≤ 2.0
3	绒簇拔出力	N	≥ 12	≥ 20
4	绒头单位质量	g/mm²	≥ 375	≥ 250
5	耐光色牢度(氙弧)	级	≥ 4	
6	耐摩擦色牢度(干摩擦)	级	纵向、横向均不小于3—4级	
7	耐燃性(水平法)	mm	试样中心至损毁边缘的最大距离不大于75	
8	尺寸偏差	宽度	在幅宽的 ± 0.5%内	
		长度 %	卷状:卷的长度不小于公称尺寸。块状:在长度的 ± 0.5%内	
9	背衬剥离强力	N	纵向、横向均不小于25	

表1-37 簇绒地毯外观质量评等规定

序号	外观疵点	优等品	一等品	合格品
1	破损(破洞、撕裂、割伤)	不允许	不允许	不允许
2	污渍(油污、色渍、胶渍)	无	不明显	不明显
3	毯面折皱	不允许	不允许	不允许
4	修补痕迹	不明显	不明显	较明显
5	脱衬(背衬粘接不良)	无	不明显	不明显
6	纵、横向条痕	不明显	不明显	较明显
7	色条	不明显	较明显	较明显
8	毯边不平齐	无	不明显	较明显
9	渗胶过量	无	不明显	较明显

地面铺装的装饰性

按内在质量评定分为合格和不合格两等,全部达到技术指标为合格,当一项不达标时即为不合格品,不再进行外观质量评定。按外观质量可分为优等品、一等品和合格品三个等级。簇绒地毯的最终等级是在质量各项指标全部达到的情况下,以外观质量所定的等级作为产品的等级。

③无纺地毯

无纺地毯是指无经纬编织的短毛地毯,是用于生产化纤地毯的方法之一。它是将绒毛线用特殊的钩针扎刺在用合成纤维构成的网布底衬上,然后在其背面涂上胶层使之粘牢,因此,无纺地毯又有针刺地毯、针扎地毯或黏合地毯之称。

无纺地毯是近些年出现的一种普及型、低价格地毯,其价格约为簇绒地毯的 1/4—1/3,生产工艺比较简单、生产效率较高,成本低、价格廉,但是弹性、装饰性和耐久性较差。现在为提高其强度和弹性,通常在毯底上加缝或加贴一层麻布底衬,或再加贴一层海绵底衬。近年来,我国还研制生产了一种纯毛无纺地毯,它是不使用纺织或编织方法制成的纯毛地毯。

(4) 按规格尺寸不同分类

按规格尺寸不同,地毯可分为块状地毯和卷状地毯两种。

①块状地毯

块状地毯多数被制成方形或长方形,我国的块状地毯的通用规格尺寸为(610mm×610mm)—(3660mm×6710mm),共有 56 种规格。也可根据需要制成圆形、椭圆形地毯,其厚度视质量等级而有所不同。

纯毛块状地毯还可以成套供应,每套由若干块形状和规格不同的地毯组成。方块地毯常见规格有 350mm×350mm、500mm×500mm 和 1000mm×1000mm 等几种。由于方块地毯的单位面积质量较大(一般为 4000g/m² 左右),且块与块之间为密实铺接,虽然无固定措施,但铺设后一般不易移动,表面也比较平整。

目前,我国生产的花式方块地毯,是由花色各不相同、尺寸为 500mm×500mm 的方块地毯组成一箱的,铺设时可组合成各种不同的图案。这种地毯的相邻两边留有燕尾榫,另外的相邻两边开有燕尾槽。在铺设时,可利用这种榫卯结构将方块地毯联成一个整体,以增强地毯的稳定性。花式方块地毯背面设有橡胶或泡沫塑料垫层,其弹性非常好,脚感也更为舒适。

块状地毯铺设方便灵活,位置可以随意移动,既可满足不同层次人的不同情趣要求,也可以给室内地面装饰设计提供更大的选择余地,还可对已磨损的部位随时进行调换,从而延长地毯的使用寿命,达到既经济又美观的目的。

②卷状地毯

化纤地毯、剑麻地毯和无纺纯毛地毯等通常为整幅的成卷包装供货地毯,其幅宽有 1.8m、2.4m、3.2m 和 4.0m 等多种规格,每卷长度一般 20—50m,也可根据用户要求专门加工。这种地毯铺设成卷的整幅地毯,可使室内具有宽敞感、整洁感,但某处损坏后不易更换,地毯清洗起来比较困难。

3. 地毯的主要技术性能

地毯的主要技术性能是鉴定其质量的主要标准,也是用户采购地毯时的基本依据。地毯的主要技术性能包括:耐磨性、弹性、剥离强度、绒毛黏合力、抗老化性、抗静电性、耐燃性和抗菌性等。

(1)耐磨性

地毯的耐磨性是其耐久性的重要指标,通常是以地毯在固定压力下,磨至露出背衬时所需的耐磨次数表示的,耐磨次数越多,表示耐磨性越好。地毯的耐磨性优劣,与所用面层材质、绒毛长度有关。一般机织化纤地毯的耐磨性优于机织羊毛地毯。我国上海生产的机织丙纶、腈纶化纤地毯,当毛长为 6—10mm 时,其耐磨次数可达 5000—10000 次,达到了国际同类产品的水平。表 1-38 所列为化纤地毯的耐磨性,从表 1-38 可知化纤地毯比羊毛地毯耐磨,地毯越厚越耐磨。

表 1-38 化纤地毯的耐磨性

面层织造工艺及材料	绒毛高度/mm	耐磨性能/次	备注
机织法丙纶	10	>10000	
机织法腈纶	10	7000	
机织法腈纶	8	6400	地毯的耐磨次数是指地毯在固定的压力下磨损后露出背衬所需要的次数,这是地毯耐久性长短的技术指标
机织法腈纶	6.	6000	
机织法涤纶	6	>10000	
机织法羊毛	8	2500	
簇绒法丙纶、腈纶	7	5800	
日本簇绒法丙纶、腈纶	10	5400	
日本簇绒法丙纶、腈纶	7	5100	

(2)弹性

地毯的弹性是反映地毯受压力后,其厚度产生压缩变形的程度,这是评价地毯脚感舒适与否的重要指标。其弹性大小通常用动态负载下(即在规定次数下、周期性外加荷载撞击后)地毯厚度降低值及中等静态负载后地毯厚度降低值来表示。表 1-39 中所列为地毯的弹性指标,从表 1-39 中可以看出,化纤地毯的弹性不如羊毛地毯,丙纶地毯的弹性次于

地面铺装的装饰性

腈纶地毯。

表1-39 地毯的弹性指标

地毯面层材料	厚度损失百分率/%			
	500次碰撞后	1000次碰撞后	1500次碰撞后	2000次碰撞后
腈纶地毯	23	25	27	28
丙纶地毯	37	43	43	44
羊毛地毯	20	22	24	26
香港羊毛地毯	12	13	13	14
日本丙纶、腈纶地毯	13	23	23	25
英国"先驱者"腈纶地毯	—	14	—	—

（3）剥离强度

剥离强度是反映地毯面层与背衬复合强度的一项性能指标，通常以背衬剥离强度表示，即指采用一定的仪器设备，在规定的速度下，使50mm宽的地毯试样的面层与背衬剥离至50mm长时所需的最大力。

化纤簇绒地毯要求剥离强力必须大于25N。我国生产的化纤簇绒地毯和机织丙纶地毯、腈纶地毯的剥离强度见表1-40，无论干湿状态，其剥离强度均在35N以上，超过了国外同类产品的水平。

表1-40 国产化纤簇绒地毯和机织丙纶地毯、腈纶地毯的剥离强度

面层织造工艺及材料	剥离强度（干）/MPa	剥离强度（湿1）/MPa	剥离强度（湿2）/MPa
簇绒法丙纶（横向）	0.109		
簇绒法腈纶（横向）	0.110	>0.069	>0.098
机织法丙纶（横向）	0.116		
机织法腈纶（横向）	0.105		

（4）绒毛黏合力

绒毛黏合力是衡量地毯绒毛固结在地毯背衬上的牢固程度的指标。绒毛黏合力大小关系到地毯的使用年限和耐磨性好坏。化纤簇绒地毯的黏合力以簇绒拔出力来表示，要求平绒簇绒地毯的拔出力应大于12N，圈绒地毯的拔出力应大于20N，国产化纤地毯的黏合力见表1-41。其中簇绒法丙纶地毯的黏合力可达63.7N，高于日本产同类产品51.5N的指标。

表1-41 国产化纤地毯的黏合力

面层织造工艺及材料	黏合力/N
簇绒法丙纶（无背衬）	5.60
簇绒法丙纶（麻布背衬）	63.7
簇绒法丙纶、腈纶（丙纶扁丝初级背衬、麻布次级背衬）	49.0

第一章 地面铺装及其材料解读

（5）抗老化性

抗老化性主要是针对化纤地毯而言的。这是因为化学合成纤维是有机物，有机物在空气、光照等因素的长期作用下，会逐渐产生老化，使其性能下降。地毯老化后，受撞击和摩擦时会产生粉末现象。在生产化学纤维时，加入一定量的抗老化剂，可以提高其抗老化性能。

地毯的抗老化性，通常是经紫外线照射一定时间后对化纤地毯的耐磨次数、弹性及色泽的变化情况加以评定的。国产丙纶地毯光照后的变化情况见表1-42。

表1-42 国产丙纶地毯光照后的变化情况

紫外线照射时间/h	毛高/mm	耐磨次数/次	厚度损失百分率/% 500次碰撞后	1000次碰撞后	1500次碰撞后	2000次碰撞后
0	8	3400	32	36	39	41
100		3155	28	31	35	37
312		2852	33	43	45	47
500		2632	29	35	38	41

（6）抗静电性

静电性是表示地毯带电和放电的性能。地毯的静电大小与纤维本身的导电性有关。一般来讲，化学纤维未经抗静电处理时，其导电性能较差，致使化纤地毯所带静电比羊毛地毯要大，且极易吸尘，清扫除尘困难，严重时会使走在上面的人有种触电的感觉。因此，化纤地毯生产时常常掺入适量抗静电剂，国外还采用增加导电性处理等措施增加其抗静电性。

化纤地毯的静电大小，常以表面电阻和静电压来表示。国产化纤地毯的表面电阻及静电压见表1-43。目前，我国生产的化纤地毯的静电值比较大，尚需进一步改善其抗静电能力。

表1-43 国产化纤地毯的表面电阻及静电压

地毯面层材料及背衬	表面电阻/Ω	静电压/V
腈纶地毯（麻布背衬）	5.45×10^9	4—16
涤纶地毯（麻布背衬）	1.41×10^{11}	−8—−6
丙纶地毯（麻布背衬）	5.80×10^{11}	60
丙纶、腈纶地毯（麻布背衬）	8.50×10^9	−10

（7）耐燃性

耐燃性是指地毯遇到火种时在一定时间内燃烧的程度。由于化学纤维一般为易燃物质，所以在生成化纤地毯时常加入一定量的阻燃剂，以使

地面铺装的装饰性

织成的地毯具有自熄性或阻燃性。国家标准规定：当化纤地毯燃烧时间在 12min 以内，其燃烧面积的直径在 17.96cm 以内，则认为耐燃性合格。化纤地毯的耐燃性见表 1-44。

表 1-44　化纤地毯的耐燃性

地毯样品名称	燃烧时间/s	燃烧面积及形状	说明
机织法腈纶地毯	108	3.2cm×2.0cm 的椭圆	合格
机织法丙纶地毯	143	直径为 2.4cm 的圆	
机织法涤纶地毯	104	3.1cm×2.4cm 的椭圆	
簇绒法丙纶地毯	626	直径为 3.6cm 的圆	

需要特别注意的是，化纤地毯在燃烧时会释放出有害气体及大量烟雾，很容易使人窒息，难以逃离火灾现场，甚至造成死亡。因此，应尽量选用阻燃性良好的化纤地毯，避免使用非阻燃型地毯。

（8）抗菌性

地毯作为地面覆盖材料，在使用过程中比较容易被虫、菌等侵蚀而引发霉变。因此，地毯生产过程中要掺加适宜的外加剂，进行防霉、抗菌等处理。通常规定，凡能经受 8 种常见霉菌和 5 种常见细菌的侵蚀而不长菌或不霉变的地毯，则认为其抗菌性合格。化纤地毯的抗菌性优于纯毛地毯。

（二）纯毛地毯

纯毛地毯分手工编织地毯和机织地毯两种。前者是我国传统的手工工艺品之一，后者是近代发展起来的较高级的纯毛地毯制品。

1. 手工编织纯毛地毯

我国的手工编织纯毛地毯已有两千多年的历史，手工编织纯毛地毯具有图案优美、色彩鲜艳、质地厚实、富有弹性、经久耐用、古朴典雅等特点。用以铺地，触感柔软舒适，富丽堂皇，其铺地装饰效果极佳。

手工编织的纯毛地毯的生产是中国特产的优质羊毛纺纱，用现代染料染出牢固的颜色，用精湛的技巧织出瑰丽的图案，再以专用机械平整绒面，用特殊的技术剪凹花及周边，用化学方法洗出丝光，用传统手工修整地毯成品。

手工编织的纯毛地毯，由于费工费时、产量较低、做工精细、造价较高、产品名贵，一般用于国际性、历史性、国家级重要建筑物的室内地面（如迎宾馆、会客厅等）的铺装，也可用于高级宾馆、饭店、住宅、会客厅、会堂、展览馆、舞台等装饰性要求高的建筑及场所。

第一章 地面铺装及其材料解读

手工编织的纯毛地毯,是自下往上垒织栽绒打结(8字扣,国际上称"波斯扣")而成的,每编织打结完一层称为一道,一般按每平方英尺编织的道数多少来表示地毯的栽绒密度。道数越多,栽绒密度越大,地毯质量越好,价格也越高。地毯的档次与道数也成正比关系,一般家庭用地毯为90—150道,高级装饰用的地毯均在200道以上,个别的地毯可以达400道。我国手工纯毛地毯的主要规格、性能见表1-45。

表1-45 纯毛地毯的主要规格、性能

品名	规格/mm×mm	性能特点	生产厂家
90道手工打节羊毛地毯 素式羊毛地毯 艺术挂毯	(610×910)— (3050×4270) 等各种规格	以优质羊毛加工而成,图案华丽、柔软舒适、牢固耐用。传统产品90道机抽洗手工打结羊毛地毯,荣获原轻工业部工艺美术百花奖银奖	上海地毯总厂
90道羊毛地毯 120道羊毛艺术挂毯	厚度:6—15 宽度:按要求加工 长宽:按要求加工	用上等纯羊毛手工编织而成。经化学处理,防潮、防蛀、图案美观、柔软耐用	武汉地毯厂
90道机拉洗高级羊毛手工地毯 120道、140道高级艺术挂毯(出口商标为:海鸥)	任何尺寸与形状	产品有:北京式、美术式、彩花式、素古式及风景式、京彩式、京美式等	青岛地毯厂
高级羊毛手工栽绒地毯 (飞天牌)	各种形状规格	以上等羊毛加工而成,有北京式、美术式、彩花式、素凸式、敦煌式、仿古式等	兰州地毯总厂
羊毛满铺地毯 电针绣枪地毯 艺术壁毯(工美牌)	有各种规格	以优质羊毛加工而成。电绣地毯可仿制传统手工地毯图案,古色古香,现代图案富有时代气息。壁毯图案粗犷朴实,风格多样,价格仅为手工编织壁毯的1/5—1/10	北京市地毯二厂

2. 机织纯毛地毯

机织纯毛地毯是以羊毛为主要原料,采用机械编织工艺而制成的。这种地毯具有表面平整、光泽明亮、富有弹性、脚感柔软、耐磨耐用等优点。与化纤地毯相比,其回弹性、抗静电、抗老化、耐燃性均优于化纤地

地面铺装的装饰性

毯；与手工纯毛地毯相比，其性能基本相同，但价格低于手工地毯。因此，机织纯毛地毯是介于化纤地毯与手工纯毛地毯之间的中档地面装饰材料。

建筑室内地面铺设机织纯毛地毯后，不仅能起到良好的装饰作用，而且还对楼地面产生良好的保温隔热及吸声隔音效果，可降低室内的采暖空调费用，并增加室内的宁静感。另外，机织纯毛地毯还有阻燃性的品种，可以用于防火性能要求较高的建筑室内地面。

（三）化纤地毯

化纤地毯以化学合成纤维为主要原料，按一定的织法制成面层织物后，再与背衬材料进行复合而成。化纤地毯的化学纤维材料种类很多，如聚丙烯（丙纶）、聚丙烯腈（腈纶）、聚酯（涤纶）和尼龙（锦纶）纤维等。按其织法不同，化纤地毯可分为簇绒地毯、针刺地毯、机织地毯、编织地毯、黏结地毯、静电植绒地毯等多种。其中，以簇绒地毯的产销量最大。

1. 化纤地毯的特点

化纤地毯具有质轻耐磨、色彩鲜艳、脚感舒适、富有弹性、铺设简单、价格便宜等特点，还具有吸声、隔声、保温、装饰等功能。由于化纤地毯可以机械化生产，其产量较高，价格较低，加之耐磨性优良，不易虫蛀和霉变，所以很受人们的欢迎，其主要适用于宾馆、饭店、招待所、接待室、餐厅、住宅居室以及船舶、车辆、飞机等地面装饰铺设。化纤地毯既可以摊铺基层面上，也可以粘铺在木地面、马赛克、水磨石或水泥砂浆表面上。

最近几年，化学纤维材料在飞速发展，由于化纤材料具有独特的优点，化纤地毯的需求量日益增加，世界上化纤地毯产量约占地毯总量的80%。我国自20世纪80年代开始生产化学纤维，目前产品质量已赶上国际同类产品的水平，成为化学纤维生产大国。2000年，我国化纤地毯需求量为$1.2\times10^7 m^2$。预计到2010年，全国化纤地毯需求量将达到$15.0\times10^7 \sim 8.0\times10^7 m^2$，品种基本可配套，可满足不同建筑物对抗静电、阻燃、防毒、防沾污、耐磨损等功能的要求。

2. 化纤地毯的构造

化纤地毯一般由面层、防松涂层及背衬层所构成。

（1）地毯面层

通常化纤地毯依据其面层采用的纤维材料命名，如面层采用丙纶（聚丙烯纤维）纤维的化纤地毯，则称为丙纶纤维地毯。另外，还有腈纶（聚丙烯腈纤维）化纤地毯、涤纶（聚酯纤维）化纤地毯、锦纶（尼龙纤维）化纤地毯等。

化纤地毯的面层纤维密度较大,毯面的平整度好,但工序较多,织造速度不如簇绒法快,因此成本比较高。面层的绒毛有长绒、中长绒、短绒、起圈绒、卷曲绒、高低圈绒、平绒圈绒组合等多种,地毯一般多采用中长绒制作的面层,其绒毛不易脱落和起球,使用寿命比较长。另外,纤维的粗细也会直接影响地毯的弹性与脚感。

(2)防松涂层

防松涂层多以氯乙烯—偏氯乙烯共聚乳液为基料,添加适量的增塑剂、增稠剂及填充料等配制而成,可增加地毯绒面纤维在初级背衬上的固着牢度,使之不易脱落,同时又可在初级背衬上形成一层薄膜,防止胶黏剂渗到绒面层内,可控制和减少初级、次级背衬复合时胶黏剂的用量,并可以增加黏结强度。

(3)地毯背衬

化纤地毯的背衬层由初级背衬和次级背衬组成。初级背衬对地毯面层起固着作用,要求具有一定的耐磨性,用料为黄麻平织网或聚丙烯机织布及无纺布。次级背衬是附于初级背衬后面的材料主要用于增加地毯的厚度及弹性,用料一般为黄麻布、聚丙烯、丁苯胶乳与热塑性橡胶泡沫、聚氯乙烯共聚型泡沫及聚氨酯泡沫等。

3. 化纤地毯的品种

化纤地毯的品种很多,按其加工方法不同主要分为簇绒地毯、针刺地毯、机织地毯和印染地毯。

(1)簇绒地毯

簇绒地毯是由毯面纤维、初级背衬、防松涂层和次级背衬四部分组成的一种有麻布背衬的圈绒地毯。这种地毯单位面积的纤维用量较高,因而成本相应也高,但有较好的弹性,脚感舒适。目前,簇绒化纤地毯是国内外化纤地毯中产量最多的一种。

(2)针刺地毯

针刺地毯总体质量不如簇绒地毯,其弹性较差、脚感较硬,但造价低廉。针刺地毯适用于更换周期频繁的场所,属化纤地毯中的低档产品。

(3)机织地毯

机织化纤地毯有非常美丽和复杂的花纹图案,采用不同的织造工艺还能生产出不同表面质感的地毯。此外,机织化纤地毯的毯面纤维密度较大,毯面平整度优于针刺地毯和簇绒地毯,但机织速度不如簇绒法快,加上工序比较多,其成本也较高。

（4）印染地毯

印染化纤地毯一般是在簇绒地毯上印染各种花纹图案,使地毯表面的图案绚丽多姿,这种地毯的价格要比机织化纤地毯低得多,但其印花图案的耐久性不如机织化纤地毯或编织化纤地毯好。

（四）尼龙地毯

羊毛作为传统的地毯用料,具有天然纤维特有的优良性能,从古至今其在高档地毯市场中独占鳌头,但在使用过程中却暴露出易污染、难洗涤、易产生水渍、不耐磨损、易使细菌繁殖等不尽如人意之处。近几年,随着人民生活水平的不断提高,装潢业飞速发展,给地毯销售带来良好的前景。随着纤维业的不断发展、生产技术的推陈出新以及尼龙地毯防污防渍技术的改进,促使现代地毯生产及用户的选择观念发生巨大改变。如今尼龙纤维已成为地毯制造工业中使用最多的材质,已经在发达国家地毯市场中占据了80%的份额,且呈逐渐增长的趋势。

地毯如何铺设是影响室内空间设计效果的重要因素,不论色彩、质感、样式,都能带来视觉、触觉上的差异。但是,在选择地毯时不仅要注意其美观、华丽,而且还要注意其经久耐用。在比较锦纶（尼龙）与丙纶、腈纶、涤纶、纯毛、混纺等地毯的耐磨性、可清洁性、耐尘土性、耐污渍性、抗静电性、耐燃性技术指标后,还是以锦纶（尼龙）地毯为宜。

尼龙地毯与羊毛地毯相比,尼龙地毯具有以下明显的优点。①经过热定型处理,尼龙地毯比羊毛地毯更具有弹性。②不断进步的防污工艺,能防止各类污渍渗透到尼龙纤维之中,使尼龙纤维地毯更易清洗。③在防止污渍渗透尼龙纤维的同时,能使尼龙地毯的色泽保持艳丽。④即使在频繁使用的情况下,尼龙地毯仍具有很好的耐磨性和抗倒伏性。

世界上尼龙纤维的主要生产国家有美国、中国、韩国和德国。美国现今生产的短纤维产量减少,但地毯用的长纤维产量增加,1990—2000年的年平均增长率为0.9%,美国国内生产的尼龙纤维3/4用于地毯生产。我国在尼龙纤维方面推行自给化,尼龙纤维的生产年均增长率高达13.5%。据有关部门统计,每年我国尼龙地毯的消费量均超过$1.5 \times 10^7 m^2$。随着人们对尼龙地毯需求的增加,尼龙地毯市场必将得到长足发展。

（五）新型地毯

随着人们生活质量的日益提高和对装饰工程的配套要求,各种功能独特的地毯纷纷问世并不断推向市场,备受消费者的青睐。

1. 发电地毯

德国发明了一种能发电的地毯,利用摩擦生电的原理研制而成。当人踏在地毯上走动时即能发电,若用导线连接,可供家电使用,也可对蓄电池进行充电。这种地毯装有绝缘层,安全可靠。

2. 防火地毯

英国生产了一种防火地毯,它是用特殊的亚麻布制成,用火烧 0.5h 后仍然完好无损,防火性能极佳,而且还具有防水、防蛀的功能。

3. 保温地毯

日本推出一种电子保温地毯,具有自动调节室温的功能,其地毯上装有接收装置,每隔 5min 向安装在墙上的温度遥控仪发出室温资料。当室温较低时,接收装置会自动接通电源,使地毯温度上升;当温度达到要求时,则会断掉电源停止供暖。

4. 光纤地毯

美国一家公司研制生产出一种光纤地毯,内含丙烯酸系光学纤维。这种光纤地毯能发出各种闪光的美丽图案,既可用来装饰房间,也可作为舞厅及演出照明等。一旦公共建筑内发生停电,光纤地毯还会显示出各个指示箭头,给人指路。

5. 变色地毯

国外市场上有一种变色地毯,这种地毯可以根据人们不同喜爱变换颜色。编织这种地毯的毛纱需要先用特殊化学方法加入各种底色,当人们喜爱某种颜色时,只需在洗毯时加入特殊的化学变色剂,便可得到自己喜爱的色调,每洗一次,都可变换一种颜色,使人感到像是又铺上一块新地毯。

6. 小面积地毯

日本最近生产出一种小面积地毯,每块的面积仅有 $50cm^2$,铺设时可以不用搬出家具,像铺瓷砖那样方便铺在地板上。如果常走之处磨损严重时,也只更换磨损部分即可,这种地毯有各种颜色,能和所用家具、窗帘的色调相协调。

7. 吸尘地毯

这种地毯由一种静电效应很强的聚合材料制成,它不仅能自动清除鞋底带来的灰尘,而且还能吸收空气中的尘埃。当地毯吸附的尘埃过多

地面铺装的装饰性

时,可通过敲打或用湿布拭去,即可重新吸尘,它是由捷克一家公司生产的。

8. 木质地毯

中国台湾建材市场上推出一种可拆式木质地毯,这种地毯以美国的橡木为原料,经过精加工组装而成。它具有原木风格,质感细腻,色泽优雅。可拆式木质地毯表面经过5次涂装,不仅防尘效果好,而且耐磨、耐酸碱、清洗容易、保洁如新。此外,这种地毯底布采用了100%的纯棉,消声效果也很好。

9. 夜光地毯

英国发明了一种能发光的地毯,这种地毯在纺织过程中加入了光学纤维,在灯光的照射下,能变换出各种闪光的图案。当房间内突然停电时,地毯可发出微光照明。

10. 拼接地毯

日本生产出一种新式拼接地毯,只用三角形、梯形等形状的小单元,就可根据春夏秋冬季节、用途等组合出色彩丰富、多种效果的几何纹样。同时,这种地毯正反面色彩不同,可以两面使用,具有较好的装饰功能。

11. 防水隔热地毯

新型的防水隔热地毯是在两层布中间装有防水隔热材料制成的。这种地毯可铺设在预制的水泥砂浆面层上,可起到防水、隔热、保温、阻燃、绝缘等作用。该地毯施工简便、迅速、质量高且不污染环境。

12. 多功能地毯

英国以聚丙烯短纤维为原料,研制出一种耐洗刷、耐腐蚀、不发霉、不褪色、不怕晒、耐严寒的多功能地毯。它非常适用于游泳池边、轮船甲板等公共场所的装饰使用。

13. 灭火型地毯

澳大利亚发明并生产出一种能防火灾的灭火型地毯,该地毯表面很像普通的羊毛地毯,但它吸饱了具有很强冷却作用的特殊液体,这种特殊液体不仅能防止地毯被烧,而且遇到火焰时能立即把火扑灭。另外,这种地毯还具有杀菌功能。

14. 天然地毯

天然地毯是指20世纪80年代在欧洲出现、采用天然物料编织而成的新型地毯。它区别于羊毛、化纤等传统地毯,一般包括剑麻地毯、椰棕地毯、水草地毯和纸地毯。天然地毯问世以来,由于它具有独特的质感和优良的特点,而且符合现代人追求绿色环保的时代潮流,因而在欧洲、北美洲和澳大利亚等地大量使用,在世界其他地区越来越受欢迎。

以剑麻地毯为例,除具有传统地毯柔软、保温、隔声、安全等一般共性之外,还具有自身独特的优点:一是它含有一定的水分,可以随着环境变化而吸收空气中的水分,或向空气中放出水分,用来调节室内的空气湿度;二是它表面摩擦力大、耐久性强,特别适合铺设于楼梯等经常摩擦的部位;三是它节能性比较强,相当于合成地板,可以减少约一半的空调费用;四是它的弹性比较高、防细菌、防虫蛀、防静电、阻燃防火;五是它容易清洁和保养,使用寿命较长;六是它适用于所有生活环境,能给人们提供一个天然的豸居空间等。

(六)地毯使用中的注意事项

地毯在使用中如果方法不当,不仅达不到使用效果,而且会造成不应有的损失。因此,在地毯的使用过程中应注意以下事项。

(1)对于暂时不用的地毯,应当沿着顺毛方向卷起来,洗净、晒干、晾透后用塑料薄膜包裹,贮存在通风、干燥的室内,存放处的温度不得超过40℃,并且要避免阳光直接照射。对于纯毛地毯应定期放防虫药物,以防止虫蛀。在打卷时应做到毯边齐整,不得出现螺丝状边缘。

(2)在地毯上放置家具时,接触地毯的部分最好用垫片隔离,以减轻对毯面的压力,或定期移动家具的位置,避免地毯出现变形。对于经常行走、践踏或磨损严重的部位,应采取措施或调换位置使用。

(3)铺设的地毯应尽量避免阳光直射,在使用过程中,不得沾染油污、酸性物质、茶渍、墨水、饮料等,如一旦出现沾污,应及时清除。

(4)在使用过程中,应做好经常性的清扫除尘工作,最好每天用吸尘器沿着顺行方向轻轻清扫一遍。所使用的清洁工具不得带有齿状或边缘粗糙,以免损坏地毯。

(5)地毯应经常进行检查、清洗和维修,如出现局部虫蛀或磨损,应当请专业人员及时进行修复。

七、水泥砂浆

用于地面工程的水泥砂浆与建筑水泥砂浆大同小异,也是由胶凝材料、细骨料、水和外加剂按一定比例配制而成的。

（一）胶凝材料

水泥砂浆地面所用的胶凝材料为水泥，在一般情况下，水泥的选用，应根据地面所处的部位、环境条件、强度要求和特殊功能等选择适宜的水泥品种，应优先选用普通硅酸盐水泥和矿渣硅酸盐水泥。硅酸盐水泥、道路硅酸盐水泥和复合硅酸盐水泥也可用于配制地面所用的水泥砂浆。

一般水泥砂浆采用的水泥，其强度等级宜为32.5级以上，水泥用量不应小于200kg/m³。一般水泥强度标准值（MPa）宜为砂浆强度等级的4—5倍。

（二）细骨料

建筑砂浆所用的细骨料多采用天然砂，砂的质量标准应符合《建筑用砂》（GB/T 14684—2001）的规定，砌筑砂浆用砂的技术指标，应符合《砌筑砂浆配合比设计规程》（JGJ 98-2000）的技术要求。

由于地面水泥砂浆层的厚度较薄，对砂子的粗细程度应有限制。一般情况下，砂子宜采用中砂或粗砂，其细度模数为3.7—2.3，最大粒径不大于砂浆层厚度的1/4—1/5（2.5—3.0mm）。

砂中的黏土杂质是影响砂浆质量的重要因素，在配制地面水泥砂浆时，应严格限制砂中的黏土含量。如果砂中的黏土含量过大，不仅会增加水泥用量，降低砂浆的耐水性，而且会增大砂浆的收缩值，降低砂浆的强度。因此，砂中的含泥量应≤3%。

（三）拌和水

配制地面所用水泥砂浆的拌和水，应采用不含有害物质的洁净水或饮用水，并符合行业标准《混凝土拌和用水标准》（JCJ 63-2006）中的规定，未经试验鉴定的污水不得使用。

（四）外加剂

为改善砂浆性能可在拌制砂浆过程中掺加适量的外加剂，如引气剂、早强剂、缓凝剂、防冻剂等。但外加剂的品种和掺量及物理力学性能，应通过有相应资质的检测机构试验，确定符合要求后才能使用。

第二章　地面铺装的色彩与图案的装饰性

地面装饰色彩是地面装饰的一个重要组成部分。地面装饰色彩选择的好坏直接影响到整个空间环境的色彩效果,甚至影响人们在整个空间环境中的生活质量。地面装饰色彩又是整个空间环境装饰的基本颜色,是整个空间环境色调选择的重点。

第一节　地面装饰的色彩选择

一、地面装饰的色彩分析

室内空间环境的色彩效果是由装饰材料的造型、肌理、色彩以及质感构成的,而作为室内设计重要元素之一的色彩,是与人们的生活密切相关的。色彩在情感表达方面给人以鲜明直观的视觉印象。通过色彩心理学和物理学的研究得出,色彩可以使人产生各种心理联想和心理感觉的规律,为我们进行地面装饰色彩分析提供依据。每一种地面装饰色彩的使用都会唤起人们不同的心理感受,人们在自己的房子里装修布置的时候,一定要合理把握地面装饰色彩与整个空间环境色彩之间的关系,因为好的地面装饰色彩能改善室内空间、协调空间比例,起到使人心情愉悦的作用。

我们在进行室内地面装饰色彩的应用时,要对不同地面装饰材料的材质质感、光泽、色彩、纹理等特征进行深入地了解。通过材料的色彩明度、饱和度以及色相的变化,不同材料的色彩组合会在空间环境中给人以温暖、兴奋、疲劳、安详、轻重等不同的心理及生理感觉。同时,通过不同地面装饰材料本身的光滑、粗糙、刚硬、轻柔、色泽、朴实、典雅的本性,使空间环境色彩充满优雅、含蓄、平和的氛围,给人以视觉美感的享受。

红色的地面——注意、警觉、危险。

粉红色很少涉及地面颜色。

地面铺装的装饰性

褐色的地面——沉稳、踏实、愉悦、舒适。
橙色的地面——明朗、活泼。
黄色的地面——升高、兴奋。
米黄系列的地面——高贵、典雅。
绿色的地面——柔软、自然。
蓝色的地面——运动、干净。
灰色的地面——中性色,给人舒适之感。

（一）色彩的基本知识

1. 光谱

1666年英国科学家牛顿揭示了光色原理。牛顿通过三棱镜把太阳光映射出红、橙、黄、绿、青、蓝、紫七种色光,这种现象叫光谱。

2. 色的三要素

从色彩的性质上分色相、明度、纯度这三类。色相就是色彩的本相,如红、橙、黄、绿、青、蓝、紫等。每个字代表一个色相。明度就是色彩的明亮程度,也就是说色彩的明暗关系。纯度是指色彩的饱和程度,也就是艳不艳、浓不浓。

3. 色立体

把不同的颜色依明度、纯度、色相这三种属性组织在一起,配制成一个立体的图形,就叫色立体。

4. 色彩的本性

在色彩体系中,黑、白、灰等称为无彩色系。红、橙、黄、绿、青、蓝、紫等称为有彩色系。

5. 色彩关系

明度（黑、白、灰）、色性（冷色、暖色）、色度（色彩的饱和度、纯度）。

6. 色彩感觉

色觉,就是人眼感觉颜色的能力。在人眼在最佳的光度下对380nm—780nm范围内的可见光有着不一样的感觉。由于光波的长度不同,可分为红色（640nm—780nm）、橙色（590nm—630nm）、黄色（565nm—590nm）、蓝色（450nm—495nm）、绿色（492nm—565nm）、青色（455nm—565nm）、紫色（380nm—424nm）等颜色。

第二章 地面铺装的色彩与图案的装饰性

（二）光源色与材料、色彩与面积、色彩与肌理的关系

1. 光源色与材料

光学研究结果证明，光是一切物体颜色的唯一来源。光源色（复色、单色）投照在不同的材料上，反射的色彩是不同的。白光照在绿色的材料上，材料吸收了白光中的绿色以外的光线，反射出其余的色彩，就成了绿色。红光照在绿色的材料上，由于红光里不含绿色，红光会全部被吸收，绿色的材料就成了黑色。由此可见，材料的色彩来源于光源的色彩和不同材料的吸收与反射率。不同材料的表面具有不同的反射率，反射的程度不同就形成了不同的颜色。

2. 色彩与面积

合理的空间色彩设计与其展现的空间面积密不可分，如地面与墙面、地面与顶面、地面与装饰物、地面与绿化等。面积大小不同的色彩比例会产生不同的空间色彩效果，通常情况下，采用两种或者两种以上的色彩，空间环境中就会产生对比关系。如果空间环境中采用面积相等并且互为补色或对立色的两种色相，这两种色相将产生强烈冲突。因此，处理这种色彩关系时可以缩小其中的一个色相面积，使其成为辅助色或点缀色，这样空间环境色彩中就形成大统一中有小面积的色彩对比协调关系。

3. 色彩与肌理

材料的肌理指的是由于材料表面不同的组织结构产生的不同纹理和图案。材料的肌理可分视觉肌理和触觉肌理。视觉肌理可以影响人们不同的心理感受。如深红系列的红檀香木地板配以紫色的织物窗帘，给人高雅飘逸的贵族气息，青色的仿古地砖给人厚重与文化感，素色地毯给人一种含蓄而沉稳的氛围。触觉肌理可以影响人的第一感觉。材料的肌理可以直接影响材料的色彩效果，我们可以利用材料肌理的特征来满足我们的视觉感。掌握和熟悉了这些关系，才能更好的利用地面装饰材料的色彩。

（三）地面装饰色彩在室内空间的功能性

人们生活的空间环境是一个充满色彩的场所，空间环境通过色彩向人们展示了一个美好且色彩斑斓的生活空间。地面装饰材料色彩是研究材料美的一个重要方面，美的色彩既美化环境，同时又可以影响人们的感

地面铺装的装饰性

觉、知觉、联想、情绪等。地面装饰色彩在室内空间的功能性主要体现在下列几个方面。

1. 色彩的鲜明性

鲜明夺目的色彩在空间环境中有极强的吸引力,极易增大人们的注意价值,能使空间环境在短时间内给人留下美好的印象。

2. 色彩的认知性

地面装饰借助对材料不同颜色的处理,有利于人们的认知识别,从而创造出个性的环境空间。

3. 色彩的真实性

地面装饰材料的色彩具有很强的再现客观事物的表现能力,能还原材料原貌的真实性,如大面积木质地面、顶棚、家具等,来获得材料的质感。

4. 色彩的情感性

从视觉心理看,浅淡、明亮的颜色会使人愉快、兴奋;重的、暗的颜色会使人压抑、郁闷。不同的色彩有不同的感情力度,不同地面装饰材料色彩可以使人们产生不同的情感、刺激欲求。明暗对比强烈的色彩搭配会产生一种活力,对比不强烈或微妙的色彩搭配会显得安静、柔和。

5. 色彩的审美性

色彩的功能包括通过有序的色调系统来唤起感觉。这种感觉犹如我们看到好的地面色彩和整个空间色彩组合形成和谐统一后的快感。色彩本身不重要,但空间环境里的每一种颜色都会与其他颜色相互影响,这样色彩的组合与安排就表现的更有意义了。精妙的地面装饰色彩可以烘托出好的空间效果,引导人们从美学角度去欣赏和享受,从而使人们在生活居住的同时得到了美的享受。

(四)地面装饰色彩的对人的生理影响

光、材料、材料反射、折射形成了视觉颜色。我们在进行材料色彩分析的时候,了解颜色对人生理的影响是非常重要的。不同的地面装饰材料颜色会使人产生不同的明适应(就是眼睛从黑到白、暗到明的视觉适应过程)、暗适应(明到暗就是眼睛从白到黑、明到暗的视觉适应过程)、色适应(从黄色色调的房间到蓝色色调的房间,开始会不适应,慢慢地就适应了,这样的适应过程就是色适度)。

第二章 地面铺装的色彩与图案的装饰性

（五）地面装饰的色彩对人的心理影响

色彩能影响人的心理感觉、情绪和情感。心理学家通过实验证明，在红色环境中，脉搏会加快，血压会升高，情绪易兴奋冲动，因此体育场馆常使用此色。而在蓝色的环境下，脉搏会减缓，情绪也会安定，所以医院更热衷于此色。科学家还发现，颜色会影响脑电波，脑电波对红色的反应是警觉，对蓝色的反应是放松。

（1）暖色调：红色、黄色、橙色、黑色为暖色。暖色给人前进的感觉，所以又叫前进色。红色给人兴奋、热情、温暖、温馨、舒适、亲切、刺激的感觉，常常让人联想到热和火，也常和危险与停止联系到一起，如果使用的面积过大会造成紧张躁动的感觉。而黑色有沉默、消极、严肃、黑暗和地狱的象征性，也可以给人以深沉、庄重、高贵的感觉。橙色本身容易有生命、活力、成熟、光明的感觉，所以人们往往会联想到成熟的果实、美味的食物、灯光、秋叶、麦浪，小面积或以线条形式出现的橙色，在冷色调中具有装饰作用。黄色让人感觉幸福、高兴、柔和、安全和幽默，同时能够联想到柠檬、阳光等，但是使用不当时也会造成枯燥无味之感。

（2）冷色调：蓝色、绿色为冷色。冷色给人后退的感觉，所以又叫后退色。无彩色系的白色为高冷色。而蓝色给人流动、优雅、平静、安详、海洋与深邃的感觉，使人自然而然地联想到大海和蓝天。绿色是希望的颜色，人们总是想到树叶和小草的色彩，它具有稳重、浪漫和充满朝气，因此设计中多用于年轻人的房间，在西方把蓝色看成高贵的色彩，白色代表洁净和纯粹。

（3）同类色：同类相近的在材料明度差异不大，在色相上属于同类微差不明显的颜色，这类颜色易带来统一、和谐、亲切、温柔的空间感觉，如柠檬黄、中黄、土黄、桔黄。地面采用黄褐色柚木系列的木地板与空间环境的黄色调相协调，给人温馨浪漫的环境氛围。

（4）中性色：绿色、紫色为不冷不暖的中性色。绿色给人和平、安全的感觉，能联想到草地、森林。黑与白混合的无彩色系的灰色也为中性，灰色随和优雅，当与其他色调相混合时便呈现出冷暖变化。紫色既有高贵感又易给人一种病感不健康的感觉，常用作危险的警示色（如辐射标识，）但浅紫色给人一种高贵感。金、银、黑、白、灰属中性色。中性色能与任何颜色搭配起到和谐的效果。

室内地面装饰在色彩上不仅起主导和润色、陪衬、烘托的作用，而且给人带来的触感更是难忘的。暖色和冷色会产生温度感。暖色给人前进、冷色给人后退的感觉，因此又有了距离感。纯的红色、橙色、黄色可以使

地面铺装的装饰性

人兴奋。纯的绿色、蓝色给人安静的感觉。如果地面颜色重,需要降低纯度,这样可以减少兴奋并趋向于安静。黑色、白色和纯的、高的颜色会使人紧张不安,红色系列的地面装饰色彩可以制造出强烈的华丽的富丽堂皇的效果。蓝色系列的地面装饰色彩给人的感觉是文雅、深沉、稳重。地面色彩明度的高低可以使人产生轻重的分量感,明度亮的轻,明度暗的重。明度相同,纯度高的轻,纯度低的重。地面装饰色彩有的给人辉煌、华丽、富贵的感觉。有的给人雅致、朴素、简洁、文静的感觉。饱和度高的亮的华丽,饱和度低的暗的朴素。有些颜色还可给人硬和软的感觉,亮色里含白灰色调的色彩感觉软,含黑色色调的感觉硬朗。黑色地面比白色的感觉硬,灰色地面感觉软。

二、地面装饰的色彩应用

(一)地面装饰的色彩计划

人们在日常生活中在对空间环境的色彩运用上,习惯于"顶轻""地重""墙浓"。

地面装饰色彩在选择上应满足功能和精神要求,又要使人感到舒适,所以在设计时不是孤立的、固定的,而是要考虑与顶面、墙面、家具、灯光等色彩的相互关系,同时还要考虑饰品和点缀物、陈设物等色彩的关系,如果机械地理解和处理,必然变得千篇一律。因此设计往往偏向于比较深沉的颜色。这样是远远不够的,因为地面装饰色彩相对其他饰面装饰色彩而言具有使用时间较长,不会轻易更换的特点,所以在色彩的选择上要考虑其功能性的要求和对人视觉生理反应和心理上调节的作用,既要有明确的图底关系、层次关系和视觉中心,但又不能僵化、刻板,地面装饰色彩还要符合整个空间环境的色调,要和整体的装饰效果协调统一,才能达到丰富多彩的目的。

在制订地面装饰色彩计划前要对空间的基本功能有个了解,可以从以下几个方面着手。

第一,房间的功能。不同的空间有着不同的使用功能,如书房、客厅、卧室、厨房等,封闭或半封闭的空间样式,中式、西式或现代等风格,诸如此类。所以选择不同地面装饰色彩时要结合空间环境的使用功能,突出环境空间的性格和氛围,从而强化不同的风格,产生不同的影响。例如,住宅中的起居室、卧室、餐厅、书房等,是公共空间,还是私密空间?这些都与选择什么样的地面色彩有关。还有一些是人员聚集或来往相对频繁

第二章 地面铺装的色彩与图案的装饰性

的地方，属于公共空间，在地面材料的选用上应以坚固、耐磨的地面砖作为地面主材进行地面色彩的装饰，在色彩选择上应是明度较低的大方、明快、温馨的中性色，例如空间较大的办公室、图书馆，这样的空间环境和空间的性质需要营造出一种安静、轻松的空间色彩氛围，尽量避免一些夸张的个性色彩，如有特殊需要时可以小面积色彩加以变化。餐厅和客厅可以选用大块的浅黄色或红褐色系列的仿古砖，合理设计很容易就会给人一种田园的舒适与愉悦。青色的地面装饰色彩看上去更能突显简洁感和现代感。而中性灰色调的地砖更具文化品位。采用冷色调的仿古地砖会突出空间环境的品位——高贵而典雅。浅色、灰白色系列地砖代表简约、时尚。

卧室属于私密的空间环境，目的在于使人们感到舒适，因使用对象不同或使用功能不同，在色彩设计上就必须有所区别。在地面材料的选择上多偏向木地板和地毯，在色彩的选择上偏重于宁静、优雅、安详，如深褐色的橡木地板。在选择木地板作为地面装饰色彩主材时，与整体空间环境色彩的协调性非常重要，由于地面和墙壁、顶面都是大面积的，所以它们的色彩选择会决定整个空间环境的主色调。木地板色彩的选择既要根据空间环境的大小、空间环境的风格而定，还要考虑到使用人的性格、年龄、文化层次以及个人喜好等，往往利用色彩的明暗程度创造气氛。当然为了保持色彩的协调统一，在整体空间环境设计基础上也可以采用少量的对比色，例如浅颜色空间环境就可用中性色白橡木地板进行调和。另外地面装饰色彩可以采用和空间环境对比的两种色彩进行搭配，这样能给予空间一种新的生命、新的活力，营造出别具一格的视觉感受，但是要处理好面积的大小关系，以防出现不协调或刺激的心理感受。

合理地运用木地板色彩、图案的搭配，就能够营造出十分温馨舒适的色彩空间。不同材质地板的色彩会给人造成不一样的色彩视觉感受，处理好这些色彩会对人的心理产生积极影响，引起人们特别的情感反应。

在现代风格的空间环境中，为了给人一种沉稳而含蓄的空间环境氛围，通常可以使用素色地毯作为地面色彩主材，也可以利用几何图案增加时尚的空间环境效果，色彩浓淡艳素均可。如，空间环境是淡雅的暖色调，地面色彩可以选择雅红色的地毯，使空间环境具有亲切怡人的感觉；以红色或紫色调为主的歌舞厅可以采用玫瑰红色的地毯进行地面色彩的装饰，使人兴奋热烈。

第二，使用人的年龄、文化、性格、爱好。空间环境的设计出发点一般根据使用人的年龄、爱好等设计搭配，所以更有针对性，选用颜色时要充分考虑到给人带来的心理适应能力。如年轻人充满活力、个性突出、关注

地面铺装的装饰性

潮流,可以选择时尚有个性的色彩搭配作为地面的颜色,也可以采用色彩丰富的瓷砖或木地板,或者多种颜色的瓷砖拼接组成图案。追求简约而有内涵的生活品质的中年人,往往会选择在色彩上让人心情舒畅、平和的灰色系,不会选色彩明度及饱和度过高过亮的色彩,材料选用上以木地板较多,尤其是在卧室和书房。老年人更喜欢舒适、安全、平和的生活空间,地面在色彩选择上喜欢自然淡雅、调和统一的色调,地毯也是不错的选择,除了花色多样之外,防滑是地毯的好处之一。儿童的生活空间在色彩的应用上可以用纯正的、浓烈的色系,以便体现出欢快动感、朝气蓬勃的空间环境。在地面的装饰上采用活泼的颜色和带卡通图案的地砖加以点缀。

第三,家具、墙面、顶、家纺的颜色。颜色不宜太多,基本上2—4色就够了,要限定颜色。地面与家具的搭配也很重要,一般情况下地面装饰不经常更换,所以在颜色的选择上要与家具相配合,深色暖色的地面色调与浅色的家具好搭,但是深色调地面与深色的家具搭起来是不太协调的。

通过了解以上这几点,我们就会有个地面色彩的装饰计划:单色装饰、同类色装饰、补色装饰、多色装饰。

1. 单色装饰

单色装饰是指通过单一色相在不同的纯度、明度阶段的变化组合。它易于配色,缺点是容易产生单调的感觉,过于统一且缺乏变化,应用时要结合材料形态、肌理、光泽等,会产生不一样的效果。一个完整的地面色彩装饰设计主要由色彩样块和材料样块组成。若地面装饰采用了和空间一致的白色调的地砖,显得整空间环境清新明快简洁。浅色系的空间环境中,地面上加了棕色地毯做点缀,就会显得地面生动。

2. 同类色装饰

同类色装饰是指相邻的两个色相之间的调和。这种色彩变化柔和雅致。同类色的色彩范围很广,与单色搭配不易枯燥乏味。在配色中可以在明暗度、饱和度作变化。但是统一性过于强烈,缺乏活泼和跳跃的感觉,在室内设计中显得平淡无奇。若墙面是淡乳黄色的,地面的颜色可以选择浅黄色的木地板,简洁的视觉感受使空间环境更宽敞。

同类色装饰手法主色调非常明确,如黄色地板宜配浅绿色墙壁,有的家庭喜欢使用略带黄色的本色木地板,墙壁就运用"相邻颜色"的法则,可挑选与黄色相邻的绿色或橙色,这样就能营造出一个温暖的氛围。

3. 补色装饰

补色装饰可分为物理补色和生理补色两种类型。物理补色是把两种

第二章 地面铺装的色彩与图案的装饰性

颜色混合在一起,呈无颜色的黑、灰时,这两种颜色叫补色。生理补色就是我们长时间地去看红色墙,再去看白色的墙会感觉出绿色的残像,这种现象叫生理补色现象,如红色和绿色、黄色和紫色、橙色和蓝色。如空间里家具是一种淡红色,墙面是白色,这样在选择地面材料颜色的时候就需要用灰绿色来降低家具的颜色度。

4. 多色装饰

多色装饰是一个比较难处理的配色设计,尤其是在空间比较大的室内环境中,用色过多容易产生混乱的视觉感,同时主色调也会不甚明确,但与面积和造型处理得当的话,也是可以达到令人满意的效果。如一间童装商场的空间环境,地面色彩用了三种颜色,充满了神秘性趣味性,鲜艳明快的色彩组合增加了儿童空间环境的浪漫色彩。

(二)地面装饰材料的色彩应用

在室内空间环境中,地面装饰色彩既要看空间环境的使用功能,还要看色彩本身对人们的情感因素,也要考虑色彩对人们在心理和生理上产生的影响。不同的地面色彩基调会使人对空间环境产生不同的感觉,颜色的应用是复杂和多样的。

地面装饰材料的色彩应用可以从以下几个方面来考虑。

1. 地面装饰材料的色彩与整体色调相一致

空间环境的整体色调是各个构成体面的基调。在总的色彩倾向中发挥着主导作用,一切杂乱的或者相互间排斥的颜色,在有序的整体色调中都会变得和谐共生,主辅有序,使人们在空间环境中享受到美的感受。

构成空间环境的各个体面色彩彼此联系,形成多层次的色彩变化,所以人们在研究体面的色彩关系时,要以整体空间颜色为先,确定冷暖色调、明亮程度等来把握整体空间的主色调,然后分出主要色、次要色、点缀色。主要色统领全局,在空间环境中占的面积最大,如墙面、地面、顶面等,所以在色彩处理上一定不要太过杂乱,一般一到二色为主,可以在明暗程度上寻求变化。次要色起平衡和过渡主要色的作用,色彩可以相对多一些,但是在面积上要减小。点缀色是在小面积上能使主要色和次要色更突出。

所以说,地面装饰色彩的关键是处理好彼此间的协调关系,色彩的最终效果也取决于几个空间面色彩的相互关系。地面装饰的色彩构成要与整个空间色彩协调统一,处理好这些协调关系常用的方法有:①同一色调,指的是地面色彩和整体空间色调的同一色相的色彩,进行明度上的变

地面铺装的装饰性

化应统一（如黄色系列，浅黄和深黄），带给人亲切温暖的感觉；②相邻色调，指地面色彩和整体空间主色调上相邻色相颜色的明度或鲜艳度的变化（黄色、黄橙色、橙色），给人以融合安逸的感觉；③对比色调，指地面色彩和空间色彩互为补色的调和（黄色、蓝紫色），给人强烈和突出的感觉。地面色彩和空间环境各要素的色彩组合是否合适，我们常采用换色法、过渡法、对比法来检验。

地面的装饰色调还要考虑整体空间环境，即墙面、顶面、门窗、家具、装饰等的色调。

深色调木地板的感染力和表现力很强，个性特征鲜明，如卧室的地面装饰色彩如果选择了有强烈感觉的红色调的木地板，搭配上结合橘红色调的背景墙面和象牙色的顶面，那么整个空间环境则搭配协调，形成统一感。其实，有很多人在空间色彩设计时喜欢选用深茶色地板和白色空间环境进行搭配，这样反而会使地板失去原有的色泽和质感，显得比较暗沉。相反，我们可以选择空间环境和地板颜色比较接近且同为茶色系的开司米色，来提升空间环境。所以用开司米色的墙面或窗帘配饰，结合选用深茶色地面颜色是一种比较有效的装饰方案。

2. 地面装饰色彩要服从于整体、要与整体空间环境色彩的风格和流派相一致

每一个历史时期都有不同的空间环境风格，其特色也各不相同，有着极为明显的风格特征，通常体现在色彩、造型、图案、装饰物等方面，是一个时期的标志，如传统古典风格、现代简约风格、后现代风格、自然朴素风格等。我们在使用时要了解整体空间环境的风格与流派的个性和用色特征，不能混乱搭配，否则空间环境会变得似是而非。

中国传统风格讲求合"礼"，在空间设计中处处彰显宏大、内敛、含蓄的文化特征，色彩上也多采用沉稳色调，造型上多以吉祥圆满之形为最佳形态特征。木质材料是最传统的用材，结构精巧，雕刻精美，色泽自然，在空间环境中进行着无声的对比和调和，给人一种典雅、古朴、端庄、富丽的人文感受。

欧式传统风格强调典雅、脱俗、厚重，追求空间环境的整体和谐统一。最具代表的巴洛克风格，使用昂贵的装饰材料，色彩浓重，常以金色为主色，追求新奇、奢华，彰显贵族的生活气质，营造出富丽堂皇的空间环境效果。

自然风格、田园风格遵循回归自然，崇尚自然美、真实美，运用高科技、新材料、新工艺结合自然，寻求视觉和心理生理的平衡。它借用材料本身的肌理特征装饰空间环境，营造出自然环境的清新感觉，天然的木材、织物、石材等都是人们比较钟爱的材料。在地面装饰中常采用温和、深浅不同的暖色系作为主调,如米黄系列的地砖、偏红系列"仿旧如真旧,似石而非石"的仿古砖、青石板、深色系列的木地板、竹地板等,使人们在享受优雅、自然、舒适的田园生活的同时,感受到自然而休闲的氛围,表现一种自然的生活态度,达到自然古朴、韵味绵长的境界。

现代简约风格强调功能性,采用新材料、高科技、新工艺来创造新功能,坚持以人为中心的设计理念,热衷于自然材料的美感,遵循自然法则,色彩以中性色系为主,无规律地加入一些其他颜色来点缀,追寻简约、实用、美感、内涵的宗旨。色彩选择方面有一定的文化修养和审美观念。

现代和后现代风格用色大胆强烈,不同装饰材料加上夸张的处理手法,突出表现现代时尚气息,在环境运用上比乡土风格、地方风格更加强烈刺激,其特点是可以使小面积的空间环境达到合理、充分的利用。用强对比的色彩来创造出耐人寻味的环境意境。

流派是指艺术主张在社会中受到关注、追随而形成的意识潮流。从表现形式和手法可以归纳为光亮派、高科技派、白色派等。

光亮派在空间环境中善用光亮的不锈钢、铝合金、玻璃镜面来作为主要的装饰材料,营造出光彩绚丽、反射明亮、豪华气派的室内气氛。

高科技派善用最新的材料和新工艺,来体现高科技时代的先进技术所带来的技术美,颜色明快简洁。

白色派在空间环境中大量使用白色来作为主色调。色彩简洁、明朗、文雅、纯净。如果想使空间环境给人一种宁静的感觉,可以使用白色,但建议使用灰白色系等较为轻快的颜色,这样不会产生墙壁颜色重、地板颜色轻的"头重脚轻"视觉感。

风格派追求自由不受限制,追求材料的光洁质地,精细的工艺。色彩多以红、黄、蓝原色为主或以黑、白、灰相配突出色彩的鲜明与个性。

超现实派追求超现实的艺术效果,采用浓重的颜色,变幻莫测的色彩关系来烘托超现实的室内空间氛围。

3. 地面和空间色彩相统一

地面装饰色彩的面积大小影响整个空间环境,有色彩明度和面积决定色彩的平衡性和稳定性。明度相对较高的色彩往往装饰在顶面和墙面,而明度相对较低的用作地面装饰,灰色和冷色使用的较多,纯色和暖色使用较少,这是因为这些色彩长时间注视时会给人的情绪带来不适感,因此,这是进行空间装饰要遵循的原则。当然,有些人为了体现个性,也可以采用相反的方式,以获得特殊的色彩效果。

地面装饰色彩中时刻都有对比的要素。如明度的对比:顶面色彩明

地面铺装的装饰性

度亮,地面色彩明度就要偏暗,这样可以很好地使人感到舒适和安逸感,也会突显出空间环境里的物体和人。茶楼、夜总会、咖啡店的地面色彩常常采用比顶面浅的色彩来营造出一种特殊的氛围。色相对比:浅色系的黄色和灰色分别用在墙面和顶面,而地面色彩采用灰橙色的地板砖会让空间环境更明亮宽敞。饱和度对比:饱和度高的红色和稍带黄色的粉红色更刺激,易使人疲劳,在地面装饰中可以小面积使用饱和度高的颜色。感觉对比:空间环境中墙面的色彩是灰色的,顶面是白色的,如果地面色彩采用红檀香系列的红色木地板,会比使用白腊木浅色的木地板令空间环境更富有现代感,使空间环境的格调更加高雅。冷暖对比:在办公环境空间中使用带蓝色倾向的蓝绿色(偏冷),要比绿色的地面色彩(偏暖)更适合。

不同的色彩节奏给人在心理产生不同的感受,如幽美、烦躁、庄严、活泼等。针对不同的人对空间使用的差异,可以采用不同的色彩方案,如儿童房的地面色彩应是活泼跳跃的颜色,老人则选安逸舒适的色彩。

三、城市景观中铺装材料色彩设计的使用原则及其对人的影响

色彩是一个城市文化特征的重要组成部分,是地面铺装设计的关键点,可以体现出整体空间环境的情感,使之更加丰富多彩,既可以带动人的情绪,体现以人为本的思想,又能使人迅速融入环境中。

(一)铺装材料色彩设计的使用原则

在城市景观铺装设计中,色彩是最为重要的元素之一,也是最具有魅力的一个设计元素,是空间环境中艺术表现的重要组件。色彩设计的成功与否,直接影响到城市景观设计中铺装整体效果的好与坏。想要让原本枯燥无味、苍白的地面重新获得生机和情趣,需要在进行城市景观铺装材料的色彩设计时,遵循一定的使用原则。

1. 铺装材料色彩设计要与环境色相协调

景观铺装的色彩多用于搭配、组合,形成视觉上的色彩景观。常以背景色使用,配合其他景观要素和在其间活动的人,所以在选色上能为大多数人喜欢,稳重但不黯淡,明亮而不艳丽,新颖而不单调,有效地与周围环境组成和谐、统一并富有生趣的景观,或沉静、干净、安定,或热烈、奔放、活跃,或自然、朴素、舒适。

2. 借用色彩划分功能区

在铺装设计中,色彩不仅是艺术美的体现,也是设计者借以区分不同功能区域的手段之一,而且极具特定性。如使用红色、黄色、紫色等警示性的颜色,多用于安全性要求较高的地方,可以起到对车辆、行人的约束作用。

景观铺装的功能分区,可以通过色彩的运用使其加强、醒目。特别是进行方向提示时,色彩以带状造型出现,给人以前进的心理暗示,而且当这"独特"的色彩在铺装形式上加以配合,设计成线形,这种导向性便更加强烈。

所以说,通过铺装材料的色彩、材质的变化,划分区域空间,限定区域内容,是环境设计中的常用手法,当人们走在这种有色彩变化或者有材质变化的铺装上时,就会知道此处的功能分区发生了变化,同时也能微妙地影响行人的心理感受。

3. 铺装色调的统筹把握

空间环境中的铺装往往有多色的设计形式,是为了使空间更丰富更有动感,但是在丰富的同时也要注意色彩的调和与统一,可以和植物、家具、陈设物等结合起来,使它们有序地、协调地组织在一起。

4. 有艺术美的色彩搭配

铺装的目的是为了使环境更具艺术美、形式美,成为人们舒适生活的一部分。因为景观环境是否宜人,铺装色彩搭配的美不美,都体现在和人们的生活特征贴合度上。所以以人为出发点的"美感",是城市景观铺装设计的出发点和目的地。

现代生活水平的提高,铺装色彩设计也应该从满足人们基本的生理需求,上升为更高层次的心理需求。

5. 色彩的运用与光影结合在一起

光影效果在我国的景观设计中常被使用,利用不同色彩和造型的石材等,接受太阳光不同方向的照射,产生富有变化的阴影,使纹样肌理更加突出。在地面铺装的应用中既能不增加材料,工艺过程又简单,还能减少路面的反射,构成虚虚实实的感觉,起到事半功倍的效果,这种美妙效果是大自然的馈赠。

景观铺装具有直观、为人视觉和触觉所感知的外在特征。时间、地点和使用者的不同,景观铺装表现出的形态与个性就不同,其中的色彩设计就是它个性表现的一种形式。在进行铺装色彩设计时,不但要遵循其使

地面铺装的装饰性

用原则,符合铺装材料的使用原则,还要结合城市的相关历史、文化、民俗、经济等。这样设计出来的景观铺装,才能兼具安全性、舒适性、耐久性和美观性的特点。

(二)色彩设计在视觉上对人的影响

我们所生活的城市,是由不同的色彩组成的,蓝天、白云、绿草、红花等,构成了我们的生活空间。视觉有助于人们判断物体的性质,但是也对人的认知起到一定的作用。因为色彩是一个独特的知觉现象,通过眼睛这个媒介来表达我们的内心想法和个人主张。所以,在环境设计中和周边要素结合时更能产生不同的感受。

1. 膨胀感与收缩感在铺装设计中的影响

当我们看形状大小一致的红色、蓝色色块时,会有种红色色块面积较大、蓝色色块面积较小的错觉。当我们看到暖色与光度较强的色块时,边缘会出现好像光晕般的模糊带,产生扩散与膨胀的感觉;而当我们看到冷色或者色度较弱的色块时,会觉得色块颜色清晰;与暖色相比,会有收缩的感觉。

在景观铺地中,特别是彩色图案拼铺时,要特别注意色彩对视觉的这一影响。如果铺地采用两种不同色调的铺装材料,即材料色彩的膨胀、收缩感不同,想要从视觉上使两种颜色达到平衡,就要在这两种色彩铺装的面积上加以调整,稍稍缩小暖色调铺装材料单元块铺装面积的同时,稍稍扩大冷色调铺装材料单元块铺装面积,这样从视觉角度出发来观察铺装效果,才会有等大的感觉。

2. 进退感在铺装设计中的影响

冷暖色相不同会有前进感和后退感,因为当不同色彩的距离保持一致时,亮色看起来要比暗色更远一些,暗色比较深沉又厚重,当在等大的纸上分别画出同样大小的图形,一个是蓝底黄图形,另一个是黄底蓝色图形,对比发现,蓝底上的黄色图形明显比黄底上的蓝色图形显得靠前方。这种错觉出现是因为两个色块的明度、面积等多种因素的不同,使色彩具有不同的进退感。将色彩的进退感运用到城市景观设计中,也是十分有趣的。在较小的空间中使用冷灰色的材料进行铺装,人处在这种空间中时,就会感到宽敞;或是在设计中将区域内的景观设施的颜色与区域环境色融合在一起,使我们的眼睛产生扩大空间的错觉,通过这种方法可以提升狭小空间的宽广度。景观设计就像绘画,在画面的前景部分使用暖色,远景部分用冷色,画出的画可以获得较深远的空间效果,在铺装设计时,注意冷暖色材料位置的确定,可以获得更加丰富的空间层次。

3. 轻重感在铺装设计中的影响

色彩的色相本身也具有轻重感觉,像是蓝色、红色和紫色在视觉和心理上就会比黄色、绿色和灰色要有重量感,因此,人们发现颜色越鲜亮,被认为就重量越轻。这说明颜色本身的饱和度与亮度能够传递重量信息,从而影响我们的认知。

在景观铺装设计时要充分考虑到色彩的轻重感,如果使用颜色不当,如在道路景观中,车行道路大面积使用浅色铺装时,行人或车辆在这种铺装的道路上行走或行驶时,路面会产生轻浮感,增加交通事故的发生率,不利于安全出行。

4. 兴奋感与安静感在铺装设计中的影响

一般情况下,人们看到不同的色彩,如看到暖色、明度和纯度较高的颜色时会产生兴奋感,但是如果长时间注视这些颜色,如红色或橙红色,就会产生眩晕感。与此相反的是,冷色、明度和纯度较低的色彩会形成沉静感,就如浅蓝容易让人想到万里晴空而产生胸襟开阔的感觉,深蓝让人想到浩瀚的夜空而产生寂静与安宁的感觉。通过色彩给人不同的兴奋感与安静感,我们可以感受到色彩表达出的情感,将这些情感运用到铺装设计时,有利于不同气氛和意境的营造。

在空间功能、主题确定时,其铺装色彩的兴奋感与安静感是必不可少的因素。需要营造安静、祥和氛围的空间,就应该选用具有安静感的铺装色彩;要营造热闹、繁华氛围的空间,就要选择具有兴奋感的铺装色彩。合适的铺装色彩运用,可以帮助区域空间的功能强化,进而形成自身的个性。

5. 冷暖感在铺装设计中的影响

形成色彩冷暖感的主要原因与通过视觉直观观看产生的心理联想有关。这种冷暖性也依赖于色彩本身的性质,产生具有相对性的视觉反应。整体来看,暖色比冷色有温暖的感觉,但是同为暖色,它们的冷暖感也是不同的。就如同样属于暖色调的红色、橙色、黄色三种颜色,每种颜色都极富变化,产生的冷暖感也并不相同,朱红的暖感比大红强,大红的暖感又比曙红强;钴蓝比湖蓝寒冷,蓝紫又比红紫寒冷;橘色的暖感比浅黄强,浅黄的暖感又比紫红强等。黑色、白色和灰色虽然是无彩的,但是与其他色彩并列放置也会产生冷暖的感觉,随着与其对比色彩的纯度增加,这些无彩色的冷感也就越强,如灰色和蓝色相比较,灰色倾向于暖色;但是与橙色相比,更倾向于冷色。

地面铺装的装饰性

因为景观材料的颜色都不是单纯的一种色彩,都是由几种色彩混合最终表现出的整体色,特别是石材、木材等天然材料,所以色彩变化十分丰富。以石材为例,红色系的樱花红、枫叶红、中国红等,虽然都属于红色系,但是各自都有与其他石材不同的,与众不同的颜色,有些偏暖一些,有些偏冷一些。因此,铺装色彩的冷暖感具有相当丰富的内容,因为这种影响存在,进一步开阔了城市景观铺装的设计天地。

（三）色彩设计在心理上对人的影响

色彩在心理上对人们的影响与人的主观判断息息相关。通过视觉观察,色彩产生的轻重感、远近感、冷暖感等,常常影响着人们对色彩价值的判断,并且通过这种判断,作用于人的心理,会产生相应的情绪反应。

1. 地面铺装在不同年龄阶段中的影响

不同的年龄有着不同的颜色向往和追求,人们对色彩的喜恶和年龄有直接的关系。年龄因素包括先天具备和后天养成两种,随着地域和年龄的增长与身体变化,也会导致色彩发生改变。如儿童大多偏爱知觉度较高、兴奋感较强的色彩,但是随着儿童的长大,他们对色彩的冷暖感觉也越来越明显,开始偏爱暖色调的颜色。老年人作为城市中另一个特殊的群体,因为视觉的退化,他们大多喜欢能给人带来温暖、淡雅的明亮的暖色调和素雅的浅色调等,随着视力的下降,也不喜欢使用图案较复杂、色彩较缤纷的材料铺装。总之,在以老年人为对象进行景观铺地的色彩设计时,应该注意他们对温暖感、平和感和安全感的渴望,营造出的空间环境要对视觉有刺激性的同时给他们一种温暖、安全、宁静的舒适感。色彩的搭配要丰富但不复杂,简洁而不简单。

不同的性别对色彩的偏爱也是不同的。女性较喜欢温和、典雅、华美的色彩,而男性一般偏爱蓝色、绿色、紫色等具有坚强、严肃等性格的色彩。温柔可爱的女孩们喜欢浅色系,而男孩子认为深色或稳重色系的颜色更加适合他们。老年人多偏爱素雅的色彩,不喜欢过于花哨的地面铺装。成年女性对于地面铺装的色彩要求往往比成年男性要多,她们对自身生活环境的色彩要求也较高。

2. 在不同地域文化对铺装材料的影响

生活地域不同也影响着人们对色彩喜好的选择。生活在乡村的人,喜欢代表丰收的绿色,而那些生活在海边的人,喜欢蔚蓝的海和天的颜色。不同的文化也影响着人们对色彩的感受。古埃及崇尚神圣的太阳神,在这种文化影响下,那里的人们将代表太阳神的白色看成是理想色彩,当

第二章 地面铺装的色彩与图案的装饰性

地景观设计也是以白色为基调。在我国,北方人喜欢艳丽的色彩,而南方人则对素雅的颜色情有独钟。虽然随着城市化的发展,这些色彩偏好明显减弱,但是各个城市为了凸显自身的特色,在以自身喜好为背景的前提下进行的铺装色彩设计,有利于形成独特的"色彩主题"。

3. 在不同性格对铺装材料的影响

根据行为经验可以得出,人们的性格情况影响着色彩和形态的选择,性格外向、情绪欢快的人很容易注意到色彩的变化,而性格腼腆、情绪烦闷的人则对形状的变化起反应。这就说明,性格的不同也影响着不同色彩的选择。情感丰富的人往往喜欢明亮、鲜艳、刺激性很强的色彩,对自己所处城市环境的色彩设计要求较高,在色彩搭配上,也有自己的一套色彩感知;理性的人往往喜爱中性色或具有冷色调性质的颜色,这类人常常对色彩缺乏明确的好恶感,敏感度也较低,对自己所处环境的色彩搭配要求也不强烈。

人的性格差异对铺装色彩的喜好差别十分明显。同一个人,在不同的情绪支配下,他对铺装色彩的反应也不同。当心情愉悦、开心的时候,处在色调鲜明艳丽、色彩饱和度较高的铺装环境中,能增加愉悦的感觉;但是当心情烦躁时,处在铺设强烈而刺激色彩材料的环境中,会增加内心的不安感,甚至会对所处环境产生厌恶感,若是换成温和冷色的铺装环境,便能帮助心情恢复平静。

第二节 地面装饰的图案选择

一、地面装饰中图案图形的基本构成方式

无论是具象的自然图案、抽象的几何图形,还是色彩的对比与协调及材料的运用和组合,要想在视觉审美上产生美感,一定要遵循相应的原则,我们称之为形式美法则,城市的地面装饰也是我们视觉的中心焦点,其画面也应该遵循平面的构成法则。

(一)地面装饰中的重复

重复就是相同的构形要素进行连续、反复、有规律的排列,由此产生形象的秩序化、整齐化,画面统一,具有节奏美感。同时,由于重复构形使

地面铺装的装饰性

形象反复出现,具有加强对此形象记忆的作用。

重复的一个基本条件是必须有重复的基本形、重复的骨骼。重复的基本形就是构成图形的基本单位。重复骨骼是构形的骨骼空间划分的形状。重复的骨骼为基本形在方向和位置方面的交换提供了有利条件,从而可以进行多方面的变化。基本形的绝对重复排列,即同一基本形按一定的方向连续的并置排列,这是重复构形的最基本表现形式。基本形的正负交替排列即同一基本形在左右和上下位置上,正负交替变化。基本形的方向、位置变换排列,即同一基本形在方向上进行横竖或上下变换位置。重复基本形的单元反复排列,就是将基本形在方向上按照一定的秩序,形成一个单元反复排列。

(二)地面装饰中的渐变

渐变是同一基本形按照其大小、色彩、质感等关系逐渐、有规律顺序地变动,它能给人以富有节奏、韵律的自然美感,呈现出一种阶段性的调和秩序,如基本形的大小渐变、方向渐变、色彩渐变、形状渐变等,通过这些渐变产生美的韵味。在生活中也会出现渐变的视觉感受,比如近大远小的物体,近宽远窄的火车铁轨,渐变这一独特的视觉效果可以产生强烈的空间延伸感和透视效果。

大小渐变是基本形以起始点至终点,按前大后小的空间透视原理编排的由大到小或由小到大的变化,这种变化可以形成空间深远之感。对基本形进行排列方向的渐变,可以加强画面的变化和动态感。在构形中,为了增强人们的欣赏情趣,可以采用一种形象过渡到另一种形象的手法,这种手法称为形状渐变。只要消除双方的个性,取其共性,造成一个中立的过渡区,取其渐变过程便可得到形状渐变。在地面装饰中,渐变还可以有色彩的渐变、形状大小的渐变、质感的渐变等类型。

(三)地面装饰中的发射

发射是由一个基本形从一个共同的中心出发构成发射状的图形,是一种特殊的重复和渐变。发射的特点是由中心向外扩张或者由外向中心收缩,所以发射也具有一种渐变的形式,视觉效果强烈,令人注目,具有强烈的视觉指引作用,富有节奏、韵律等美感。发射形式有离心式发射、向心式发射、同心式发射、移心式发射、多心式发射。

离心式发射是一种发射点在中心部位,其发射线向外发射的构形形式,它是发射骨骼中应用较多的一种形式。在离心式发射构形中,由于发

第二章 地面铺装的色彩与图案的装饰性

射骨骼线不同,又可分直线发射和曲线发射等不同形式。直线发射使人感到强而有力,曲线发射使人感到柔和而变化多样。

所谓向心式发射是指与离心式发射相反方向的发射骨骼,其中心点在外部,从周围向中心收缩。同心式发射的发射点是从一点开始逐渐扩展的,同心圆或类似方形的渐变扩展所形成的重复形。

移心式发射的发射点可以根据图形的需要,按照一定的动态秩序渐次移动位置,形成有规律的变化,这种发射构形能够表现较强的空间感。

多心式发射构形即以数个点进行发射构成,其中有的发射线相互衔接,组成了单纯性的发射构形。这种构形效果具有明显的起伏状,层次感也很强。

（四）地面装饰中的对称

对称即一个基本形在画面中间会出现一条直线,以这条直线为轴,可上下或左右对称。对称图形具有一定的规律性,是统一、正面对生的,可给人一种整齐、有条不紊的感觉。

对称可分为轴对称、中心对称和旋转对称三种形式：轴对称图形就是画面中间会出现一条直线,从图形中穿过,沿着线对折完全重合的叫轴对称；中心对称图形就是图形绕某一点旋转180°后与原来的图形重合；旋转对称就是把一个图形绕着一个定点旋转一个角度后,与初始图形重合,这种图形叫做旋转对称图形。

二、石材装饰地面图案设计

随着石材品种的不断开发和石材加工技术的发展,石材地面的装饰拼花也从无到有,并逐步走向多样化和艺术化,其拼花图案的装饰颜色也从单一色彩向多元色彩发展。天然石材由于具有良好的耐磨性和耐腐蚀性,并且有着美丽的纹理和亮丽的色彩,因而越来越广泛地被用做高档装饰材料。以往人们使用石材装饰地面只是追求石材表面的光泽度及石材色彩的鲜艳度,而较少考虑到石材装饰拼花图案对环境的衬托和协调作用,因此装饰效果显得呆板,单调和沉闷。如何利用天然石材的质感和色彩构成精美的拼花图案给人以艺术的享受,目前已引起人们的普遍关注。

（一）石材地面拼花图案设计

石材地面拼花图案设计应根据不同场所、不同面积和不同空间环境

地面铺装的装饰性

展开。此外,室内地面石材拼花图案设计还要考虑当地的石材品种和规格。如果以施工方便和节省加工成本为主,可以利用现有的石材构成一些简明、生动、有序的简单图案。

利用天然石材纹路及色彩精心搭配,还可使所拼的图案自成格调,从而将石材工程的精粹表现出来。有时为衬托周围的环境,突出石材拼花图案的高雅艺术风格和民族特色,采取各种曲线和折线构成较复杂的图形。

有些石材地面拼花图案与周围环境在质感上有着极强的对比性,因此给人一种明快感和空间感。有些拼花图案更能显示石材装饰的高贵和典雅。目前石材加工数控化程度较高,尤期是高压水切割技术在石材加工领域的应用,使任何复杂形状的石材都可以加工出来,同时还能满足一定的精度要求。

(二)石材地面拼花图案的色彩设计

石材拼花图案除了其美观、生动并与外界构成一定的几何对称外,其色彩设计也是一个很重要的组成部分。色彩设计可以使拼花图案更加完善,并能够衬托和协调空间的装饰效果,使石材的天然质感和色感更加完美地表现出来。材质与色泽的巧妙搭配更能生动地表现石材高贵、典雅的风格。

色彩设计应根据不同的场所、不同的环境、不同光线亮度,利用现有的石材颜色进行合理的配色组合,使拼花图案表现得更加有序、生动和完整。天然石材色彩丰富,但单纯颜色石材较少,尤其是花岗岩板材,由于其内部组成矿物较复杂,每一种结晶矿物的化学成分不同,其颜色也不相同。花岗岩板材的颜色组成按其主要颜色分成红色系列、黑色系列、青绿系列、青白系列、白底黑点系列等。大理石主要由碳酸岩矿物构成,其颜色主要有白色、黑色、粉红色、绿色、灰色等。大理石具有精美的花纹,其本身就构成一幅幅奇妙的精美图案。石材地面图案色彩设计应选用较大的色彩对比度,使图案具有鲜明性、生动性及立体感。对同一图案、色彩而言则不宜过多,以避免造成图案杂乱无章。

(三)拼花图案中的石材选择

为了使石材地面拼花图案达到理想的装饰效果,对所使用的石材要进行严格的选择。从石材的颜色上,应选择均匀一致、色差小的石材,避免图案零乱,达到和谐的效果。花岗岩板材的结晶粒度应尽量一致,以使

第二章 地面铺装的色彩与图案的装饰性

图案具有均匀性。对有花纹的大理石而言,拼装时应使花纹协调对接。另外,同一地面装饰图案应选择相同硬度的石材,使其具有相同的耐磨性。同一拼花图案应选择光泽度相同的石材,以利于在光线照射下显示统一的整体效果。

石材地面拼花图案设计是多学科的综合艺术创造过程,通过科学设计可以把天然石材的独特装饰效果表现出来给人以美的享受和艺术的欣赏。把各种不同材质、色泽、纹路的石材用于不同属性的空间,更能表现出石材所具有的特色和风格,同时也体现了石材的多样效果。

第三章 木质地板铺装的装饰性

本章首先概括论述了木质地板地面的构造做法、施工准备、操作要点以及主要事项。然后分别以完成实际铺装任务为例介绍了实木地板、实木复合地板的装饰工艺，最后讲述了新型木地板地面的装饰工艺。

第一节 木质地板面概述

一、木质地板地面的构造做法

木地板的铺设方法主要有空铺式木地板和实铺式木地板两种。空铺式木地板又可分为高架空铺式木地板和搁栅空铺式木地板。

（一）高架空铺式构造

高架架空式木地板是在地面上先砌地垄墙，四周基础墙上敷设通长的沿缘木，然后安装木搁栅、毛地板、面层地板。因家庭居室高度较低，这种架空式木地板一般是在建筑底层室内使用的，很少在家庭装饰中使用。

（二）搁栅空铺式构造

搁栅空铺式木地板基层采用梯形或矩形截面木搁栅（俗称地板龙骨），木搁栅的间距一般为400mm，搁栅的中间可填一些轻质材料，以减低人行走时的空鼓声，并能改善其保温隔热的效果。

木搁栅空铺式又分单层铺设和双层铺设两种方式。单层铺设方式是指木地板直接铺钉于地面木搁栅上，而不设毛地板的构造做法；双层铺设方式是指为增强整体性，先在木搁栅上铺钉毛地板，最后在毛地板上面用钉固定或用胶黏剂黏结木地板。

（三）实铺式地板构造

实铺式木地板是指采用胶剂或沥青胶结料,将木地板直接黏贴于建筑物楼地板混凝土基层上的构造做法,这是最简单方便的一种构造。

二、木地板地面的施工准备

木地板地面的施工准备工作与其他地面基本相同,主要包括地板材料准备、作业条件准备和施工机具准备。

（一）地板材料准备

木地板地面施工所用的材料主要有龙骨材料、毛板材料、面板材料、黏结材料、地面防潮防水剂、地板油漆等。

1. 龙骨材料

木地板所用的龙骨材料,通常采用50mm×(30—50)mm的松木、杉木等不易变形和开裂的树种,木龙骨和踢脚板的背后均应进行防腐处理,必要时也要进行防火处理。龙骨必须顺直、干燥,其含水率应小于16%。

2. 毛板材料

毛板材料是面板材料的基层,一般用于高级木地板铺设。铺设毛板是为面板找平和过渡,因此毛板不需要设置企口。一般可选用实木板、厚胶合板、大芯板或刨花板,板的厚度为12—20mm。

3. 面板材料

木地板地面所用的面板材料,通常采用普通实木地板面层材料,面板和踢脚板材料一般是工厂加工好的成品,应使用具有商品检验合格证的产品。面板需按设计要求进行挑选,剔除有明显质量缺陷的不合格品。

选择的面板和踢脚板的质量应当符合设计要求,达到板面平直、无断裂、不翘曲、尺寸准确、颜色一致、光泽明亮、企口完好、质地相同,板的正面无明显疤痕、孔洞,板材的含水率应在8%—12%之间。

所有的木地板运到施工安装现场后应拆包,在铺贴的室内存放7天以上,使木地板与居室的温度、湿度相适应后方可铺设。为使整个木地板铺设一致,购买时应按实际铺设面积增加5%—10%的损耗一次备齐。

4. 黏结材料

铺设木地板所用的黏结材料关系到木地板黏贴是否牢固,也关系到

地面铺装的装饰性

木地板的使用寿命和人体健康。因此,在选用木地板的黏结材料时,一方面是要选择环保型材料;另一方面是要科学地选择黏结材料的品种。木地板与地面直接黏结时,宜选用环氧树脂胶和石油沥青;木地板与木质基面板黏结时,可用8123胶、立时得等万能胶。

5. 地面防潮防水剂

木地板通常铺设在混凝土或水泥砂浆的基层上,基层中均含有一定的水分,因此对木地板的地面要进行防潮和防水处理。常用的防水剂有再生橡胶—沥青防水涂料、JM—811防水涂料及其他高级防水涂料。

6. 地板油漆

地板油漆是地板表面的装饰材料,其颜色、光泽、亮度和质量均对木地板有很大影响;其甲醛等物质的含量是否符合国家的现行规定,也是选择的重要标准。目前用于木地板的油漆有虫胶漆和聚氨酯清漆,一般虫胶漆用于打底,聚氨酯清漆用于罩面。高级地板也可采用进口的水晶漆等。

(二)作业条件准备

在木地板地面正式施工前应当完成顶棚、墙面等各种需要湿作业的工程,这些工程的干燥程度在80%以上,对铺板的地面基层应做好防潮、防水和防腐等方面处理,且在铺设前要使房间干燥,并避免在潮湿的情况下进行施工。

在木地板地面正式施工前,水暖管道、电器设备及其他室内的固定设施,应全部安装和油漆完毕,并进行试水、试压等方面的检查;对电源、通讯、电视、网络等管线进行必要的测试,并达到设计的要求。

复合木地板地面在施工前,应检查室内门扇与地面间的缝隙,看其能否满足复合木地板的施工。通常门扇与地面间的缝隙为10—15mm,否则应刨削门扇下边以适应地板的安装。

(三)施工机具准备

木地板地面的施工需要准备的施工机具和工具有电动圆锯、冲击钻、手电钻、磨光机、刨平机、普通锯、斧头、锤子、凿、螺丝刀、直角尺、量尺、墨斗、铅笔、撬杆、扒钉等。

三、木地板地面的操作要点

不同木地板的铺设方法具有不同的施工工艺流程和施工操作要点。因此,在木地板的施工中,应当采用比较适宜的铺设方法,采用相应的施工工艺流程和施工操作要点。

（一）木地板的施工工艺流程

1. 搁栅空铺式施工工艺流程

搁栅空铺式施工工艺流程是：基层清理→弹线→钻孔、安装预埋件→地面防潮、防水处理→安装木龙骨架→垫保温层→弹线、钉装毛地板→找平、刨平→钉木地板→装踢脚板→刨光、打磨（油漆）→上蜡。

2. 高架空铺式施工工艺流程

高架空铺式施工工艺流程为：基层清理→砌地垄墙→干铺油毡→铺垫木→找平→弹线、安装木搁栅→钉剪刀撑→钉硬木地板→钉踢脚板→刨光、打磨→油漆。

3. 实铺式（黏贴法）工艺流程

有龙骨实铺式木地板的施工工艺流程为：基层处理→弹线、找平→修理预埋铁件→安装木龙骨、剪刀撑→弹线、钉毛地板→找平、刨平→墨斗弹线、钉硬木面板→找平、刨平→弹线、钉踢脚板→刨光、打磨→油漆。

无龙骨实铺式木地板的施工工艺流程为：基层处理→弹线、试铺→铺贴→面层刨光打磨→安装踢脚板→刮腻子→油漆。

（二）木地板的施工操作要点

1. 空铺式施工操作要点

搁栅空铺式木地板和高架空铺式木地板面板的铺设方法是相同的,它们的主要区别在于地垄墙及龙骨的安装。

（1）高架空铺式木地板地垄墙砌筑与龙骨安装

①地垄墙的砌筑。在地面找平处理完毕后,采用 M2.5 的水泥砂浆砌筑地垄墙或砖墩,墙顶面采取涂刷焦油沥青两道或铺设油毡等防潮措施。对于大面积木地板铺装工程的通风构造,应按设计要求确定其构造层高度、室内通风沟和室外通风窗等的设置；每条地垄墙、暖气沟墙,应按设计要求预留尺寸为 120mm×120mm 至 180mm×180mm 的通风洞口,一

地面铺装的装饰性

般要求洞口不少于 2 个,并且要在一条直线上,在建筑外墙上每隔 3—5m 设置不小于 180mm×180mm 的洞口及其通风窗设施。

地垄墙的间距不宜太大,否则会使木搁栅的断面尺寸加大,难以保证其刚度。凡需要检修木地板的地垄墙,应预留 750mm×750mm 的过人洞口。

②龙骨的安装。在龙骨安装之前,首先应将垫木等材料按照设计要求进行防腐处理。操作前检查地垄墙、墩内预埋木方、地角螺栓或其他铁件及其位置。依据 +50cm 水平线在四周墙上弹出地面设计标高线。在地垄墙上用钉结、骑马铁件箍紧或镀锌铁丝绑扎等方法对垫木进行固定,垫木可减振并使木龙骨架立比较稳定。然后在压檐木表面划出木搁栅(龙骨)搁置中线,并在搁栅端头也划出中线,然后把木搁栅对准中线摆好,再依次摆正中间的木搁栅。木搁栅离墙面应留出不小于 30mm 的缝隙,以利于隔潮通风。

安装时要随时注意用 2m 长的直尺从纵横两个方向对木搁栅表面找平。木搁栅上皮不平时,应用合适厚度的垫板(不能用木楔)垫平或刨平。木搁栅安装后,必须用长 100mm 的圆钉从木搁栅中部两次斜向呈 45°与垫木(或压檐木)钉牢。

木搁栅的搭设架空跨度过大时需按设计要求增设剪刀撑,为了防止木搁栅与剪刀撑在钉结时移动,应在木搁栅上面临时钉上一些木拉条,使木搁栅互相拉接,然后在木搁栅上按着剪刀撑的间距进行弹线,并依线逐个将剪刀撑两端用两根长 70mm 圆钉与木搁栅钉牢。若采用普通的横撑时,也按此法装钉。

(2)搁栅空铺式木地板龙骨的安装

空铺地板要求楼板面平整密实,要先在楼板面安装木搁栅(俗称打地龙),然后再进行木地板的铺装。木搁栅(龙骨)尺寸为 30mm×40mm 至 40mm×50mm,使用前应进行防腐处理。龙骨的安装方法是在地面上根据面板规格弹出龙骨布置线,沿龙骨每隔 800mm 用 ϕ 16mm 冲击钻在楼地面钻 40mm 深的孔,然后打入木塞,再用木螺钉或地板钉将木龙骨固定。

另一种龙骨安装方法可先在基层面上做预埋件,以预埋件来固定木龙骨。预埋件为预先在楼板或混凝土垫层内按设计要求埋设铁件或防腐木砖等。将木龙骨与预埋在楼板(或垫层)内的铅丝或预埋铁件绑牢固定,安放平稳。

木龙骨的表面应当平直,用 2m 直尺检查其允许空隙为 3mm。木搁栅与墙之间还要留出 30mm 的缝隙。

第三章 木质地板铺装的装饰性

（3）铺设毛地板

双层木地板面层下的基面板，即为毛地板。在实际工程中多用 9—12mm 厚的耐水胶合板或大芯板作为毛地板。在铺设毛地板之前，应清除已安装的木龙骨间的刨花、木屑等杂物。在进行铺设时，毛地板应与木搁栅成 30° 或 45°，并应使其髓心朝上，用铁钉斜向钉牢。在毛地板与墙体之间，应留有 10—15mm 缝隙，板间的缝隙不应大于 3mm，缝隙的宽度应比较均匀，板的接头应相互错开。每块毛地板应在每根木龙骨上各钉上 2 枚钉子固定，钉子的长度应为毛地板厚度的 2.5 倍。

在毛地板铺设完毕后，应将其表面刨平并清扫干净，并可在上面铺设一层沥青纸或油毡，以利于木板的防潮。

（4）铺设木地板

木地板面板的铺设是非常重要的工序，直接体现木地板的装饰效果。木地板面板的铺设有两种方法，即钉结法和黏结法，空铺木地板通常用钉结法，钉结法又分为明钉法和暗钉法两种。明钉法是将钉帽砸扁后斜向钉入板内，由于此孔在板面留下孔眼，现已很少采用。暗钉法是用专用的地板钉，钉与表面成 45° 或 60°，从板边企口榫侧边的凹角处斜向打入，钉帽冲进板内不露在外面，不妨碍面板的美观。

当地板长度不大于 300mm 时，侧面应钉 2 枚钉子；当地板长度大于 300mm 时，每 300mm 应增加 1 枚钉子，板块的顶端部位应钉 1 枚钉子。钉子的长度应为板厚的 2—3 倍。

当硬木地板不易直接施钉时，可事先用手电钻在板块施钉的位置斜向预先钻钉子孔（预先钻孔的孔径略小于钉子杆的直径尺寸）以防钉裂地板。

铺设时，先作预先拼选，将颜色花纹一致的铺在同一房间内，有轻微质量缺陷但不影响使用的地板块可摆放在床、柜等家具底部使用；地板块铺钉时通常从房间较长的一面墙边开始；一般应使板缝顺进门方向。第一行板槽口对墙，从左至右，两板端头企口插接，直到第一排最后一块板，并截去长出的部分。板与板之间应紧密，仅允许个别地方有空隙，其缝隙宽度不得大于 0.5—1mm。为使缝隙严密顺直，在铺钉的板条近处钉上铁扒钉，用楔块将板条压紧。

板与墙之间应留 10—15mm 的缝隙，板长度方向的接头应间隔断开，靠墙端也应留出 10—15mm 左右的通风小槽，也称为工艺槽。每铺钉一段距离的地板块，都要拉通线进行检查，以确保地板始终通直。钉到最后一块板时，因无法斜向钉钉，可以用明钉钉牢。单层条形木地板铺设应与木龙骨的方向垂直，接缝必须落在木龙骨中间位置。

地面铺装的装饰性

（5）刨平、磨光

原木地板面层的表面应刨平、磨光。使用电刨刨削地面时，滚刨方向应与木纹呈 45° 斜刨，推刨不宜过快，也不能太慢或停滞，防止啃咬地面。电刨停机时，应先将电刨提起后再关电源，以防刨刀撕裂木纤维，破坏地面。边角部位采用手工推刨，顺木纹方向修整局部高低不平之处，使地板光滑平整。避免戗槎或撕裂木纹，刨削应分层次多次刨平，注意刨去的厚度不应大于 1.5mm。

刨平后应用地板磨光机打磨两遍。磨光时也应顺木纹方向打磨，第一遍用粗砂，第二遍用细砂。

现在市场上销售的木地板由于加工非常精细，已经不需要再进行表面刨光，可以直接进行打蜡。

（6）安装踢脚板

在木地板与墙的交接处要用踢脚板压盖，踢脚板一般是在涂刷地板漆前安装完成的。木踢脚板有提前加工好的成品，内侧开凹槽，为散发潮气，每隔 1m 钻 6mm 通风孔。也可用胶合板或大芯板裁成条状做踢脚板，面层钉饰面板，用线条压顶，上漆，做法与木墙裙类似。

先在墙面上弹出踢脚板上口水平线。墙身每隔 750mm 设防腐固结木砖，木砖上钉防腐木块，用于固定踢脚板。也可在墙身用 ϕ16mm 冲击钻在楼地面钻 40mm 深的孔，然后打入木塞，再用木螺钉或地板钉将木踢脚板固定。

（7）地板刷油漆

待室内装饰工程全部完成后，将地板表面上的一切杂物彻底清除干净，地板的含水率符合规定后可涂刷地板漆，待地板漆干燥后，再进行抛光上蜡处理。地板漆一般采用清漆，分为高档、中档、低档三类，其详细做法可见涂料油漆施工。

（8）木地板打蜡

木地板打蜡既可保护木地板，又可提高地板的装饰性。地板打蜡前，首先应将地板表面认真清理干净，待完全干燥后才能开始操作。木地板打蜡至少要进行三遍，每打蜡完成一遍，待其干燥后用非常细的砂纸打磨表面，并擦干净磨下的碎屑，然后再打磨下一遍。每次都要用不带绒毛的布或打蜡器摩擦地板，以便使蜡油渗入木板之中。每打磨一遍都要用软布轻擦抛光，以达到光亮的效果。如果选用地板蜡，则可用干净的毛刷刷三遍。在进行打蜡时要特别注意地板接缝处，千万不可将此处遗漏或处理不合格。

第三章 木质地板铺装的装饰性

2. 实铺式施工操作要点

实铺式木地板一般多采用黏结法进行铺设,黏结材料可用沥青胶结料或胶黏剂。

拼花木地板的拼花平面图案形式很多,在室内地面装饰中常用的有方格纹、人字纹和席纹等。

实铺式施工的操作要点如下。

（1）基层清理

基层表面的砂浆、浮灰必须清除干净,将所有的灰尘清扫并用水冲洗,然后再擦拭清洁、干燥。当基层表面有麻面、起砂和裂缝现象时,应采用涂刷(批刮)乳液腻子进行处理,每遍涂刷腻子的厚度不应大于 0.8mm,干燥后用 0 号铁砂布进行打磨,再涂刷第二遍腻子,直至表面平整后再用水稀释的乳液涂刷一遍。基层表面的平整度,采用 2m 直尺和楔形尺检查的允许空隙应小于 2mm。

（2）弹施工线。

基层处理符合要求后,可在表面上按设计图案和块材尺寸进行弹线,先弹出房间的中心线;然后从中心向四周弹出块材的方格线及边线。方格必须保证方正,不得偏斜。

（3）板材分档

对板材进行分档挑选是确保弛面铺贴质量非常重要的环节,即严格挑选尺寸一致、厚薄相等、直角度好、颜色相同的板块,将它们集中装箱或存放备用。拼花地板在铺设前,应按照编号进行试拼装和试铺设,调整至符合要求后进行重新编号。

（4）地板黏贴

正方块黏贴从中心开始,沿线先贴一个方块,即几块宽度尺寸拼在一起正好为一块的长度尺寸,称为一个方块。经过检测确实无误后,沿方格线从房间中央向四周逐渐展开铺贴,板缝必须顺直、密实、一致。人字纹形的拼花木地板的黏贴则从房间的中线一头开始,其他拼花木地板同正方块黏贴。黏结材料多采用沥青或专用地板胶、环氧树脂、聚氨酯、聚醋酸乙烯、酪素胶等。

铺贴时,用齿形钢刮刀将胶黏剂刮在基层上,厚度为 1—2mm,厚薄要均匀,将硬木地板块呈水平状态就位,用平底榔头垫衬或木榔头、橡胶榔头打紧、密封,一般用锤敲击 5—6 次,与相邻板块挤严、铺平,拼花木板的间隙不应大于 0.3mm。相邻两块地板的高度差不得高于铺贴面 1.5mm 或低于铺贴面 0.5mm,不符合要求的应重新铺贴。中间大面积铺完之后,最后按设计要求铺贴镶边;如果镶边非整块而需要裁割的,应量好尺寸

地面铺装的装饰性

做套裁,边缘棱角处用砂轮磨光,并做到尺寸准确,保证板缝适度。

为确保黏贴的质量,基层的表面可事先涂刷一层薄而匀的底子胶。底子胶液可按同类胶加入其质量10%的65号汽油和10%的醋酸乙酯,并搅拌均匀。当采用乳液型胶黏剂时,应在基层表面和地板块的背面分别涂刷胶黏剂;当采用溶剂型胶黏剂时,应在基层表面均匀涂胶。基层表面及板块背面的涂胶厚度均不应大于1mm,涂胶后应静置10—15min,待胶层不粘手时再进行铺贴。

当采用沥青胶结料进行铺设时,应先涂刷一遍同类冷底子油,在地板背面也应涂刷一层薄而匀的沥青胶结料。

(5)撕掉衬纸

在铺贴正方块地板时,往往事先将几块(一般常用5块)小拼花地板齐整地黏贴在一张牛皮纸或其他比较厚实的纸上,按大块地板整联铺贴,待全部铺贴完毕后,用湿布在木地板上全面擦拭一次,其湿度以衬纸的表面外积水为宜,浸润衬纸渗透后,随即把衬纸撕掉。如果不采用衬纸的铺贴方式,则没有此道工序。

3. 木拼锦砖施工工艺

木拼锦砖是用高级木材经工厂精加工制成(15—20)mm×(40—50)mm×(8—14)mm的木条,侧面和端部的企口缝用高级细钢丝穿成方联。这样可组成席纹地板,每联四周均可以用企口缝相连接,然后用白乳胶或强力胶直接黏贴在基层上。

(1)木拼锦砖施工工艺

木拼锦砖的施工工艺比较简单,其主要的施工工艺流程为:基层清理→弹线→刷胶黏剂→铺木拼锦砖(插两边企口缝)→铺木踢脚板→打蜡上光。

(2)具体操作技术

①基层清理

在铺贴木拼锦砖之前,应对其基层进行认真处理和清理。基层表面必须找平找直,其表面的积灰、油渍、杂物等均清除干净,以保证锦砖与基层黏结牢固。

②弹线

弹线是木拼锦砖铺贴的依据和标准,先从房间中点弹出十字中心线,再按木拼锦砖方联尺寸弹出分格线。

③刷胶黏剂

刷胶黏剂是铺贴木拼锦砖的关键工序,直接影响铺贴质量。刷胶厚度一般掌握在1—1.5mm左右,不宜过厚或过薄,刷胶要接弹线进行,做到整齐,随刷胶随黏贴,并掌握好铺贴时机。

④铺木拼锦砖

按弹出的分格线在房间中心先铺贴一联木拼锦砖,经找平、找直、压实粘牢,作为黏贴其他木拼锦砖的基准。然后再插好方联四边锦砖,企口缝和底面均涂胶黏剂。

木拼锦砖的另一种铺贴顺序是:从房间短向墙面开始,两端先铺基准锦砖,拉线控制铺贴面的水平,然后从一端开始,第二联锦砖转 90° 方向拼接,如此相间铺贴,等待一行铺完后,校正平直;再进行下一行,铺贴 3—4 行后用 3m 直尺校平。

⑤铺木踢脚板

木拼锦砖地面一般应铺贴木踢脚板或仿木塑料踢脚板。其固定的方法是用木螺丝固定在墙中预埋木砖上,木踢脚板下皮平直与木拼锦砖表面压紧,缝隙严密。

⑥打磨光蜡

在铺完木拼锦砖和踢脚板后,立即将木拼锦砖地面的杂物等彻底清理干净,木拼锦砖黏贴 48h 以上后,即可用磨光机砂轮先打磨一遍,再用布轮打磨一遍,擦洗干净后便可刷漆打蜡。如果木拼锦砖表面已刷漆,铺贴后就不必磨光,只打一遍蜡即可。

四、木地板地面质量通病及维修

(一)踩踏时有响声

1. 质量现象

木地板铺设完毕后,人行走在地板上会发出响声。轻度的响声只在较安静的情况下才能发现,施工中往往被忽略。

2. 原因分析

(1)木搁栅采用预埋铁丝法锚固时,施工过程中铁丝容易被踩断或清理基层时铲断,造成木搁栅固定不牢。

(2)木搁栅本身含水率大或施工时周围环境湿度大(室内湿作业刚完或仍在交叉进行的情况下铺设木搁栅),填充的保温隔音材料(如焦渣、泡沫混凝土碎块)潮湿等原因,使木搁栅受潮膨胀,导致在施工过程中以及完工后各结合部分因木搁栅干缩而出现松动,受负荷时滑动变形,发出响声。

地面铺装的装饰性

（3）采用预埋"TT"形铁件锚固木搁栅时，如锚固铁顶部成弧形，木搁栅锚固不稳；或锚固铁间距过大，木搁栅受力后弯曲变形；或木垫块不平整有坡度，木搁栅容易滑动；或铅丝绑扎不紧，结合不牢等，木搁栅也会松动。

（4）对空铺木地板，当木搁栅设计断面偏小，间距偏大时，面层模板条的跨度就增大，人行走时因地板的弹性变形而出现响声。

3. 维修方法

检查木地板响声，最好在木搁栅铺设后先检查一次，铺设毛地板后再检查一次，如仍有响声，应针对产生响声的原因进行修理。

（1）木垫块不平整或有斜面，可在原垫木的附近增加一二块厚度适当的木垫块，用钉子在侧面钉牢。

（2）当铁丝产生松动时，应重新将铁丝绑紧或再增加一道铁丝并确实拧紧。

（3）因锚固铁顶部呈弧形而造成木搁栅不稳定时，可在该处用混凝土将其浇筑牢固。

（4）当锚固铁间距过大时，应增加锚固点。方法是凿眼绑钢筋棍或用射钉枪在木搁栅两边射入螺栓，再加铁板将木搁栅固定。

（二）地板接缝不严密

1. 质量现象

木地板的面层是由多块木板拼接而成，如果板缝的宽度大于 0.3mm，则出现接缝不严密。

2. 原因分析

（1）选用的地板条规格不符合要求：地板条不直（尤其是长条地板有弯）、宽窄不一、企口榫太松等。

（2）拼装企口地板条时缝太虚，表面上比较严密，经过刨平后即显出缝隙，或拼装时敲打过猛，地板条产生回弹，铺设后形成缝隙。

（3）面层板铺设至接近收尾时，剩余的宽度与地板条的宽度不成倍数，为了凑整块，加大了板缝；或者将一部分地板条宽度加以调整，经手加工后地板条不很规矩，即产生缝隙。

（4）地板条受潮，在铺设阶段含水率过大，铺设后经风干收缩而产生大面积"拔缝"。

（5）木地板在铺钉完毕后，由于门窗未安装玻璃，地板又未及时上油和苫盖,受风吹后产生"拔缝"现象。

(6)用硬杂木作长条地板,硬杂木的横向变形值较大,易造成横向变形而稀缝。

3. 维修方法

缝隙小于 1mm 时,用同种木料的锯末加树脂胶和腻子嵌缝。缝隙大于 1mm 时,用相同材料刨成薄片(成刀背形),蘸胶后嵌入缝内刨平。如修补的面积较大,影响美观,可将烫蜡改为油漆,并加深地板的颜色。

(三)表面不平整

1. 质量现象

木地板地面铺设完毕后,发现走廊与房间、相邻两房间或两种不同材料的地面相交处高低不平,以及整个房间的地面不水平等。

2. 原因分析

(1)房间内水平线弹得不准,如在进行抄平时线杆不直、画点不准、墨线太粗等因素,造成累计误差大,使每一房间实际标高不一;或者木搁栅不平、水泥类楼地面基层不平等。

(2)先后施工的地面,或不同房间同时施工的地面,操作时互不照应,结果面层不交圈。如施工中先做水磨石、大理石地面,后铺木地板,而施工的木地板标高未按先做的地面找齐,造成交接处高低不平。

(3)房间中间部分的木板面层一般用电刨刨光,周边用手工找刨,由于电刨吃刀深,故房间中间刨得较深,周边手工刨光而刨得较浅,使整个房间地面不平。另外,由于操作电刨不稳,行走速度快慢不均,或有时停顿,也会使面层刨成高低不平。在电刨换刀片的交接处,因刀片的利钝变化使刨削的深度不一,也能使房间地面不平。

3. 维修方法

(1)两种不同材料的地面如果高差在 3mm 以内,可将高处刨平或磨平,但必须在一定范围内顺平,不得有明显痕迹。拼花木地板面层刨去的厚度不宜大于 1.5mm。

(2)门口处高差较大时,可加过门石处理。

(3)木地板表层高差若在 5mm 以上,需将木地板拆开调整木搁栅高度(砍或垫),并在 2m 以内顺平。

（四）拼花不规矩

1. 质量现象

拼花木地板在铺设完毕后，经检查发现对角不方、局部错牙、端头不齐、圈边宽窄不对称等质量问题，严重影响拼花木地板的装饰效果。

2. 原因分析

（1）所用的地板条规格不符合要求，宽窄、长短不一，在铺设前又未严格挑选，安装时也没有套方，致使拼花犬牙交错。

（2）铺设时没有设置施工线或弹线不准，排列不均匀；操作人员在铺设中互不照应，造成各自成型、比较混乱的情况，导致不能保证拼花图案匀称、角度一致。

3. 维修方法

（1）当木地板局部出现错牙时，端头不齐，在 2mm 以内者，用小刀锯将该处锯出一小缝，按"地板缝不严"的治理方法补好。

（2）当一块或一方地板条偏差过大时，应将此方（块）挖掉，换上合格的地板条并黏结牢固。

（3）错牙不齐的面积较大，而且不易修补时，可以采取加深地板油漆的颜色进行处理。

（4）对称的两边宽窄不一致，可将圈边加宽或进行横圈边处理。

（五）地板表面戗槎

1. 质量现象

木地板在表面加工中戗槎，出现成片的毛刺或呈现异常粗糙的表面，尤其在地板上油烫蜡后更为明显，对地板表面美观影响很大。

2. 原因分析

（1）电刨刨刃太粗，吃刀太深，刨刃太钝或电刨转速太慢，都容易将地板啃成戗槎。

（2）电刨的刨刃比较宽，可以同时刨几根地板条，而地板条的木纹有顺槎和倒槎，倒槎的地板条就容易出现戗槎。

（3）当采用机械磨光时，所用的砂布太粗或砂布绷得不紧，有皱褶，就会将地板打出沟槽，地板表面显得不平整。

3. 维修方法

（1）对于出现戗槎的部位,应仔细用细刨手工刨平,然后再用细砂纸打磨光滑。

（2）如局部戗槎较深,细刨也不能刨平时,可用扁铲将该处剔掉,再用相同的材料涂胶镶补,然后再将其刨平磨光。

（六）木地板出现起鼓

1. 质量现象

木地板在铺设完毕后,经检查发现有局部隆起的现象,起鼓较轻者影响地板的美观,起鼓严重者影响地板的使用。

2. 原因分析

（1）室内湿作业刚完成,或在交叉作业的情况下铺设木地板,湿度太大;空心楼板孔内积水(雨水或冬季施工时积水),保温隔音材料(泡沫混凝土块、珍珠岩等)含水率大等,均可使木地板受潮而起鼓。

（2）未铺设防潮层或地板未开通气孔,在地板铺设面层后,内部的潮气不能及时排出,木地板在受潮后会出现起鼓。

（3）毛地板未设置开口缝隙或设置的缝隙太小,受潮后鼓胀比较严重,从而引起面层的起鼓。

（4）房间内用水或暖气试水时,因漏水而浸泡湿透木地板,使木地板产生膨胀变形而出现起鼓。

（5）门厅或设有阳台房间的木地板,因雨水进入房间使木地板受潮而出现起鼓。

（6）木地板条宽度过宽,铺钉时仅在两侧边钉钉,时间长久导致中间因未固定而起鼓。

3. 维修方法

将起鼓的木地板面层拆开,在毛地板上钻若干通气孔,晾一星期左右,等木搁栅、毛地板干燥后再重新封上面层。此法返工面积大,修复席纹地板铺至最后两挡时,要将它们同时交叉向前进行铺钉。最后收尾的一方块地板条,一端有榫,另一端无榫,应互相交叉并用胶粘牢。

（七）黏贴的拼花地板空鼓脱落

1. 质量现象

拼花地板与基层（水泥类基层或其他硬质块材基层上）局部未粘牢或脱离，小锤敲击有空鼓声，脚踩有变形感，严重的则整条（方）木板脱落。

2. 原因分析

（1）基层表面清理不干净，有浮灰、油污等，尤其是粉刷工程污染的基层未认真清理，危害更大。

另外，水泥类基层起砂、起皮、表面强度过低等均易造成基层与黏结胶隔离，严重影响黏结效果。

（2）基层表面不平整、有大小不等的凹坑，使黏结的接触面减少，或使胶结料分布不均，造成黏结牢固度差。或凹坑处胶料过多，挥发过程中的中间木板拱起。

（3）基层含水率大，面层黏贴后，一方面木板遇潮膨胀起鼓，另一方面基层水分蒸发时拱顶面层，造成局部黏结不牢的木板空鼓或脱落。

（4）黏贴木地板所用的胶黏剂质量差或保管不当、超过保质期等，胶黏剂本身黏结强度不足，很容易使木地板黏结不牢、空鼓或脱落。

（5）操作不当，如沥青黏结料熬制和铺贴的温度不符合要求，基层未涂刷底子油；涂刷胶黏剂后木板条黏贴过早或过迟，影响黏结效果。

（6）在进行木地板黏贴时，如果施工环境温度过高或过低，将导致胶黏剂出现过快干硬或受冻，从而降低黏结力。

（7）木地板黏贴结束后，如果上人或刨光等工序过早，在外力的作用下扰动黏结层使黏结失效导致效果不佳。

（8）木地板铺设黏结后，如果遭到雨水或施工用水的浸泡，将会大大降低其黏结力，导致木地板黏结不牢、空鼓或脱落。

3. 维修方法

黏贴的木板空鼓面积不大于单块木板面积的1/8，且每间不超过抽查总数的5%者，可不进行处理。对超过验收标准的，应拆除重新铺设。

在拆除时应当特别细心，不得损坏相邻板块；基层应认真清理，用小铲刀铲平。新黏结的板条应与原有面层板树种、色泽、厚度一致，按工艺要求进行铺贴。

（八）搁栅、地板条腐烂

1. 质量现象

木地板使用年限不长,地板条就因腐烂而损坏,特别是四周墙角处。如撬开观察,地板面条背面往往有凝结水和长有白色的霉菌物。此种现象大多发生在空铺木地板工程。

2. 原因分析

（1）铺设木地板时,木地板下面填土层的含水量偏大,铺设木地板后,土层中的水分逐渐蒸发积聚于板下空间,木地板的底部因长期吸收水分而产生腐烂。

（2）四周墙上通风洞数量太少或设置不合理,使木地板下面空间的空气难以形成对流,造成通风不良,水分难以排出。当木地板下面空间高度较低时,尤为突出。

（3）所选用的木地板材质比较松软,其吸湿性较强。软质的木地板长期吸湿后,容易产生腐烂。

（4）寒冷地区,木搁栅顶端直接伸入外墙内,由于室内外温差影响,端部容易产生凝结水而引起腐烂。

（5）室外地面比室内填土面高,下部墙面的防潮处理又差,下雨后,雨水渗透到地板下的填土层中,增大填土层的含水量。

3. 维修方法

（1）如腐烂现象不严重,不会造成塌落事故时,可采用改进通风条件、进行局部修理等办法。

（2）如腐烂现象严重,有塌落可能时,则应进行彻底更换并采取改进通风、防潮、更换面层木板材种等综合措施,进行彻底治理。

五、木地板地面的注意事项

在进行木地板地面工程施工中,为确保其施工质量符合国家标准的有关规定,必须注意如下事项。

（1）所选用的木地板材料,其甲醛的含量必须符合现行规定;所选用的胶黏剂材料,必须符合"环保""适用"的原则。

（2）木地板采用黏贴式铺设时,要确保混凝土或水泥砂浆地面不起砂、不空鼓,基层必须清理干净,表面上不得有灰尘、油污和其他杂质。

地面铺装的装饰性

（3）在木地板铺设之前应认真对基层进行处理，基层不平整应用水泥砂浆找平后再铺贴木地板。基层的含水率不应大于15%，铺装实木地板应避免在大雨、阴雨等天气条件下施工。在施工过程中最好能保持室内温度、湿度的稳定。

（4）在进行木地板涂胶时，胶层要薄而均匀，各块木地板上的胶层厚度基本一致，做到相邻两块木地板的高差不超过1mm。

（5）为做到施工质量均匀，同一房间的木地板尽量一次铺装完，一般不要分批进行。因此，应备有充足的辅料，并要及时做好成品的保护，严防油污、果汁等物品污染板面，安装时挤出来的胶液要及时擦掉。

（6）当采用黏贴的拼花木地板面层时，应待沥青胶结料或胶黏剂凝固后，方可进行地板表面刨光和打磨处理。

第二节　实木地板装饰工艺

本节以完成一个实际铺装任务为例，具体介绍实木地板的装饰工艺。

一、任务描述

图3-1为一个复式住宅的二层建筑平面图和主卧室所在楼层二层的地面布置图。楼面为混凝土地面，楼面结构层、预埋管线已经验收合格，顶、墙湿作业已完成。要求对主卧室铺装实木条状地板，单层铺设，采用架空方式铺装。

二、任务分析

卧室是住宅中充满温暖和舒适感的重要使用空间。在地面装饰设计中，对材料的材质、图案的形态和色彩要求非常高。因此，一般选择铺装实木地板。

（1）为完成卧室木地板的装饰施工，首先要理解设计师的设计意图及通过装饰施工应达到的效果，在此基础上读懂地面施工图。

（2）根据施工图和现场的施工条件进行施工方案分析，确定地面施工方法。

（3）按照木龙骨架空铺装木地板的构造做法，采用正确的施工工艺，选择恰当的主、辅材料及施工机具，进行现场施工并开展进度及质量控制。

第三章　木质地板铺装的装饰性

（4）主要完成的任务有基层处理、龙骨安装、面层铺设等。

（5）重点为主材含水率的控制，面板平整度等质量控制，墙根、踢脚和门口细部处理等。

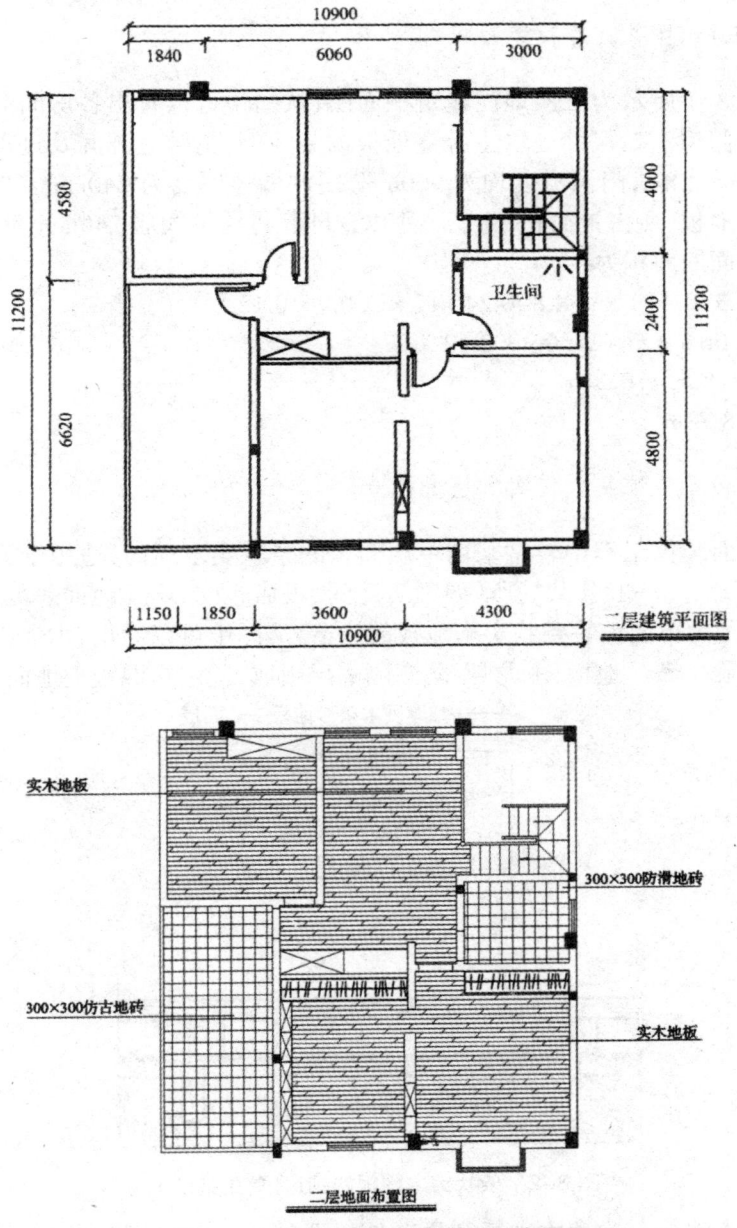

图 3-1　二层建筑平面图和地面布置图

地面铺装的装饰性

三、相关知识

（一）识图并计算铺装面积

图 3-1 所示为二层地面建筑平面图，从图中可以看出各房间的平面尺寸及门窗洞口尺寸。以主卧室地板铺装为例，主卧室开间及进深尺寸为 4.3m×4.8m，门洞宽度均为 900mm，门洞墙体厚度为 240mm。衣柜下仍然铺地板（所占地面积不减）。所以，开间、进深轴线居 240mm 墙中时，铺装地面的面积为：

（4.3-0.24）×（4.8-0.24）+2×（0.9×0.12）
=4.06×4.56+2×0.9×0.12
≈ 18.514+0.216
=18.73m^2

（二）单层铺装条状实木地板构造

地面装饰工程中较常采用单层铺装的条状实木地面，适用于家庭装饰、装修以及一般公共场所（如酒店房间、饭店包间、剧场地面等）。如图 3-2 所示为单层铺装条状实木地板的构造，从图中可以看出，木地板从上至下由硬木条形地板、木龙骨、防潮隔离层组成，固定在混凝土地面上。

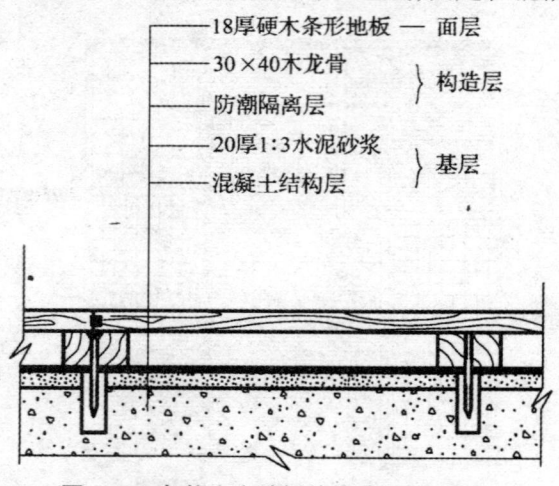

图 3-2 条状实木地板的构造（单层铺装）

实木地板分为条木地板和拼花地板两种。一般包括面层、垫层和基层三种基本构造层。但当设计有保温、隔音功能或采用地板辐射采暖方式时,或当混凝土基层的含水率超过设计要求,或基本构造层不能满足使用要求时,可增设防潮隔离层、填充层、找平层等其他形式的构造层次。

（三）木地板连接结构

本课题采用的是单层铺装的条木实铺式木地面。木龙骨与地面的连接结构通常用长铁钉将木龙骨固定在地面预埋的木楔上,而长条地板在拼装过程中,均从板条长边侧面凸榫处将铁钉斜向敲入,将地板条固定在木龙骨上。

（四）材料

实木地板施工采用的主要材料有木龙骨、条形实木地板等。辅助材料有钉子、防潮隔离层、防水涂料、胶料等,下面进行分别介绍。

1. 木龙骨

木料材质较轻、纹理顺直、含水干缩性小、不开裂、不易变形。

规格：25mm×25mm,20mm×30mm,30mm×40mm

主要应用于固定面板、增加地板弹性和改善地板下部空间的通风情况。

2. 条状木板

木料不易腐朽、变形、开裂。具有自重轻、弹性好、脚感舒适、导热系数小、易于清理等特点。木地板的含水率应符合国家现行标准的有关规定,按地域分区,分别限定在10%、12%和15%以下。鉴于木材湿胀干缩的特性,必须严格掌握木地板所用木材的含水率,不可超过上述限定值,即不应大于当地平衡含水率。

规格：700mm×70mm×12（18）mm。实木地板厚度一般为12—18mm,长度一般不宜小于300mm。当采用单层铺装时,厚度不宜过薄,以18mm厚最为常见。如果采用双层铺装,厚度可为12—15mm。

条状木板适用于地面的装饰。

3. 其他辅料

（1）钉子

包括铁钉、木地板专用螺纹钉、膨胀螺纹钉等。长度一般为板厚或木龙骨厚度的2—2.5倍。用于固定面层和木龙骨。

常用规格有25mm、35mm、45mm和100mm。

地面铺装的装饰性

（2）防潮隔离层

主要有防水卷材、水密性塑料薄膜、水密性发泡塑料卷材（带铝箔）。防止室内潮气对木地板产生不良的影响。

（3）防水涂料

合成高分子防水涂料，有水孔型和溶剂型两种。可以阻隔混凝土基层潮气及面层下面的冷凝水。

（五）机具及其应用

木地板施工所需的主要机具包括手锯、手刨、斧子、榔头、錾子、冲子、旋具、方尺、钢卷尺、割角尺、水平尺、墨斗、小电锯、手持电钻、刨地板机、切割机、磨地板机、单线刨和磨刀石等。

手锯——用于锯割木料。

手刨——用于刨削木料。

钢卷尺——用于丈量尺寸。

水平尺——用于校验表面水平度。

墨斗——用于弹直线。

榔头——用于敲击、拔钉。

錾子——用于打眼、剔槽。

手持电钻——用于打孔、钻眼。

切割机——用于切割木料。

方尺——用于检查直角及平面平整度。

磨地板机——用于打磨地面。

刨地板机——用于刨削平面。

小电锯——用于锯割木料。

（六）木质地板铺设的基本原则

（1）长条木地板的长度方向应与房间的进深方向或窗顺光方向，或房间的长度方向布置一致。

（2）地板端头接缝无毛板时，应在搁栅上，并应间隔错开。

（3）地板之间拼缝应紧密，地板与墙角之间应留 8—12mm 的空隙，由踢脚板收头封盖。

（4）每块地板应不少于两处用抗拔钉与搁栅或毛板钉牢。

（5）无漆素板表面应刨平、磨毛，并及时完成后续涂漆工作。

(七)质量规范

实木地面的施工应严格按照国家标准《住宅装饰装修工程施工规范》(GB 50327—2001)进行。实木地板铺装完成后,按国家标准《建筑地面工程施工质量验收规范》(GB 50209—2002)进行验收。主要检查项目包括以下几点。

(1)实木地板面层所采用的材质和铺设时的木材含水率必须符合设计要求。木搁栅、垫木和毛板等必须做防腐、防蛀处理。

(2)木搁栅安装应牢固、平直。

(3)面层铺设应牢固,黏结无空鼓。

四、任务实施

(一)施工准备

1. 技术准备

(1)机具准备:对本项施工专用机具已配备完全,可供正常使用。

(2)顶、墙抹灰湿作业完成。门框安装完并已弹好 +500mm 水平标高线。不能与其他室内装饰工程交叉施工,不得在铺装木地板的房间地面进行水泥砂浆拌和等湿作业。

(3)各个房间的地面标高应符合设计要求。

(4)水、电管线穿楼面、预埋已完成并验收合格。

(5)暖、卫管道试水、打压完成并验收合格。

(6)弹好房间踢脚板上口水平线,预埋好固定踢脚板的木楔(经防腐处理)。

(7)与混凝土或砖墙等接触的木料均已涂满防腐材料。

(8)对混凝土基层做工序交接检查,并应有文字记录。用靠尺、坡度仪等对混凝土基层表面的坡度、平整度进行检查。不得有起壳、起砂、起皮、凹凸等现象。平整度偏差不大于 8mm,坡度允许偏差不大于房间相对尺寸的 2mm/1000mm,并且不大于 30mm。

(9)铺装前对基层进行防水和防潮处理。重点对卫生间、厨房、阳台等有可能渗水的部位与相邻木地板连接处做防水和防潮处理,并应符合设计要求。

2. 材料进场检验

（1）进场检验的一般要求

①审查主、辅材料是否满足技术指标要求。

②检查主要材料的合格证、材料检验报告、使用说明书、防伪标志。

③对主要材料进行复检，并有复检报告。

④对进场材料外观质量进行检查。

（2）主要材料验收

木地板施工所选材料的品种、规格、型号、主要物理性能和产品质量指标必须符合现行国家、行业产品标准；主、辅材料应符合国家标准《实木地板技术要求》（GB/T 15036.1—2009）以及《木质地板铺装工程技术规程》（CECS191：2005）设计要求的规定，同时还要考虑施工环境的条件和工艺的可操作性。

①龙骨。木龙骨作为主要材料，应注意以下几点。

a. 规格。在购买木龙骨时，应根据装修部位的设计要求，选择截面尺寸符合要求的木龙骨。本课题采用规格为 30mm×40mm 的木龙骨。

b. 干燥程度。木材具有湿胀干缩的特性，为避免使用过程中的变形，在选择时应注意选择经过烘干处理的木龙骨。

c. 表面质量。在选择木龙骨时，须注意木龙骨本身应无过多结疤、劈裂、油囊等缺陷，表面平直、无弯曲。

d. 验收。木龙骨的含水率应符合国家现行标准的有关规定，一般南方地区不超过 18%，北方地区不超过 15%。要检查厂家合格证书，同时检查木龙骨的外观。经过烘烤工艺处理的木龙骨表面应该能看到烟火烘烤的痕迹，而未经过此道工艺处理的木料呈现为木料锯、刨的本色，并且木龙骨三面做防腐处理，上表面刨平直，同时经过防火、防腐及防蛀处理。

②木地板

木地板进场时，要仔细检查外观。注意检查实木地板是否有死节、活节、开裂、腐朽、菌变等缺陷。实木条状地板外观坚硬、耐磨、纹理美观、有光泽，表面光滑、平整、无翘曲。如果是涂漆地板，应检查表面涂膜是否均匀、丰满、光洁，无漏漆、鼓泡、孔眼、麻点等；涂漆的厚度应适中。检验条状地板尺寸规格、品种、合格证等是否符合要求。本任务选用的是厚度为 18mm、规格为 700mm×70mm 的实木条状地板。地板厚度应一致，木地板背面应涂刷防腐油一道。

确认材料合格、资料齐全，经监理工程师签字确认后，允许使用。

第三章 木质地板铺装的装饰性

（二）工艺流程

具体工艺流程是：铺装防潮隔离层→弹龙骨安装位置线→打孔、下木楔→安装龙骨→防腐处理→放干燥剂、防虫剂→铺钉条状木地板→细部收口→表面打磨→安装踢脚板→检查及验收。

（三）操作要点

1. 铺装防潮隔离层

（1）首先应将混凝土基层清理干净,确保不起砂,突出的砂粒应处理,防止砂粒等将防潮层破坏。

（2）对混凝土基层的含水率进行简易测试,其方法是：将 $1m^2$ 左右的不透气卷材平铺在基层上,静置 24h 后,如果覆盖部位与卷材未见水印,即可进行铺装；若出现水印,则说明混凝土基层含水率过高,不可铺装,应待基层含水率达标后再铺装；也可改变构造方案,如留通风道、通风口等,可不考虑含水率,直接施工。

（3）防潮隔离层应铺装在混凝土基层和木龙骨之间,也可在龙骨之上再加铺一层。在铺装防潮隔离层时,相邻两幅卷材的搭接缝应错开。其长边搭接和短边搭接必须用防水胶黏剂或防水胶带黏结,黏结的宽度,当采用胶黏剂粘地时为 100mm；当采用防水胶带黏结时为 60mm。

（4）当安装木楔等需打洞时,或因施工不当出现防潮隔离层破损时,应将破损处用密封胶或胶黏纸密封。

（5）另外还可在平行的两根龙骨间设置带支点的塑料板或塑料管,以利于排除基层的潮气。

2. 铺装木龙骨

（1）根据面层木板的尺寸弹龙骨位置线,木龙骨的安装间距应符合设计要求。

（2）在所弹的控制线上,每隔约 300mm 打 ϕ8mm 的孔,第一孔应距木龙骨尽头不大于 150mm,孔深约为 50mm,在孔中灌防水涂料,将已进行防腐处理的木楔砸入孔中,作为固定龙骨的连接点。木龙骨距墙留有 10—20mm 的缝隙。

（3）将木龙骨上、下两面刨平,三面刷防腐油,侧面每隔 300mm 打 ϕ6mm 的通气孔,用 ϕ3.5mm×60mm 的木螺钉固定。

（4）为了消除人在木地板上行走时产生的声响,木龙骨应整体坐落于混凝土基层或隔离层上,必要时可加装次龙骨。龙骨的空隙处应用实木垫块垫实,并固定牢固。也可直接将木框架铺设于混凝土基层或隔离层上。

(5)铺装木龙骨时,严禁损坏地面预埋管线。当管线高出地面时,不得随意垫高龙骨,而应采取龙骨开槽避让的措施。

(6)龙骨的铺装是地板装饰施工的重要工序,铺设龙骨时,先按+500mm线计算好龙骨上平控制尺寸,铺装两头龙骨;再拉线补全中间龙骨,保证龙骨大面及单根龙骨平整,完成后要进行严格的检查和验收。

3. 铺装面层

(1)所有木地板运到施工安装现场后,应拆包在室内存放一个星期以上,使木地板与居室的温度、湿度相适应(平衡)后才能使用。

(2)实木地板铺装前应对板材纹理、颜色等进行合理选色、集中调配,然后再进行试铺,使地板铺装效果自然、和谐,满足设计要求。

(3)沿长边方向(或顺光方向)离墙15mm开始逐块固定安装长条硬质木地板。第一排在铺装时,应将凹槽面向墙面。固定时,应从凸榫处用专用钉以30°—45°斜向钉入。硬木地板应先钻孔,孔径略小于地板钉直径,地板钉长度为板厚的2.5倍,砸扁钉帽后冲入板内。固定间距应符合设计要求,并且要保证每块地板不少于两个固定点。每颗钉子的固定点和地板端头接缝必须在龙骨的中线上,并从凸榫处斜向钉入。钉前需将钉帽砸扁,顺木纹方向将其冲入地板内。

(4)铺装地板时 长度方向应排紧,安装时需用垫块衬垫,用锤子打紧。宽度方向缝隙应符合设计要求。

(5)端头接缝应在龙骨的中线上,相邻板块接头处铺装缝应错开。

(6)面层与垂直相交的墙体、柱、家具、门套、门洞等相交时,应预留8—12mm的构造缝。

(7)最后一排或最后一块木地板应采用回刀钩收紧,然后用胶黏剂或明钉固定。

(8)在门口及变形缝处用专用铜质收口条收口。

(9)如果地板为素面实木地板,铺装后地板表面必须顺木纹方向刨光、磨平,总磨削量控制在0.3—0.8mm以内,然后应及时涂漆、打蜡。

4. 安装踢脚板

(1)踢脚板靠墙的背面应进行防腐、防蛀处理,并设置排气通道。

(2)踢脚板在地面施工验收合格后再进行施工。

(3)墙上应预埋木楔,用明钉将踢脚板钉牢在墙上预埋的防腐木楔上。板面垂直,上口水平。

第三章　木质地板铺装的装饰性

（4）木踢脚板阴阳角处应割角后再进行拼装，接头应固定在防腐木楔上。

（四）质量检验

（1）在实木地板的铺装工程施工中，应进行施工中间过程质量自检和施工全过程质量控制，为完整的质量验收记录提供基础性数据。

（2）在操作人员自检合格的基础上，进行工序间的交接检查和专职质量人员的检查，进行施工企业的检查与验收，并应有完整的记录。

（3）铺装工程完工后，施工工程验收应在施工企业自检合格的基础上，由监理单位组织有关单位验收，并应有完整的记录。

实木地面主要检验项目和检检验方法见表3-1。

表3-1　实木地面主要检验项目和检验方法

项次	项目	检验方法
1	板面缝隙宽度	用钢直尺检查
2	表面平整度	用2m靠尺和楔形塞尺检查
3	踢脚线上口平直	拉5m线并用钢直尺检查
4	板面拼缝平直	拉5m线并用钢直尺检查
5	相邻板材高差	用钢直尺和楔形塞尺检查
6	踢脚线与面层的接缝	用楔形塞尺检查

（五）成品保护

木地板在铺装工程施工及施工完成验收后，直至交付业主之前要进行成品保护。

（1）施工作业人员和质量检查人员在面层施工作业时应穿软底鞋，以防止损伤地板面层，不得在已铺装完成的面层上进行其他施工作业。如必须进行其他作业时，应对木地板面层全面覆盖以进行保护。

（2）素面实木地板铺装完工并刨光、磨平后，应及时涂漆并进行打蜡保护。

（3）木地板铺装完成后，用软布将地板擦拭干净，工程现场应指派专人保护，并保持良好的通风。

（4）严禁将沉重、坚硬、尖锐的物体与地板面层直接接触，避免施工器具与刚性物体撞击面层，避免进入房间的人员鞋底带进硬质砂粒摩擦地板面层造成划痕。

五、其他实木类地板

（一）竹地板

竹地板属于木质地板。竹地板的铺装工艺及操作要点基本与实木地板相同，可参照实木地板的施工工艺进行铺装。这里主要介绍竹地板与实木地板的不同之处。

1. 特点

（1）自然清新，色彩淡雅。

（2）材质坚硬，弹性好，耐磨，不易变形。其强度及抗拉能力、抗压能力均高于一般木材。

（3）防水性好，脚感舒适，易于维护和清扫，施工方便。

（4）竹地板的材料资源广泛，而且环保。竹材很早就用于制作家具，但作为地面材料应用时间较短。

2. 分类

（1）按材料不同，竹地板分为纯竹地板和竹木复合地板。

（2）按层数不同，竹地板分为单层地板、双层地板和多层地板。

（3）按接口不同，竹地板分为榫槽式、平口式和沟槽式。

3. 竹地板质量标准

林业行业标准《竹地板》（LY/T 1573—2000）包括竹地板外观质量要求、竹地板规格尺寸及允许偏差、竹地板理化性能指标等。

4. 施工质量检验

竹地板的施工应严格按照国家标准《住宅装饰装修工程施工规范》（GB 50327—2001）进行。竹地板铺装完成后，按国家标准《建筑地面工程施工质量验收规范》（GB 50209—2002）进行验收，主要检查项目包括以下几点。

（1）竹地板面层所用材料的技术等级和质量应符合设计要求。由于竹地板属于木质地板的一种，所以要求在使用前必须经过防霉、防腐、防蛀处理，同时还应进行防裂及表面处理（如油光、刮青、涂漆等）。木龙骨、垫木和毛板等必须做防腐、防蛀处理。

（2）木搁栅的安装应牢固、平直。

（3）面层铺设应牢固，黏结无空鼓。竹地板的允许偏差和检验方法见表 3-2。

表 3-2 竹地板的允许偏差和检验方法

项次	项目	允许偏差（mm）	检验方法
1	表面平整度	2.0	用 2m 靠尺和楔形塞尺检查
2	踢脚线上口平直	3.0	拉 5m 线并用钢直尺检查
3	板面拼缝平直	3.0	拉 5m 线并用钢直尺检查
4	相邻板材高差	0.5	用钢直尺和楔形塞尺检查
5	踢脚线与面层的接缝	1.0	用楔形塞尺检查

（二）拼花木地板

拼花木地板多选用水曲柳、柞木、核桃木、榆木、柚木等质地优良、不易腐朽、开裂的硬木，经干燥处理加工成小板条用于室内地面装饰。拼花木地板一般用于装修标准较高的住宅地面、高档公共场所地面等。

1. 特点

（1）拼花木地板纹理美观，有光泽，质感好，具有温暖、清雅的装饰效果。

（2）表面坚硬而且富有弹性，耐磨、耐朽、不易变形。

2. 尺寸及拼花图案

拼花木地板的尺寸一般长为 250—300mm，宽为 40—60mm，板厚为 20—25mm，板条一般都带有企口。拼花木地板可拼成砖墙花样形、斜席纹形、正席纹形、正人字形及其他设计图案，其中席纹图案最常见。

3. 拼花木地板的铺装

拼花木地板的基层、构造层的铺装与条木地板基本相同。两种实木地板铺装的主要区别在于面层的铺装。

（1）铺装拼花木地板（面层）时，应按现场尺寸先进行放样设计，做好细部处理，满足地面装饰整体协调性的要求。当铺装量大并且图案相同时，可先做样板间，再进行大面积施工。

（2）面板多为双层铺装，毛板应与龙骨成 45°斜铺。拼花木地板面层的铺装层次及角度如图 3-3 所示。

（3）铺装面板时，应先对板材进行选配，将纹理和木色相近的集中使用，把质量好的板条铺在房间的中央或经常出入的部位，稍差的铺装于墙角或门背后等隐蔽处。

（4）铺装时应从房间的中央开始，先画出图案样式，弹上墨线，铺好

地面铺装的装饰性

第一块板,然后向四周铺开。拼花木地板的铺装定位方式如图 3-4 所示。

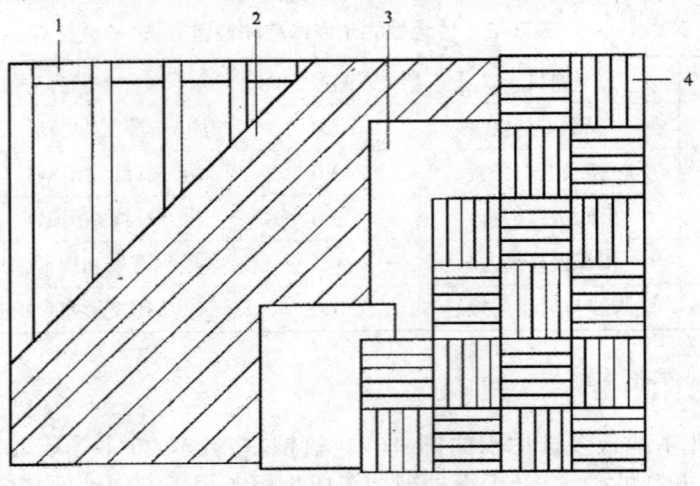

图 3-3 拼花木地板面层的铺装层次及角度
1- 木龙骨 2- 毛地板 3- 沥青纸或油毡 4- 木地板面层

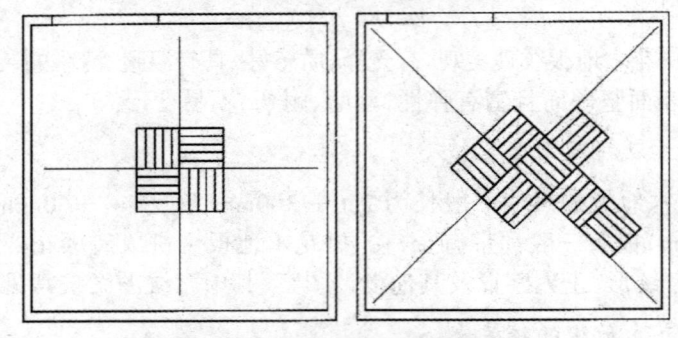

图 3-4 拼花木地板的铺装定位方式

拼花木地板一般均采用清漆罩面,露出木材的天然纹理。

拼花木地板的质量控制、成品保护、质量通病及防治措施等,均与条木地板相同。

（三）软木地板

1. 简介

软木地板是由软木加工而成的。它是用从阔叶树种栓皮栎（一种橡树,属栎木类）上采割而获得的树皮制成的。

软木地板因其独特的艺术性及全天然的图案,既可用做大面积装饰,也可用做艺术性点缀,在追求舒适与浪漫的现代装饰中,为广大家装爱好

第三章　木质地板铺装的装饰性

者所青睐。

2. 特点

软木地板具有保温、绝热、隔音、减振、防滑、耐磨、防水、防潮、弹性好、阻燃、不翘曲、有弹性、脚感好、美观大方、易于清理和维护等特点。

软木地板稳定性强，受环境影响小，耐热范围为 $-60°C—800°C$。在温度和湿度剧烈变化的情况下不裂、不翘。

3. 构造及其铺装工艺

软木地板是用优质软木颗粒和食用级胶黏剂，利用独特的工艺和设备加工成的一种高档地面铺装材料。

软木地板的构造为合成绝缘软木垫层、高密度纤维板中层、软木装饰面层和强化保护漆面层。由于造价较高，一般适用于高级专业场所的装饰地面。按构造形式和铺装工艺不同，软木地板分为锁扣式和黏贴式两种类型。铺装软木地板时对基层要求较高，其铺装工艺、操作要点及检验方法基本与木质地板的施工相同。

第三节　实木复合地板装饰工艺

本节以完成一个实际铺装任务为例，具体介绍实木地板的装饰工艺。

一、任务描述

本课题为一个复式住宅二层除卧室地面外的其他地面装饰施工，设计地面为实木复合地板，已完成结构验收，水、电管线的预埋及验收，顶、墙湿作业已完成，如图 3-5 所示为二层地面布置图。

二、任务分析

（1）为完成实木复合地板的铺设，首先要理解设计师的设计意图及最终要达到的效果，读懂施工图。

（2）施工前，完成现场交接验收工作。

（3）按照实木复合地板的构造做法，采用正确的施工工艺，选择适当的主、辅材料及施工机具，进行现场施工并进行进度及质量控制。

地面铺装的装饰性

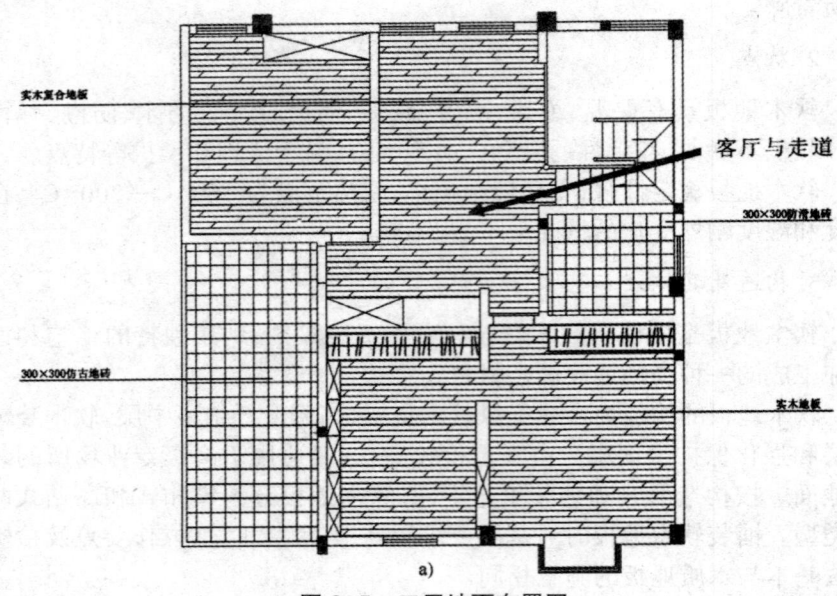

图 3-5 二层地面布置图

（4）由于客厅与走道铺装实铺实木复合地板,为了与卧室用木龙骨架空铺装的实木地板衔接,应该在铺设地面混凝土基层时预先将客厅与走道的基层垫高,以弥补卧室实木地板木龙骨的高度。卧室实木地板与该卧室混凝土基层高度差为 30—40mm,客厅与走道的混凝土面层应该比卧室混凝土面层高 40mm。

三、相关知识

（一）实木复合木地面构造及其连接

如图 3-6 所示为实铺实木复合地面的构造。实铺实木复合地面是在完成基层处理的混凝土地面上铺垫防潮隔离层,然后在其上直接拼装铺设条状实木复合地板。实木复合条状地板侧面的长边、短边分别有凹槽和凸榫,地面的连接依靠两块地板之间的凸榫插入凹槽。同时,实铺实木复合地板还要在凸榫上涂抹胶水进行黏结,以保证地板连接牢固。本课题为三层实木复合地板,采用悬浮法铺装。

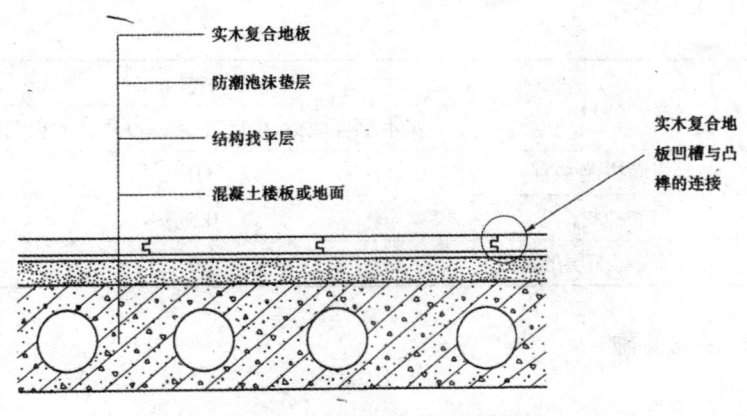

图 3-6 实木复合地面的构造

（二）材料

实木复合地板施工采用的主要材料包括条状实木复合地板、防潮隔离垫、钉子、木地板安装专用胶等。实木复合地板按生产工艺不同一般分为三层结构实木复合地板和多层结构实木复合地板。家装中多采用三层实木复合地板。三层实木复合地板的厚度宜为15—22mm。当实木复合地板应用于地暖地板时，为节约能源，宜采用地板总厚度较薄、由密度较低的树种板芯制作的易导热地板材料，地板厚度宜为8—2mm。

（三）质量规范

实木复合地面的施工应严格按照国家标准《住宅装饰装修工程施工规范》（GB 50327—2001）进行。实木复合地板铺装完成后，按国家标准《建筑地面工程施工质量验收规范》（GB 50209—2002）进行验收。主要检查项目包括以下几点。

（1）实木复合地板面层所采用的条材或块材的技术等级及质量要求必须符合设计要求。木搁栅、垫木和毛板等必须做防腐、防蛀处理。

（2）木搁栅安装应牢固、平直。

（3）面层铺设应牢固，黏结无空鼓。实木复合地板的允许偏差见表3-3。

表 3-3 实木复合地板的允许偏差

项次	项目	允许偏差（mm）
		实木复合地板、中密度(强化)复合地板面层
1	表面平整度	2.0
2	踢脚线上口平直	3.0

地面铺装的装饰性

续表

项次	项目	允许偏差(mm) 实木复合地板、中密度(强化)复合地板面层
3	板面拼缝平直	3.0
4	相邻板材高差	0.5
5	踢脚线与面层的接缝	1.0

四、任务实施

(一)施工准备

1. 技术准备

(1)机具准备:对本项施工专用机具已配备完全,可供正常使用。

(2)顶、墙抹灰湿作业完成。门框安装完并已弹好+500mm水平标高线。

(3)水、电管线穿楼面、预埋已完成并验收合格。

(4)暖、卫管道试水、打压完成并验收合格。

(5)弹好房间踢脚板上口水平线,预埋好固定踢脚板的木楔(已防腐处理)。

(6)与混凝土或砖墙等接触的木料均已满涂防腐材料。

(7)基层施工作业面已做工序交接,经检查+500mm线齐全,尺寸正确,地面找平,平整度满足要求。

2. 材料进场检验

(1)进场检验的一般要求同实木地板。

(2)实木复合地板的验收。

①审查地板材料是否满足技术指标要求。地板材料应符合国家标准《实木复合地板》(GB/T 18103—2000)以及《木质地板铺装工程技术规程》(CECS 191:2005)设计要求的规定,同时还要考虑施工环境的条件和工艺的可操作性。木地板的含水率、游离甲醛释放量等,应符合国家现行标准的有关规定。

实木复合地板施工所选材料的品种、规格、型号、主要物理性能和产品质量指标必须符合现行国家、行业产品标准。

②地板外观检查同实木地板。木板的颜色、花色、图案等应符合设计

要求。

③检验地板尺寸。本课题采用规格为 700mm×70mm×18mm 的实木复合地板。

④检查材料合格证、材料检验报告、使用说明书和防伪标志。

（3）胶黏剂

胶黏剂应采用具有耐老化、防水、防菌、无毒等性能的环保材料或按设计要求选用。

确认材料合格、资料齐全，经监理工程师签字确认后允许使用。

（二）工艺流程

具体工艺流程是：施工准备→铺装防潮隔离层→铺装实木复合地板→细部收口→安装踢脚板→检查及验收。

（三）操作过程

1. 试排地板并铺装防潮垫

根据房间尺寸和面板规格进行排列布置。

2. 铺设面板

（1）从一个墙角开始，自左至右铺设面板，让有舌榫的一边朝着房间另一个方向。

（2）将下一块板斜着朝第一块板的接口推入，放下，继续用同样的方法把整个第一排板铺完。

（3）把第一排的最后一块板按需要的长度锯好，用剩下的一段开始铺第二排。每一排的接缝至少要与前一排的接缝错开 500mm。

（4）把地板斜着朝前面的板条推。在小心向下推的同时，用敲击块轻轻敲打，以挤紧地板。

（5）把第二块板的横端头斜着按进去，放下纵端。

（6）在把地板慢慢向下推的同时，用敲击块在纵端敲打，使地板到位。

3. 细部收口

铺设最后一排板时要先按需要的宽度锯好，方法是：把最后一块板放在倒数第二块上，朝墙错开约 5mm，确定锯板尺寸后再锯板。铺板前应先用刨刀清口、刨平，随后抹胶，再搁板、放平、装拼平顺后用回刀钩挤紧。

4. 安装踢脚板

（1）踢脚板靠墙处应设置排气通道。

（2）踢脚板在地面施工验收合格后再进行施工。

（3）墙上应钉木楔，用明钉将踢脚板钉牢在墙上预埋的防腐木楔上。板面要垂直，上口水平。

木踢脚板的阴阳角处应割角后再进行拼装，接头应固定在防腐木楔上。

具体方法是：先弹线，找固定点钻孔，安放木楔。用木踢脚板等量尺寸，画线确定切割位置。用切割锯按线切割踢脚板，刨平切割面。再将踢脚板拼对阴角、阳角拼缝，其中阴角处踢脚板和阳角处踢脚板，应确保拼缝对齐。最后，用明钉钉板固定，并将钉帽打扁，冲入板内。

（四）质量检验

实铺实木复合地板的质量检验与实木地板地面相同，其检验方法见表3-4。

表3-4 实铺实木复合地板的检验方法

项次	项目	检验方法
1	表面平整度	用2m靠尺和楔形塞尺检查
2	踢脚线上口平直	拉5m线并用钢直尺检查
3	板面拼缝平直	拉5m线并用钢直尺检查
4	相邻板材高差	用钢直尺和楔形塞尺检查
5	踢脚线与面层的接缝	用楔形塞尺检查

五、中密度（强化）复合地板

中密度（强化）复合地板的学名是浸渍纸层压木质地板，简称强化木地板。中密度（强化）复合地板因耐磨，防火，耐腐蚀，品种、色彩多，施工方便，维护简便，在房屋建筑地面中被广泛采用。

中密度（强化）复合地板一般由表层（耐磨层）、装饰层、基材层和底层（平衡层）组成。

（一）分类

中密度（强化）复合地板根据地板的基材、结构、榫槽、涂饰、表面花色、使用场合等因素进行分类。从施工的角度按中密度(强化)复合地板的榫槽进行分类,分为矩形榫槽中密度(强化)复合地板和异形榫槽中密度(强化)复合地板。

1. 矩形榫槽中密度(强化)复合地板

矩形榫槽中密度(强化)复合地板的每块地板四周边缘都有经机械加工而成的榫和槽。在地面铺设安装时,两块地板的榫和槽处通过防水地板胶连接成平整密封的片状,也称为涂胶式榫槽拼接地板。

2. 异形榫槽中密度(强化)复合地板

异形榫槽中密度(强化)复合地板又称免胶地板,在拼装过程中不用胶黏剂拼接,而是利用卡紧式榫槽、企口式榫槽、锁扣式及双锁扣式结构拼装。

(二)规格

中密度(强化)复合地板因生产厂家不同而有多种规格,一般长度为1000—1380mm,宽度为120—200mm,厚度为8—12mm等。

(三)辅助材料

辅助材料主要包括踢脚线(板)、收口条、地板胶、防潮隔离垫和钉子等。各生产厂家均有相应系列产品配套使用。

(四)机具及其应用

中密度(强化)复合地板施工所需的主要机具,基本上与实木地板相同。

(五)质量规范

中密度(强化)复合地板的施工应严格按照国家标准《住宅装饰装修工程施工规范》(GB 50327—2001)进行。

中密度(强化)复合地板铺装完成后,按国家标准《建筑地面工程施工质量验收规范》(GB 50209—2002)进行验收,主要检查项目包括以下几点。

(1)中密度(强化)复合地板面层所用材料的技术等级及质量要求,必须符合设计要求。木搁栅、垫木和毛板等必须做防腐、防蛀处理。

(2)木搁栅安装应牢固、平直。

(3)面层铺设应牢固。

地面铺装的装饰性

第四节　新型木地板地面装饰工艺

木质纤维中密度(强化)复合地板、多层胶合地板和真木地板等,通称为新型木地板。这类新型木地板带有高耐磨性表面,板是由面层板、中层板及底层板组成的复层地板,板材加工非常精细。板边的企口能够准确吻合在一起,安装后表面不显露接缝。

木质人造中密度板强化复合地板,一般是由热固性树脂透明耐磨表面层、木纹或其他图案装饰层、木质纤维中密度基体板及软木底层与防潮底垫等多层复合而成。新型木地板具有优异的装饰效果和使用性能,铺设施工非常简单,不需要再进行刨平磨光,也不再涂饰油漆和打蜡上光等表面处理。

目前,正在流行的新型木地板主要有两类,一类是由3层实木胶合而成的多层胶合地板;另一类是用木质纤维材料或粒料加工制造的木质中密度板作基材,并覆以高耐磨度面层和防潮底层的新型人造复合木地板。新型木地板可以铺设于经找平的水泥类建筑地面上,也可以铺设于陶瓷地砖、墙地砖、陶瓷马赛克等旧地面的表面。

新型木地板一般采用"浮铺式"做法,即利用木地板产品本身具有的较精密的槽形企口边及配套的黏结胶、卡子和缓冲底垫等;在进行铺设时,仅在板块企口的咬接处涂抹上胶黏剂,或采用配件卡接的形式即可连接牢固,整体地铺覆于建筑地面的基层上。

一、新型木地板地面的施工准备

新型木地板地面的施工准备工作与其他地面施工基本相同,主要包括地板材料的准备、作业条件的准备和施工机具的准备,这些准备工作对于顺利施工、提高效率和保证质量,均起重要的作用。

(一)地板材料的准备

新型木地板的材料准备,主要包括龙骨材料、毛板材料、面板材料和其他材料等。

1. 龙骨材料

对于龙骨材料的基本要求是:木龙骨必须顺直、干燥,其含水率不得

第三章　木质地板铺装的装饰性

大于8%,尺寸必须准确,必要时应进行防火、防腐处理;成型好的塑料龙骨要检查有无破损。

2. 毛板材料

毛板材料可选用耐潮湿及耐水的胶合板或木芯板,其厚度为9—12mm。

3. 面板材料

面板材料是体现木地板装饰效果的主要材料,一般应选用新型木地板的配套材料,主要包括木地板、薄型泡沫塑料底垫、黏结胶带和地板胶。

4. 其他材料

其他材料主要是指在铺设过程中所用的固定等方面的材料,如各种过桥、收口扣板、木楔等。

（二）作业条件的准备

新型木地板的作业条件准备与木地板地面施工完全相同。在木地板地面正式施工前,应当完成顶棚、墙面等各种需要湿作业的工程。新型木地板铺装要求湿作业工程的干燥程度在80%以上,对铺板的地面基层应做好防潮、防水和防腐等方面处理,且在铺设前要使房间干燥,并避免在气候潮湿的情况下进行施工。

在木地板地面正式施工前,水暖管道、电器设备及其他室内的固定设施,应全部安装和油漆完毕,并进行试水、试压等方面的检查;对电源、通讯、电视、网络等管线进行必要的测试,并达到设计的要求。

（三）施工机具的准备

新型木地板施工所需要的机具主要有冲击钻、手电钻、电锯、锤子、直角尺、量尺、墨斗、铅笔、连系钩、撬杆及扒钉等。

二、新型木地板地面的操作要点

（一）新型木地板的工艺流程

新型木地板地面的铺设一般采用浮铺式做法,这种做法又包括3种铺装方法。

第一,将木地板直接浮铺于建筑地面基层上,这是最简单的一种铺装方法,采用这种方法铺装也比较普遍。

地面铺装的装饰性

第二，空铺式做法，即先装设木搁栅及铺钉毛地板，然后在其上面用浮铺做法装设新型木地板。

第三，用预先成型好的塑料龙骨，直接拼装于平整的地面上，再在其上面铺设垫层及新型木地板。

"浮铺式"施工工艺流程是：基层清理→弹线、找平→安装木搁栅→钉毛地板→铺设垫层→试铺预排→铺设地板→安装踢脚板→清洁表面。

（二）新型木地板的操作要点

1. 基层的处理

基层表面的砂浆、浮灰必须清除干净，将所用的灰尘清扫并用水冲洗，然后再擦拭清洁、干燥。当基层表面有麻面、起砂和裂缝现象时，应采用涂刷（批刮）乳液腻子进行处理，每遍涂刷腻子的厚度不应大于 0.8mm，干燥后用 0 号铁砂布进行打磨，再涂刷第二遍腻子，直至表面平整后，再用水稀释的乳液涂刷一遍。基层表面的平整度，采用 2m 直尺和楔形尺检查的允许空隙应小于 2mm。

2. 弹出施工线

基层处理符合要求后，可在表面上按设计图案和块材的尺寸进行弹线，作为地板铺设的依据。一般应先弹出房间的中心线，然后从中心向四周弹出块材的方格线及边线。方格必须保证方正，不得产生偏斜。

3. 铺设地板垫层

地板垫层是一种厚度为 2.0mm 左右的高密度聚乙烯材料。在铺设时，先在地面上铺好，接缝处用胶带封住，不要采用搭接的方式。对于地热地面应先铺上一层厚度为 0.5mm 以上的聚乙烯薄膜，接缝处薄膜要重叠 150mm 以上，并用胶带密封。垫层为宽度 1000mm 卷材，主要起防潮、缓冲作用，可以增加地板的弹性和稳定性，并可减少在地板上行走时产生的噪声。按房间长度净尺寸加长 120mm 进行裁切，四周边缘墙面与地相接的阴角处要上折 60—100mm，或按产品说明进行操作。

4. 进行地板预铺

在正式铺设木地板之前，对所铺地面先进行测量和尺寸计算，确定地板的布置块数，尽可能不出现过窄的地板条。地板块铺设时通常从房间较长的一面墙边开始，也可按长缝顺入射光的方向沿墙铺设。板面面层应与垫层垂直，铺装时每块地板的端头之间应错开 300mm 以上，如果错开 1/3 的板长则更为美观。

预铺应从房间的一角开始,第一行板的槽口对墙,从左至右,两板端头企口插接,直到第一排的最后一块,切下的部分如果长度大于300mm,可以作为第二排的第一块板铺放,其他排也可以采用如此做法。第一排最后一块板的长度不应小于500mm,否则应将第一排的第一块板切去一部分,以便保证最后板的长度不小于500mm的要求。如果遇到建筑墙边不直,可用划线器将墙壁轮廓划在第一行地板上,依据划线锯裁后到位进行铺装。地板与墙(柱)壁面相接处不可靠得太紧,要留出8—12mm宽度的缝隙,最后再用踢脚板封盖上这道缝隙。进行第一块木地板铺装时,其与墙面间的缝隙要用木楔临时调直塞紧,暂且不涂胶。

在进行木地板预排时,还要计算出最后一排板的宽度,如果小于50mm,应当削减第一排板块的宽度,使第一排和最后一排板的宽度均匀。最后进行修整、检查表面平整度,一切符合要求后,按顺序将板拆下放好。

5. 铺装木地板

依据木地板产品使用要求,按照预铺木地板板块的顺序进行铺设地板的施工。如果采用带胶安装,可用胶黏剂涂抹在地板的榫头上部(即企口舌部),而不能涂抹在企口的槽内。

胶黏剂的涂抹量必须足够,先将板的短边连接,然后略微抬高一些,小心敲击榫槽木垫板,将地板装入前面的地板榫槽内,用木锤敲击使两板接缝处紧密,胶水应从板缝中挤出,一般要求将专用胶黏剂涂于槽与榫的朝上一面,挤出的胶水在15min后用刮刀除去。

木地板的横向用紧固卡带将三排地板一块卡紧,一般每1500mm左右设置一道卡带,卡带的两端有挂钩,可调节长短和松紧度。从第四排起,每拼铺一排卡带就移位一次,直至最后一排。每一排最后一块地板,用电锯锯去地板多余的部分,注意端头应与墙壁面留出8—12mm的缝隙。

将木地板逐块拼铺至墙面时,注意也要像第一排那样留出缝隙用木楔卡紧,并采取回力钩等工具将最后几行地板予以稳固。在门洞口处,地板铺至洞口外墙皮与走廊地板平接,如果为不同材料时,应留出5mm缝隙,用卡口盖缝条将缝盖住。

6. 安装踢脚板

复合木地板四边墙根处的伸缩缝,用配套的踢脚板封盖装饰。一般选用复合木踢脚板,其基材为防潮环保的中密度纤维板,表面饰以豪华的油漆纸。目前,复合木地板的款式丰富多彩,比较流行的踢脚板尺寸有60mm的高腰型与40mm的低腰型。

踢脚板除了可用专用夹子安装外,也可用无头(或有头)的水泥钢钉

地面铺装的装饰性

和硅胶钉粘在墙面上。在安装之前,应先按踢脚板的高度弹出水平线,将地板与墙缝隙中的杂物清理干净,其接头尽量设置在拐角处。

7. 过桥及收口扣板的使用

当地面面积大于 100m² 或边长大于 10m 时,为确保木地板的铺设质量,应当使用过桥;在房间的门槛相接处有一定高度差时,也应当使用过桥。不同的过桥可以解决不同程度的高低不平和其他饰面的连接问题。

8. 清扫与擦洗

新型木地板地面每铺设完一间,等涂抹的胶黏剂干燥后,立即清扫地板表面的杂物,并用湿布擦洗干净,铺装好后 24h 内不得在地板上走动。

三、新型木地板地面的注意事项

(1)新型木地板要在新的水泥地面上铺设时,地面必须晾干,含水率必须符合设计要求。施工环境的最佳相对湿度一般为 40%—60%。在铺设之前,宜将未开箱的木地板置于施工现场不少于 48h,使其更适应施工环境的温度和湿度。

(2)在木地板企口施胶逐块铺设过程中,为使槽榫精确吻合并黏结严密,可以用木方垫块(或随木地板产品配备的"凹槽块")顶住地板边,再用锤子轻轻敲击,但不得直接打击在木地板上。

(3)新型木地板的施工过程及成品保护必须按照产品使用说明的要求,注意其专用胶的凝结固化时间,铲除溢出板缝外的胶条、拔除墙边木塞(或空隙块),最后做表面清洁等工作,均应待胶黏剂完全固化后方可进行,此前不得碰动已铺好的木地板。

(4)新型木地板与墙边、立柱等固定物体之间必须留出 10—12mm 的伸缩缝,铺装两房之间的门下位置时应留出相应的伸缩缝。长宽任何一边超过 10m 的地面,应在超过长度的地板之间留出 8—12mm 的附加伸缩缝,使用过桥连接,以适应木地板的伸缩变形。

(5)铺装时用 3m 直尺随时找平找直,发现问题及时修正。如果地板底面基层有轻微凹陷,可用橡胶垫垫平。

(6)新型木地板不能安装在凸凹不平、直接曝晒或潮湿的地面上,在与卫生间、浴室、阳台等交接易受潮的地方,应加防水隔离处理,保证不漏水、不渗水。

(7)此类浮铺式施工的木地板工程,不得加钉固定或黏贴在地面上,以确保整体地板面层在使用中的稳定伸缩。

（8）新型木地板可以在水暖地面上铺设，为防止发生意外，但不能在电暖地面上铺设。

（9）如果新型木地板为免胶进行铺装类型，必须是在不接触水的房间内使用。

（10）多数新型木地板产品的表面均已做好表面处理，铺设完毕可以采用吸尘器吸尘、湿布擦拭或采用中性清洁剂清除个别污渍，但不可使用强力清洁剂、钢丝球或尖锐刷具进行清洁；表面不得再进行磨光及涂刷油漆；有的产品规定不得在使用中进行打蜡。

四、活动地板地面的施工

活动地板也称为装配式地板，或称为活动夹层地板，这是一种架空式装饰地面。这种地面是由各种规格、型号和材质的块状面板、龙骨（也称为横梁或桁条）、可调支架、底座等组合拼装而成的一种新型装饰地面，从构造上可以分为横梁和无横梁两种。面板从材质上分有铝合金框基板塑料贴面板、全塑面板、高压刨花板表面贴塑料装饰面等；从功能上又可分抗静电和不抗静电两种。

活动地板与基层地面或楼面之间所形成的架空空间，其高度可根据设计要求而确定，一般为 250—1000mm。这个架空的空间不仅可以满足敷设纵横交错的电缆、线路和管道的需要，而且通过设计，在架空地板的适当部位可以设置通风口，即安装通风百叶或设置通风型地板，以满足静压送风等空调方面的要求。

一般的活动地板具有重量轻、强度大、表面平整、尺寸稳定、面层质感好、装饰效果佳等优点，并具有防火、防虫、防鼠害及耐腐蚀等性能。其防静电地板产品，尤其适宜于仪表控制室、广播室、变电控制室、计算机房、电化教室、程控交换机房、洁净室、抗静电净化处理厂房及现代化自动办公场所的室内地面装饰。

（一）活动地板的类型和结构

活动地板的产品种类繁多、档次各异，按地板结构的支架形式不同，大致可将其分为四种：拆装式支架、固定式支架、卡锁搁栅式支架、刚性龙骨支架。

拆装式支架是适用于小型房间地面活动地板装饰的典型支架，其支架高度可在一定范围内自由调节，并可连接电器插座。固定式支架不另

地面铺装的装饰性

设龙骨桁条，可将每块地板直接固定于支撑盘上，此种活动地板可应用于普通荷载的办公室或其他要求不高的一般房间地面。卡锁搁栅式支架是将龙骨桁条卡锁在支撑盘上，其龙骨桁条所组成的搁栅自由拆装。刚性龙骨支架是将长度为1830mm的主龙骨跨在支撑盘上，用螺栓固定，此种构架的活动地板可以适应较重的荷载。

（二）活动地板的施工准备

活动地板的施工准备工作，与其他地板基本相同，主要包括地板材料的准备、作业条件的准备和施工机具的准备。

1. 地板材料的准备

活动地板施工需要准备的材料主要有活动地板、可调支架、桁条和底座等。

（1）活动地板

活动地板地面所用的活动地板，其基体应无开裂，面层与基体无脱胶。常用活动地板的规格和技术性能见表3-5。

表3-5 常用活动地板的规格和技术性能

名称	组成说明	规格/mm	技术性能
SJ-6型升降活动地板	由可调支架、桁条和面板组成。面板的底面用铝合金板，四周由25°角钢锌板作加强，中间由玻璃钢浇制成空心夹层，表面由聚氨酯加抗静电剂、填料制成的抗静电塑料贴面	品种：普通抗静电地板、特殊抗静电地板板面尺寸：600×600、500×500板的厚度：30支架可调高度：250—400	电性能：系统电阻SJ-6Ⅱ型：105—108ΩSJ-6Ⅲ型：1010—1014Ω均布荷载：12kPa集中荷载：3kPa阻燃性：自熄
活动地板	由铝合金复合石棉塑料贴面板块、金属支座等组成。塑料贴面块分为防静电和不防静电两种。支座由钢铁底座、钢螺杆和铝合金托组成	面板尺寸：450×450×36465×465×36500×500×36支座可调范围：250—400	面板剥离强度：5MPa均布荷载：≤12kPa集中荷载：3kPa防静电固有电阻：$1.0×10^6$—$1.0×10^{10}$Ω

（2）可调支架

活动地板地面所用的可调支架，应当具有足够的刚度和强度，可调部分应十分灵活、便利，无锈蚀现象。

（3）桁条

活动地板地面所用的桁条，应当尺寸比较准确，刚度和强度均符合设计要求,桁条的纵横之间、桁条与立柱之间,应当连接简便、稳妥、牢固。

（4）底座

活动地板地面所用的底座,应当有一定的重量以增加其稳固性,底座的底面应平整稳固,并与地面之间有足够的摩阻力。

2. 作业条件的准备

活动地板地面施工作业条件的准备工作,主要包括以下两个方面。

（1）铺设地板前应完成所有其他室内墙顶装饰施工,且室内所有固定设备应安装完毕并通过验收。

（2）大面积施工前,应先放样并做样板间,经相关各方检验合格后再进行施工操作。

3. 施工机具的准备

活动地板地面需要的施工机具主要有水平尺、方尺、靠尺、墨斗、盒尺、吸盘、开刀、盘锯、手锯、手刨、电锤、螺丝刀、榔头、扳手、钢丝钳、合金錾等。

（三）活动地板的安装工序

活动地板的安装工序主要包括:基层处理、施工弹线、固定支座、调整水平、龙骨安装、面板安装和设备安装。

1. 基层处理

原基层地面或楼面应符合设计要求,即基层表面平整,无明显凹凸不平。如属水泥地面,根据抗静电地板对基层的要求,宜刷涂一层清漆,以益于地面防尘。

2. 施工弹线

施工弹线是依据设计进行放线,按活动板块的尺寸打出墨线,从而形成方格网,这样就可作为地板铺贴时的依据。

3. 固定支座

在方格网各十字交叉点处固定支座。

4. 调整水平

调整支座托,顶面高度至全室水平。

5. 龙骨安装

将龙骨桁条安放在支架上,用水平尺校正水平面,然后放置面板块。

地面铺装的装饰性

6. 面板安装

拼装面板块,调整板块水平度及缝隙。

7. 设备安装

安装设备时须注意保护面板,一般是铺设五夹板作为临时保护措施。

(四)活动地板的施工要点

1. 弹线定位

用墨线弹出地板支架的放置位置,即地面纵横方格的交叉点。按活动地板高度线减去面板块厚度的尺寸为标准点,画在各个墙面上,在这些标准点上钉拉线。拉线的目的是保护地板活动支架能够安装并调整准确,以达到地板架设的水平。

2. 固定支架

在地面弹线方格网的十字交叉点固定支架,固定方法通常是在地面打孔埋入膨胀螺栓,用膨胀螺栓将支架固定在地面上。

3. 调整支架

调整方法视产品实际情况而定,有的设有可转动螺杆,有的是锁紧螺钉,用相应的方式将支架进行高低调整,使其顶面与拉线平齐,然后锁紧其活动构造。

4. 安装龙骨

用水平仪逐段(或逐点)抄平已安装的支架,并以水平尺校准各支架的托盘后,即可将地板支承桁条架于支架之间。桁条安装,应根据活动地板配套产品的不同类型,依其说明书的有关要求进行。桁条与地板支架的连接方式,有的是用平头螺钉将桁条与支架面固定,有的是采用定位销进行卡结,有的产品设有橡胶密封垫条,此时可用白乳胶将垫条与桁条胶合。

5. 安装面板

在组装好的桁条搁栅框架上安放活动地板块,注意地板块成品的尺寸误差,应将规格尺寸准确者安装于显露部位,不够准确者安装于设备及家具放置处或其他较隐蔽部位。对于抗静电活动地板,地板与周边墙柱面的接触部位要求缝隙严密,接缝较小者可用泡沫塑料填塞嵌封。如果缝隙较大,应采用木条镶嵌。有的设计要求桁条搁栅与四周墙或柱体内

第三章　木质地板铺装的装饰性

的预埋铁件固定,此时可用连接板与桁条以螺栓连接或采用焊接方式固定,地板下各种管线就位后再安装活动地板块。地板块的安装要求周边顺直,粘、钉或销结严密,各缝均匀一致并不显高差。

第四章 卷材地面铺装的装饰性

本章主要讲述了地毯地面、塑料地板地面的构造做法、材料种类及性能、施工准备、施工过程以及施工过程中可能出现的质量通病和防治措施、成品保护及质量检验标准等。

第一节 地毯面层装饰工艺

地毯是一种高级铺地装饰材料,具有很好的隔热、保温和吸声作用,还能防止滑倒,减轻碰撞,脚感舒适,并以其特有的质感和艺术风格,使室内环境显得高贵华丽、美观悦目。一般地毯多用于宾馆、会堂、办公楼、居室等场所。

随着社会发展和技术的进步,除手工编织的羊毛地毯外,还出现了各种材质的地毯,这就使地毯成为一种普通的地面装饰材料。

一、构造做法

地毯铺设分为有衬垫和无衬垫两种构造做法,目前常用的是有衬垫做法,具体构造如图4-1所示。

二、地毯地面的施工准备

地毯地面装饰工程的施工准备工作,主要包括装饰材料准备、铺贴基层准备、作业条件准备和施工机具准备。

(一)装饰材料的准备

地毯地面装饰工程的材料准备,主要包括地毯材料、垫料材料、胶黏剂、倒刺钉板条和铝合金收口条等。

第四章 卷材地面铺装的装饰性

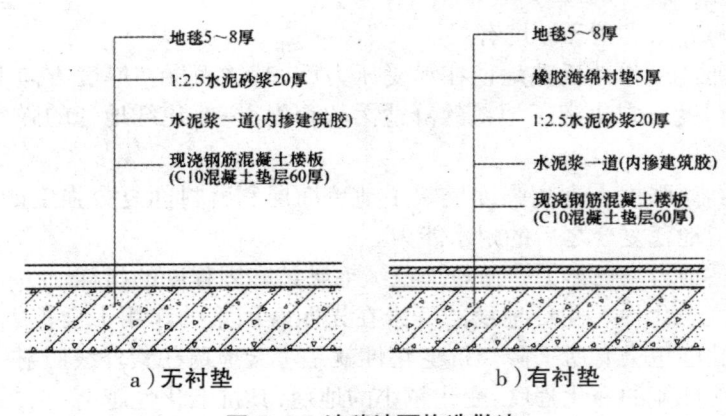

a）无衬垫　　　　　　　　b）有衬垫

图 4-1　地毯地面构造做法

1. 地毯材料

（1）地毯的分类

按照材质的不同,地毯可分为纯毛地毯、混纺地毯、化纤地毯、塑料地毯等。

①纯毛地毯。是以绵羊毛为原料编织而成的,绵羊毛弹性好、拉力大、有光泽,是最理想的地毯原材料。我国纯毛地毯的历史悠久、做工精良,图案和色彩丰富,广泛用于对装饰有较高要求的场所中。

②混纺地毯。是以羊毛和各种合成纤维混合作为原材料编织而成的,其种类很多。这种地毯与纯毛地毯相比,耐磨性大为提高,而且成本较低。

③化纤地毯。是以丙纶、腈纶纤维为原材料编织而成的一种新型地毯。它用簇绒法和机织法制作面层,再以麻布做背衬加工而成,具有较好的耐磨性和回弹性。

④塑料地毯。是采用聚氯乙烯树脂增塑剂等辅助材料制成的一种新型轻质地毯。它质地柔软、舒适耐用、色彩丰富,具有难燃烧、易清洗等优点,多用于商场、浴室等场所。按照编织工艺的不同,地毯可分为手工编织地毯、机织地毯、簇绒编织地毯等。其中簇绒法是在基布上针入绒毛线的一种编织方法,可以大量、快速、便宜地进行生产。

按照规格尺寸的不同,地毯可分为块状地毯和整卷地毯。

（2）地毯的性能

从技术性能的角度鉴定地毯,通常从耐磨性、弹性、剥离强度、黏结力、抗老化性、抗静电性、耐燃性、耐菌性这八个方面来评定。

①耐磨性。耐磨性的高低是决定地毯是否耐用的重要指标,通常是以固定压力摩擦地毯,直至露出背衬所需次数作为衡量标准的。地毯的

地面铺装的装饰性

耐磨性与纤维类型和厚度有关。

②弹性。弹性反映地毯在承受压力后,其绒面层在厚度方向上压缩变形的程度。它决定了地毯的舒适柔软程度,一般化纤地毯的弹性不如纯毛地毯。

③剥离强度。剥离强度反映了地毯面层和背衬间复合强度的大小,也反映了地毯复合之后的耐水能力。

④黏结力。黏结力是衡量地毯绒毛黏结牢固程度的指标。

⑤抗老化性。化纤地毯的纤维在光照等因素的作用下会被氧化,从而各项性能也会有所下降。抗老化性就是考验地毯在紫外线照射一段时间后各项性能的变化程度,变化越小的地毯,其抗老化性越高。

⑥抗静电性。抗静电性表示地毯带电和放电的性能。一般来说化纤地毯因本身绝缘,静电不易释放,严重时会使人产生触电的感觉。因未经处理的化纤地毯所带静电较大、易吸尘、难打扫,因此,常在地毯生产中加入抗静电剂。

⑦耐燃性。耐燃性是指化纤地毯遇火时,在一定时间内的燃烧程度。一般来说化学纤维容易燃烧,因此,在生产过程中要加入阻燃剂。凡燃烧时间在 12min 以内,燃烧面积直径不大于 17.96cm 的化纤地毯都被认为耐燃性合格。

⑧耐菌性。耐菌性是衡量地毯耐霉变能力的重要指标。一般要求地毯能抗八种常见霉菌和五种常见细菌,化纤地毯的耐菌性优于纯毛地毯。

2. 垫料材料

对于无底垫的地毯而言,如果采用倒刺板进行固定,应当准备垫料材料。垫料一般多采用海绵材料作为底材料,也可以采用杂毛毡垫。

垫料的品种、规格、主要性能和技术指标必须符合设计要求,要有出厂合格证明。

3. 地毯胶黏剂

地毯在固定铺设时,需要用胶黏剂的地方通常有两处:一处是地毯与地面黏结时用;另一处是地毯与地毯连接拼缝用。常用的胶黏剂是用天然乳胶和增稠剂、防霉剂配置而成的,其黏结力强,无毒、不霉、快干,半小时之内就会有足够的黏结强度,使用张紧器时不脱缝,揭起地毯后不留痕迹,施工简便。

地毯常用的胶黏剂有两类:一类是聚醋酸乙烯胶黏剂;另一类是合成橡胶胶黏剂。这两类胶黏剂中均有很多不同品种,在选用时宜参照地毯厂家的建议,采用与其他地毯背衬材料配套的胶黏剂。

第四章　卷材地面铺装的装饰性

4. 倒刺钉板条

倒刺钉板条也称倒刺板,是用来固定地毯的。在长 1200mm、宽 24—25mm、厚 4—6mm 的胶合板上斜钉两排铁钉(俗称朝天钉),其斜角为 60°—75°,用于勾挂地毯,并等距设置 7—9 枚水泥钢钉将板条固定于楼地面。

5. 铝合金收口条

铝合金收口条一般用于地毯端头露明处,以防止地毯外露毛边,影响美观,同时也起到固定作用。在地面有高差的部位,如室内卫生间或厨房地面,一般均低于室内房间地面 20mm 左右,在这样的两种地面的交接处,地毯收口多采用"L"形铝合金收口条。

铝合金收口条兼真固定和收口的双重作用。用在地毯端头暴露处、地毯与其他饰材交接处和地面高低部位收口处,以保证美观和保护地毯端头。

6. 金属压条

为了防止地毯被踩踏损坏或毛边破坏,要选用铝合金压条或锑条来紧固地毯。

(二) 基层的准备工作

对于铺设地毯的基层要求是比较高的,因为地毯大部分为柔性材料,有些是价格较高的高级材料,如果基层处理不符合要求,很容易造成对地毯的损伤。对基层的基本要求有以下三个方面。

(1) 铺设地毯的基层要求具有一定的强度,一般是基层混凝土或水泥砂浆层达到设计强度后才能进行铺设。

(2) 基层表面必须平整,无凹坑、麻面、裂缝,并保持清洁。如果有油污,需用丙酮或松节油擦洗干净。对于高低不平处,应预先用水泥砂浆抹平。

(3) 在木地板上铺设地毯时,应当特别注意木板上的钉头或其他突出物,以防止损坏地毯而影响地毯的美观和整体性。

(三) 地毯铺设的机具准备

地毯铺设的专用工具和机具,主要有张紧器、裁毯刀、扁铲、墩拐和裁边机等。

1. 张紧器

张紧器即地毯撑子,分为大小两种。大撑子主要用于大面积撑紧铺毯，操作时通过可伸缩的杠杆撑头及铰接撑脚将地毯张拉平整，撑头与撑脚之间可加长连接管，以适应房间尺寸，使撑脚顶住对面墙。小撑子用于墙角或操作面狭窄处，操作者用膝盖顶住撑子尾部的空心橡胶垫，两手自由操作。地毯撑子的扒齿长短可调，以适应不同厚度的地毯，不用时可将其扒齿缩回。

2. 裁毯刀

地毯的裁毯刀分为手握裁刀和手推裁刀两种。手握裁刀用于地毯铺设操作时的少量裁割；手推裁刀用于施工前大批量地毯的剪裁下料。

3. 扁铲

扁铲是地毯黏贴施工特殊部位所使用的工具，主要用于墙角处或踢脚板下端的地毯掩边。

4. 墩拐

用于钉固倒刺钉板条时，如果遇到障碍不易敲击，即可用墩拐垫在地毯下面砸。

5. 裁边机

裁边机用于施工现场的地毯裁边，可以高速转动并以 3m/min 的速度向前推进。地毯裁边机使用非常方便，进行裁割时不会使地毯边缘处的纤维产生硬结而影响拼缝连接。

三、施工过程

（一）施工条件

（1）室内的其他装饰项目已经完成。
（2）地面铺设地毯时必须加做防潮层（水乳型橡胶沥青、油毡等），并在防潮层上做细石混凝土，按 1∶1 水泥砂浆压实赶光。
（3）需铺设地毯房间的踢脚板已经做好。
（4）大面积施工前应先放样确认。

（二）安全生产措施

（1）注意手持电动工具的安全防护。
（2）注意临时用电的使用安全。
（3）操作现场严禁烟火。

第四章　卷材地面铺装的装饰性

（4）地毯、胶黏剂和有机溶剂要有专业库房保存，并且远离生活区。

（三）活动式地毯的铺设

所谓活动式地毯的铺设，是指将地毯明摆浮搁在地面基层上，不需要将地毯同基层固定的一种铺设方式。这种铺设方式施工简单，容易更换，但其应用范围有一定的局限性，一般适用予以下几种情况。

（1）装饰性工艺地毯主要是为了装饰，铺置于较为醒目的部位，以烘托气氛，显示豪华气派，因此需要随时更换。

（2）在人活动不频繁或四周有重物压住的地方可采用活动式铺设。

（3）小型方块地毯一般基底较厚，其重量较大，人在其上面行走不易卷起，同时也能加大地毯与基层接触面的黏滞性，承受外力后会使方块地毯之间更加密实，因此也可采用活动式铺设。

根据国家标准《建筑地面工程施工质量验收规范》（GB 50209—2002）中的规定，活动式地毯铺设应符合下列规定。

（1）地毯拼成整块后直接铺在洁净的地面上，地毯周边应塞入踢脚线下。

（2）与不同类型的建筑地面连接时，应按照设计要求做好收口。

（3）小方块地毯铺设，块与块之间应当挤紧贴牢。

地毯在采用活动式铺贴时，对基层处理要求比较严格，尤其要求基层的平整光洁，不能有突出表面的堆积物，其平整度要求用2m直尺检查时偏差应≤2mm。按地毯方块在基层弹出分格控制线，宜从房间中央向四周展开铺排，逐块就位，放稳、贴紧并相互靠紧，至收口部位按设计要求选择适宜的收口条。

地毯与其他材质地面交接处，如果标高一致时，可选用铜条或不锈钢条；如果标高不一致时，一般应采用铝合金收口条，将地毯的毛边伸入收口条内，再将收口条端部砸扁，即起到收口和边缘固定的双重作用。重要部位也可配合采用黏贴双面黏结胶带等稳固措施。

其操作流程为：清理基层→裁切地毯→接缝缝合→铺贴→清洁。

（四）固定式地毯的铺设

由于活动式铺设在使用范围方面有一定的局限性，因此，在地面装饰工程中大量采用的还是固定式铺设。此铺设可以有两种施工方法：一种是用胶黏剂固定地毯；另一种是用倒刺钉板条固定地毯。适用第一种方法的地毯是不设垫层的地毯，根据铺设部位的使用要求，可采用局部涂胶黏结、在基层上涂满胶黏剂进行铺贴。适用第二种方法的地毯是底部设

地面铺装的装饰性

有单独弹性胶垫的地毯,将地毯背面固定在倒刺板的小钉钩上。

1. 地毯倒刺板固定方法

用倒刺板固定地毯的施工工艺主要为:尺寸测量→裁毯与缝合→踢脚板固定→倒刺板条固定→地毯拉伸与固定→清扫地毯。

（1）尺寸测量

尺寸测量是地毯固定前重要的准备工作,关系到下料的尺寸大小和房间内铺贴质量。测量房间尺寸一定要精确,长、宽净尺寸即为裁毯下料的依据,要按房间和所用地毯的型号进行统一登记编号。

（2）裁毯与缝合

精确测量好所铺地毯部位尺寸及确定铺设方向后,即可进行地毯的裁切。化纤地毯的裁切应在室外平台上进行,按房间形状尺寸裁下地毯。每段地毯的长度要比房间的长度长 20mm,宽度要以裁去地毯边缘线后的尺寸计算。先在地毯的背面弹出尺寸线,然后用手推裁刀从地毯背面剪切。裁好后卷成卷编上号,运进相应的房间内。如果是圈绒地毯,裁切时应从环毛的中间剪开;如果是平绒地毯,应注意切口处绒毛的整齐。

加设垫层的地毯,裁切完毕后虚铺于垫层上,然后再卷起地毯,在拼接处进行缝合。地毯接缝处在缝合时,先将其两端对齐,再用直针每隔一段距离,先缝上几针进行临时固定,然后再用大针进行全面缝。如果地毯的拼缝较长,宜从中间向两端缝,也可以分成几段,几个人同时作业。

背面缝合完毕,在缝合处涂刷 5—6cm 宽的白乳胶,然后将预先裁好的布条黏贴上,也可用塑料胶纸黏贴于缝合处,保护接缝处不被划破或勾起。将背面缝合完毕的地毯平铺好,再用弯针在接缝处做绒毛密实的缝合,用弯针缝合,其表面可以做到不显拼缝。

（3）踢脚板固定

铺设地毯房间的踢脚板,常见的有木质踢脚板和塑料踢脚板。塑料踢脚板一般由工厂加工成品,用黏结剂将其黏结到基层上。木质踢脚板一般有两种材料:一种是夹板基层外贴柚木板一类的装饰板材,然后表面刷漆;另一种是木板,常用的有柚木板、水曲柳、红白松木等。

踢脚板不仅可以保护墙面的底部,同时也是地毯的边缘收口。木质踢脚板的固定,较好的办法是用平头木螺丝拧到预埋木砖上,平头应沉入板内 0.5—1mm,然后用腻子补平。如果墙体上未预埋木砖,也可以用高强水泥钉将踢脚板固定在墙上,将铁钉的头部敲扁,并沉入板内 1—1.5mm,然后用腻子刮平。

踢脚板底部要离开地面 8mm 左右,以便于地毯掩边。踢脚板的油漆,应于地毯铺设前涂刷完毕,如果在地毯铺设后再刷油漆,地毯表面应加以

第四章 卷材地面铺装的装饰性

保护。木质踢脚板表面油漆可按设计要求,使用清漆或混色油漆均可。但要特别注意,在选择油漆做法时,应根据踢脚板材质情况,扬长避短。如果木质较好、纹理美观,宜选用透明的清漆;如果木质较差、节疤较多,宜选用调和漆。

（4）倒刺板条固定

采用成卷地毯铺设地面时,以倒刺板将地毯固定的方法很多。将基层清理干净后,便可沿踢脚板的边缘用高强水泥钉将倒刺板钉在基层上,钉的间距一般为40cm左右。如果基层空鼓或强度较低,应采取措施加以纠正,以保证倒刺板固定牢固。可以加长高强水泥钉,使其穿过抹灰层而固定在混凝土楼板上；也可将空鼓部位打掉,重新抹灰或下木楔,等强度达到要求后,再将高强水泥钉打入。倒刺板条要离开踢脚板面8—10mm,便于用锤子砸钉子。如果铺设部位是大厅,在柱子四周也要钉上倒刺板条,一般的房间沿着墙钉。

（5）地毯拉伸与固定

对于裁切与缝合完毕的地毯,为保证地毯铺贴的尺寸准确；要用一定力进行拉伸。先将地毯的一条长边挂在倒刺板条上,将地毯背面牢挂于倒刺板朝天小钉钩上,把地毯的毛边掩到踢脚下面。为使地毯保持平整,应充分利用地毯撑子(张紧器)对地毯进行拉伸。用手压住地毯撑子,再用膝盖顶住地毯撑子,从一个方向一步一步推向另一边。如果面积较大,几个人可以同时操作。若一遍未能将地毯拉平,可再重复拉伸,直至拉平为止,然后将地毯固定于倒刺板条上,将毛边掩好。对于长出的地毯,用裁毯刀将其割掉。一个方向拉伸完毕,再进行另一个方向的拉伸,直至将地毯四个边都固定于倒刺板条上。

（6）清扫地毯

在地毯铺设完毕后,表面往往有不少脱落的绒毛和其他东西,待收口条固定牢固后,应当用吸尘器认真地清扫一遍。铺设后的地毯在交工前,应禁止行人在上面大量走动,否则会加重清理工作量。

2. 地毯胶黏剂的固定方法

用胶黏剂黏结固定地毯,一般不需要放垫层,只需将胶黏剂刷在基层上,然后将地毯固定在基层上。涂刷胶黏剂的做法有两种,一是局部刷胶；二是满刷胶。人不常走动的房间地毯,一般多采用局部刷胶的方式,如宾馆的地面,家具陈设能占去50%左右的面积,供人活动的地面空间有限且活动也较少,所以可采用局部刷胶做法固定地毯。在人活动频繁的公共场所,地毯的铺贴固定一般宜采用满刷胶。使用胶黏剂黏贴固定地毯,地毯一般要具有较密实的基底层,在绒毛的底部粘上一层厚度为

地面铺装的装饰性

2mm 左右的胶,根据基层材料和地毯材料不同,有的采用橡胶,有的采用塑胶,有的使用泡沫胶。不同的胶底层对耐磨性影响较大,有些重度级的专业地毯,胶的厚度达 4—6mm,在胶的下面贴一层薄毡片。

刷胶可选用铺贴塑料地板用的胶黏剂。胶刷在基层上,静停一段时间后,便可铺贴地毯。铺设的方法应根据房间的尺寸灵活掌握。如果是铺设面积不大的房间地毯,将地毯裁割完毕后,在地面中间刷一块小面积的胶,然后将地毯铺放,用地毯撑子往四边撑拉,在沿墙四边的地面上涂刷 12—15cm 宽的胶黏剂,使地毯与地面黏贴牢固。刷胶可按 $0.05kg/m^2$ 的涂布量使用,如果地面比较粗糙时,涂布量可适当增加。如果是面积狭长的走廊或影剧院观众厅的走道等处地面的地毯铺设,宜从一端铺向另一端,为了使地毯能够承受较大的动力荷载,可以采用逐段固定、逐段铺设的方法。其两侧长边在离边缘 2cm 处将地毯固定,纵向每隔 2m 将地毯与地面固定。

当地毯需要拼接时,一般是先将地毯与地毯拼缝,下面衬上一条 10cm 宽的麻布带,胶黏剂按 $0.8kg/m^2$ 的涂布量使用,将胶黏剂涂布在麻布带上,把地毯拼缝粘牢,有的拼接采用一种胶烫带,施工时利用电熨斗熨烫使带上的胶熔化而将地毯接缝黏结。两条地毯间的拼接缝隙应尽可能密实,使其看不到背后的衬布。

(五)楼梯地毯的铺设

铺设在楼梯上的地毯,由于人行来往非常频繁,且上上下下与人身安全密切相关,因此楼梯地毯的铺设必须保证施工质量,使其质量完全符合国家有关标准的规定。

1. 施工准备工作

施工准备的材料和机具主要包括:地毯固定角铁及零件、地毯胶黏剂、设计要求的地毯、铺设地毯用钉及铁锤等工具。如果选用的地毯是背后不加衬的无底垫地毯,则应准备海绵衬垫料。

测量楼梯每级的深度与高度,以便估计所需地毯的用量。将测量的深度与高度相加乘以楼梯的级数,再加上 45cm 的余量,即估算出楼梯地毯的用量。准备余量的目的是为了便于在使用时可挪动地毯,转移常受磨损的位置。

对于无底垫地毯而言,在地毯下面使用楼梯垫料以达到增加吸声功能和使用寿命的目的。衬垫的深度必须自中楼梯竖板,并可延伸至每级踏板外 5cm 以便包覆。

第四章 卷材地面铺装的装饰性

2. 铺贴的施工工艺

（1）将衬垫材料用倒刺板条分别钉在楼梯阴角两边，两木条之间应留出15mm的间隙，用预先切好的挂角条（或称无钉地毯角铁），以水泥钉钉在每级踏板与压板所形成的转角衬垫上。如果地面较硬用水泥钉钉牢困难时，可在钉位处用冲击钻打孔埋入木楔，将挂角条钉固于木楔上。挂角条的长度应小于地毯宽度20mm左右。挂角条是用厚度为1mm左右的铁皮制成的，有两个方向的倒刺抓钉，可将地毯不露痕迹地抓住。

在一般情况下，地毯底部最好设置衬垫。如果不设置地毯衬垫，可将挂角条直接固定于楼梯梯级的阴角处。

（2）地毯要从楼梯的最高一级开始铺起，将始端翻起在顶级的竖板上钉住，然后用扁铲将地毯压在第一条角铁的抓钉上。把地毯拉紧包住楼梯梯级，顺着竖板而下，在楼梯阴角处用扁铲将地毯压进阴角，并使倒刺板木条上的朝天钉紧紧勾住地毯，然后铺设第二条固定角铁。这样连续下来直到最后一个台阶，将多余的地毯朝内折转钉于低级的竖板上。

（3）所用地毯如果已有海绵衬底，即可用地毯胶黏剂代替固定角铁，将胶黏剂涂抹在压板与踏板面上黏贴地毯。在铺设前，把地毯的绒毛理顺，找出绒毛最为光滑的方向，铺设时以绒毛的走向朝下为准。在梯级阴角处先按照前面所述钉好倒刺板条，铺设地毯后用扁铲敲打，使倒刺钉将地毯紧紧抓住，在每级压板与踏板转角处用不锈钢钉拧固铝角防滑条。

（六）细部处理

（1）要注意门口压条、地面与管道、不同颜色地毯交接处、踢脚板等部位地毯的套割、固定和掩边工作，必须黏结牢固，不要有补接的痕迹。

（2）楼梯地毯的铺设。因为楼梯是行人通过频繁的部位，所以楼梯地毯的铺设关键是要保证铺设稳固、妥贴、安全。施工流程如下：①将衬垫材料用地板木条分别钉在楼梯阴角两边，两木条相距约15mm。如果所选用的地毯没有衬垫，那就要另外选用垫料。②用预先切好的地毯角铁钉在每级踏板之间形成转角的衬垫上，由于整条角铁都有突起的抓钉，故能不露痕迹地将整条地毯抓牢。③铺设地毯时应从楼梯踏步开始。将端头翻起在最上一级的踢板上，然后用扁铲将地毯固定在第一套角铁的抓钉上，再把地毯拉紧包住梯阶。循踢板而下，在楼梯阴角处用扁铲将地毯压进阴角，并使抓钉紧紧抓住地毯，然后铺第二套固定角铁。这样连续下去直到最下一级，将多余的地毯朝内折转，钉于最下一级的踢板上。④如果所选用的地毯已经有海绵衬垫，那么可以用地毯胶黏剂代替固定角铁，

· 149 ·

地面铺装的装饰性

将胶黏剂涂抹在踢板、踏板上黏贴地毯。铺设时找出绒毛最光滑的方向朝下铺贴,在梯阶阴角处用扁铲敲打,使地毯能被地板木条上的抓钉紧紧抓住。在每阶踢板、踏板转角处用不锈钢螺钉拧紧铝角防滑条。

四、质量通病及防治措施

在地毯的铺设过程中或铺设完成后,可能会出现一些比较常见的工程质量问题,其质量通病及防治措施见表 4-1。

表 4-1 地毯铺设的质量通病及防治措施

质量通病	产生原因	防治措施
卷边、翻边	1. 地毯固定不牢 2. 地毯黏结不牢	1. 墙边、柱边应钉好倒刺板,以固定地毯 2. 选用优质地板胶,刷胶要均匀,铺贴后应拉平压实
表面不平、起皱鼓包	1. 地面本身不平整 2. 铺设时两边用力不一致,使地毯摊开过程中发生方向偏移,地毯出现局部皱褶 3. 铺设时地毯没有绷紧 4. 地毯受潮后出现胀缩,造成地毯皱褶。	1. 地表面不平面积不应大于 $4mm^2$ 2. 铺设地毯时,必须用大撑子撑头,小撑子或专用张紧器张拉平整后方可固定 3. 铺设后应避免地毯受潮
显露接缝,收口不顺直	1. 接缝绒毛未做处理 2. 收口处未弹线,收口不平顺 3. 裁切地毯时,尺寸有偏差或不顺直,使缝处出现细缝 4. 烫地毯时未将接缝烫平	1. 地毯接缝处用弯针操作使绒毛密实缝合 2. 收口处先弹线,再用收口压条压直 3. 根据房间尺寸进行裁切,不得偏大或偏小 4. 在地毯接缝处要绷紧拼缝,严密后再烫平
发霉	1. 首层地面未做防潮处理 2. 铺设地毯时地面含水率过大	1. 首层地面必须做防潮层 2. 地面含水率不得大于 8%

五、成品保护

(1)注意保护好上道工序已完成的各分项分部工程成品。

(2)材料进场后,要重视堆放、运输和操作过程中的保管工作,避免风雨侵蚀、人为破坏等。

(3)要小心管理倒刺板、挂毯条和钢钉等,要及时清理余料,避免遗漏在地毯下方,否则必须返工重铺。

（4）严格执行工序交接制度，每道工序施工完毕后，要及时清理杂物、清洁被污染的部分。切记要关闭门窗和水龙头，防止地毯被浸泡。

（5）施工现场严格禁烟，设专人进行消防、保卫和成品保护监督。

六、质量验收标准和检验方法

根据国家标准《建筑地面工程施工质量验收规范》（GB 50209—2002）的规定，地毯地面的质量验收标准和检验方法如下。

1. 一般规定

（1）地毯面层采用方块、卷材地毯在水泥类面层（或基层）上铺设。

（2）水泥类面层（或基层）表面应坚硬、平整、光洁、干燥，无凹坑、麻面、裂缝，并应清除油污、钉头和其他突出物。

（3）海绵衬垫应满铺平整，地毯拼缝处不露底衬。

（4）固定式地毯铺设应符合下列规定。

①固定地毯用的金属卡条（倒刺板）、金属压条、专用双面胶带等必须符合设计要求。

②铺设的地毯张拉应适宜，四周卡条固定牢；门口处应用金属压条等固定。

③地毯周边应塞入卡条和踢脚板之间的缝中。

④黏贴地毯时应用胶黏剂与基层黏贴牢固。

（5）活动式地毯铺设应符合下列规定。

①地毯拼成整块后直接铺在洁净的地上，地毯周边应塞入踢脚板下。

②与不同类型的建筑地面连接处，应按设计要求收口。

③小方块地毯铺设，块与块之间应挤紧服贴。

2. 主控项目

（1）地毯的品种、规格、颜色、花色、胶料和辅料及其材质必须符合设计要求和国家现行地毯产品标准的规定。

检验方法：观察检查和检查材质合格记录。

（2）地毯表面应平服，拼缝处黏结牢固、严密平整、图案吻合。

检验方法：观察检查。

3. 一般项目

（1）地毯表面不应起鼓、起皱、翘边、卷边、显拼缝、露线和毛边，绒面毛顺光一致，毯面干净，无污染和损坏。

检验方法：观察检查。

（2）地毯同其他面层连接处、收口处和墙边、柱子周围应顺直、压紧。

检验方法：观察检查。

第二节　塑料地面装饰工艺

塑料地板主要指塑料地板革、塑料地板砖等，它是用PVC塑料和其他塑料加入一些添加剂，通过热挤压法而生产的一种片状地面装饰材料。塑料地板具有质轻、表面光滑、一定的耐磨性、易清洁、有弹性、隔声、防潮等优点，色彩鲜艳，有各种色彩和图案花色，具有运输、铺贴、施工方便损坏后易于调换等优点。

塑料地板主要用于办公室、计算机机房、会议室、展览厅、宾馆、住宅、医院等人流量不是很大的建筑地面。塑胶地板适用于体育场馆地坪、球场和跑道等地面装饰。

一、构造做法

塑料地板的构造做法是在基层上用水泥砂浆找平，再用专用胶黏剂将面层材料固定，具体做法如图4-2所示。

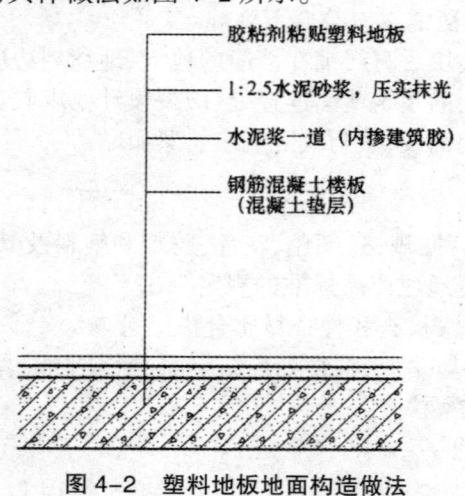

- 胶粘剂粘贴塑料地板
- 1:2.5水泥砂浆，压实抹光
- 水泥浆一道（内掺建筑胶）
- 钢筋混凝土楼板（混凝土垫层）

图4-2　塑料地板地面构造做法

第四章　卷材地面铺装的装饰性

二、塑料地板地面的施工准备

塑料地板地面的施工准备工作与其他材料的地面施工一样,主要包括装饰材料准备、作业条件准备和施工机具准备。

（一）装饰材料准备

塑料地板的种类很多,按材料性质可分为硬质塑料地板、半硬质塑料地板和弹性塑料地板,按产品外形可分为块状塑料地板和卷状塑料地板。地面工程施工时所用的塑料地板材料,主要包括塑料地板、胶黏剂和聚氯乙烯焊条等。其中常用的塑料地板有聚氯乙烯塑料（PVC）地板、氯化聚乙烯卷材（CPE）地板等。

1. 塑料地板

目前,国内塑料地板、塑胶地板材料的品种已有上百种。塑料地板按掺入树脂来分,有聚氯乙烯塑料地板、氯乙烯；醋酸乙烯塑料地板、氯化聚乙烯塑料地板和聚丙烯塑料地板。树脂中加入一定比例的橡胶可制成塑胶地板。按其组成和结构,塑料地板可分为单色地板、透底花纹地板和印花压花地板。按其材质的软硬程度可分为硬质、半硬质和软质地板。按其外形可分为块状塑料地板、卷材塑料地板。块状塑料地板多为半硬质聚氯乙烯地板；卷材塑料地板多为软质聚氯乙烯、氯乙烯地板；聚氯乙烯地板是使用最广的一种塑料地板。

（1）聚氯乙烯塑料地板

聚氯乙烯塑料地板采用的地板板块应该平整、光洁、无裂纹、均匀、厚薄一致、边缘平直；板内不应有杂物和气泡,并符合产品的各项技术指标。软质塑料地板质软有弹性,耐磨性和延伸率明显优于硬质塑料地板,适用于弹性要求较高、耐腐蚀、高度清洁的房间。

聚氯乙烯塑料（PVC）地板具有色彩丰富、装饰性强、耐水性好、抗冲击性优、耐久性好等优点,尤其是其耐磨性非常突出,这是这种塑料地板用量较大的重要原因。

（2）氯化聚乙烯卷材（CPE）地板

氯化聚乙烯卷材地板作为地面材料,除了有氯化聚乙烯塑料地板的基本特点外,它的耐磨性能和延伸率明显优于氯化聚乙烯塑料地板。

2. 胶黏剂

塑料地板黏贴施工所用的胶黏剂,应当根据基层材料和面层材料的

地面铺装的装饰性

使用要求通过试验来确定。可以采用聚醋酸乙烯乳液(乙烯类)、氯丁橡胶型、聚氨酯、环氧树脂、合成橡胶溶液型、沥青类和多功能建筑胶等。

施工中采用的胶黏剂,应该存放在阴凉通风、干燥的室内;超过生产期3个月的产品,应取样检验合格后方可使用;超过保质期的产品,不得使用。胶黏剂选用应符合国家标准《民用建筑工程室内环境污染控制规范》(GB 50325—2001)的规定。铺贴塑料地板的胶黏剂种类很多,其产品的名称和性能特点见表4-2。

表4-2 铺贴塑料地板的胶黏剂名称和性能特点

名称	性能特点	注意事项
氯丁胶	需双面涂胶,速干,初粘力大,有刺激性挥发气体。施工现场要防毒、防燃	胶黏剂在使用前必须经过充分拌和方能使用。对双组分胶粘剂,要先将各组分分别搅拌均匀,再按规定配比准确称量,然后将两组混合,再次搅拌均匀后才能使用。胶黏剂不用时,切勿打开容器盖,以防溶剂挥发影响质量。使用时每次取量不宜太多,特别是双组分胶黏剂的配胶量要严格掌握,配好后放置的时间不超过2—4h。由于溶剂型粘剂易燃,带有刺激性。因此在施工现场严禁明火和吸烟,并要求有良好的通风条件。
202胶	速干,黏结强度大,可用于一般耐水、耐酸碱工程。使用双组分要混合均匀,价格较贵	
JY-7胶	需双面涂胶,速干,初粘力大,低毒,价格相对较低	
水乳型氯乙胶	不燃,无味,无毒,初粘力大,耐水性好,对较潮湿基层也能施工,价格较低	
聚醋酸乙烯胶	使用方便,速干,黏结强度好,价格较低,对较潮湿基层也能施工,耐火性差	
405聚氨酯胶	固化后有良好的黏结力,可用于防水、耐酸碱等工程。初粘力差,黏结时需防止位移	
6101环氧胶	有很好的黏结力,一般用于地下室、地下水位高或人流量大的场合,黏结时要预防胺类固化剂对皮肤的刺激,价格较高	
立时得胶	日本产,黏结效果好,速度快	
VA黄胶	美国产,黏结效果好	

3. 聚氯乙烯焊条

聚氯乙烯焊条的拉伸强度不得低于10MPa,在15℃时弯180°后不得有裂纹。焊条表面应平整光洁,无孔眼、节瘤、裂纹、皱皮等缺陷,焊条内部不得有气泡。表4-3为常用聚氯乙烯焊条的规格和型号。

表4-3 聚氯乙烯焊条的规格和型号　　单位:mm

种类	截面形式	边宽或直径	长度	被焊材料厚度
软聚氯乙烯焊条	等边三角形	4.2 ± 0.6		
硬聚氯乙烯焊条	圆形	2.0 ± 0.3 3.0 ± 0.3 4.0 ± 0.3	500—700	2—5 1.5—2.5 16以上

第四章　卷材地面铺装的装饰性

除了上述材料外,还应准备适量的普通水泥、清洁剂(丙酮、汽油等)、108胶等。

(二)作业条件准备

施工前要做好样板间,有拼花要求的地面应预先绘制大样图。

其他如顶面、墙面的装饰施工等可能造成建筑地面潮湿的施工工序全部完成。在铺设施工前应使房间干燥,避免在潮湿的环境中进行铺装。塑料地板施工时室内的相对湿度不应大于800A,施工作业温度不得低于10℃。

(三)施工机具准备

常用的施工机具有锯齿形涂胶刀、划线器、橡胶滚筒、橡胶压边滚筒、大压辊、焊枪、变压器、空气压缩机、切口刀、条刀、焊条压辊、橡胶锤、划针(钢锥)、画线两脚规、钢直尺、方尺、刷子、毛巾、纱线头、墨斗等,部分机具如图4-3所示。

1. 锯齿形涂胶刀

锯齿形涂胶刀是涂胶黏剂的专用工具:锯齿的尺寸由涂胶量决定,如图4-3a所示。

2. 划线器

划线器用于曲线形聚氯乙烯板材裁切。它是一根金属杆,中间开槽同于固定划针,划针离前端的距离可以调节,如图4-3b所示。

3. 橡胶滚筒

橡胶滚筒用于滚压地面面层用,有单滚和双滚两种,如图4-3c所示。

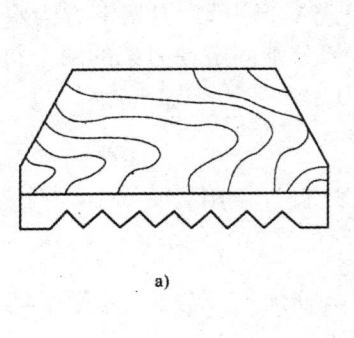

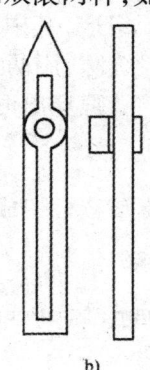

a)

b)

地面铺装的装饰性

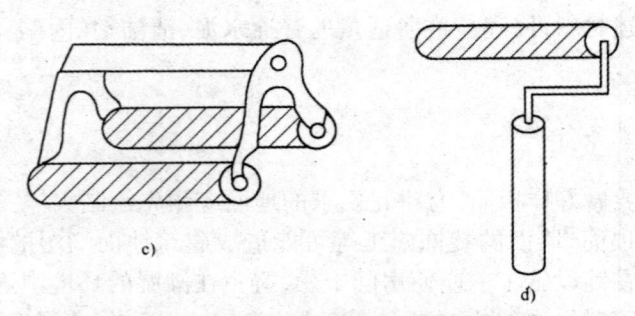

图 4-3 塑料地面施工的部分机具

a）锯齿形涂胶刀 b）划线器 c）橡胶滚筒 d）橡胶压边滚筒

4. 橡胶压边滚筒

橡胶压边滚筒用于地面面层边缘滚压用，如图 4-3d 所示。

5. 大压辊

大压辊用于地面面层压平，辊的质量在 25kg 左右，可用铁辊包一层橡胶制成。

6. 焊枪

枪嘴直径要与焊条相适，功率为 400—500W。

7. 变压器

每把焊枪配 1kVA 的调压变压器。

8. 空气压缩机

气压为 0.08—0.1MPa，每台可带 8 支焊枪。

9. V 形缝切口刀

由三片钢板组成，其中两片组成 V 形刀架，刀架下方为水平底板，底板上开有两小段缝隙，用两片刮脸刀分别固定在刀架的两个斜面上，刀片的一角从底板的缝隙穿出形成切刀。

10. 条刀

用于将软质塑料板切成 V 形条，做焊条用。

11. 焊条压辊

用直径 15mm、长 30mm 铝合金管加工成鼓形，并用手柄连接，用以推压焊缝。

三、塑料地板地面的工艺流程及操作要点

塑料地板按其性质不同,可分为硬质塑料地板、半硬质塑料地板、软质塑料地板和卷材塑料地板四种,在实际工程中采用较多的是后三种。由于它们的性质不同,所以其施工工艺流程也有所不同。

(一)塑料地板的工艺流程

1. 半硬质塑料地板的工艺流程

半硬质塑料地板的工艺流程是:基层处理→弹线→塑料地板脱、脂除蜡→预铺→涂胶→黏贴→辊压→清理养护。

2. 软质塑料地板的工艺流程

软质塑料地板的工艺流程是:基层处理→弹线→塑料地板脱脂除蜡→预铺斗坡口下料→涂胶→黏贴→接缝焊接→辊压→养护。

3. 卷材塑料地板的工艺流程

卷材塑料地板的工艺流程比以上两种工艺简单,主要是:裁切→基层处理→弹线→涂胶→黏贴→辊压→养护。

(二)作业条件

(1)水暖管线已安装完毕,并经试压合格;符合要求后办完验收手续。
(2)顶、墙喷浆或墙面裱糊及一切油漆活已完成。
(3)地面及踢脚板的水泥砂浆找平层已抹完,其含水率不应大于8%。
(4)室内相对湿度不应大于80%。
(5)施工前先做样板,对于有拼花要求的地面应绘出大样图,经甲方及质检部门验收后,方可大面积施工。
(6)施工温度应在10—15℃范围内,高于最高温度或低于最低温度时,最好停止施工,以免影响施工质量。

(三)安全生产措施

(1)凡使用的胶黏剂和溶剂,使用后应将容器盖子盖紧、密封好,存放阴凉处。
(2)如使用氯丁橡胶胶黏剂、环氧树脂胶黏剂等有毒性的材料,操作时应开窗通风换气,并戴防毒口罩。在较密闭的房间作业,应安装换气扇

或通风扇。

（3）注意用电安全。

（4）操作环境中注意防火。

（5）板材、胶黏剂及有机溶剂要有专用库房储存，而且远离生活区。

(三) 半硬质塑料地板的施工操作要点

1. 基层处理

基层不平整、含水率过高、砂浆强度不足或表面有油迹、尘灰、砂粒等，均会产生各种质量弊病。塑料地板最常见的质量问题有：地板起壳、翘边、鼓泡、剥落及不平整等。因此，对铺贴的基层要求其平整、坚固、有足够的强度，阴角、阳角处必须方正规矩，无污垢、灰尘和砂粒，含水率不得大于8%。不同的材料的基层，对其要求是不同的。

基层处理对铺贴基层的基本要求是平整、结实、有足够强度，各阴阳角必须方正，无污垢灰尘和砂粒，基层干燥。

（1）水泥砂浆和混凝土基层

在水泥砂浆和混凝土基层上铺贴塑料地板，其基层表面用2m直尺检查的允许空隙不得超过2mm。如果有麻面、孔洞等质量缺陷，必须用腻子进行修补，并涂刷乳液一遍，腻子应采用乳液腻子，其配合比可参考表4-4。

在进行修补时，先用石膏乳液腻子嵌补找平，然后用0号钢丝布打毛，再用滑石粉腻子刮涂第二遍；直至基层完全平整、无浮灰后，在表面再刷一道108胶水泥乳液，以增加胶结层的黏结力。

表4-4 乳液及腻子配合比

名称	聚醋酸乙烯乳液	108胶	水泥	水	石膏	滑石粉	土粉	羧甲基纤维素
108胶水泥乳液 石膏乳液腻子 滑石粉乳液腻子	1.0 0.20—0.25	0.5—0.8	1.0	6—8 适量 适量	2.0	1.0	2.0	0.10

（2）水磨石和陶瓷锦砖基层

由于水磨石和陶瓷锦砖的基层表面过于光滑，因此，对于这两种基层的处理应先用碱水洗去其表面污垢后，再用稀硫酸腐蚀表面或用砂轮进行推磨，以增加此类基层的粗糙度。这种地面宜采用耐水胶黏剂进行铺贴。

（3）木质地板基层

木板基层的木搁栅应坚实，地面突出的钉头应敲平，板缝可用胶黏剂掺加石膏粉配制成腻子进行填补平整。

2. 塑料地板的铺贴工艺

（1）弹线分格

弹线分格定位是保证设计意图、控制质量的重要步骤。按照塑料地板的尺寸、颜色、图案进行弹线分格，作为塑料地板黏贴施工的依据。塑料地板的铺贴一般有两种方式：一种是接缝与墙面成45°角，称为对角定位法；另一种是接缝与墙面平行，称为直角定位法。

①弹线以房间中心点为中心，弹出相互垂直的两条定位线。同时，要考虑到板块尺寸和房间实际尺寸的关系，尽量少出现小于1/2板宽的窄条。相邻房间之间出现交叉和改变面层颜色，应当设在门的裁口线处，而不能设在门框边缘处。在进行分格时，应距墙边留出200—300mm距离作为镶边。相邻房间面层的交界线或分色线应设置在门的裁口线处，而不是在门框边缘，以免关门后在另一房间出现两种图案或色彩形式。

如果地面图案有变化，只要拼缝整齐、直观舒适，塑料地板的拼贴样式可以多种多样，如三角形、梯形、菱形、波浪式等。

②铺贴以上面的弹线为依据，从房间的一侧向另一侧进行铺贴，这是最常用的铺贴顺序。也可以采用十字形、T字形、对角形等铺贴方式。

（2）裁切试铺

为确保地板黏贴牢固，塑料地板在裁切试铺前，应首先进行脱脂除蜡处理，将其表面的油蜡清除干净。

①将每张塑料板放进75℃左右的热水中浸泡10—20min，然后取出晾干，用棉丝蘸溶剂（丙酮：汽油=1:8的混合溶液）进行涂刷脱脂除蜡，以保证塑料地板在铺贴时表面平整、不变形和黏贴牢固。

②塑料地板铺贴前，对于靠墙处不是整块的塑料板应加以裁切，其方法是在已铺好的塑料板上放一块塑料板，再用一块塑料板的右边与墙紧贴，沿另一边在塑料板上划线，按线裁下的部分即为所需尺寸的边框。

③按设计图案要求及地面画线尺寸，选择相应颜色的塑料地板进行试拼、预铺，合格后按顺序编号，为正式铺装施工做好准备。塑料地板在裁剪时要注意留足拼花、图案对接余量，同时应搭接20—50mm，用刀从搭接中部割开，然后涂胶黏贴。

（3）刮胶

塑料地板铺贴涂胶前，应将基层清扫干净并先涂刷一层薄而匀的底子胶。涂刷要均匀一致，越薄越好，不得漏刷。底子胶干燥后，方可涂胶

地面铺装的装饰性

铺贴。

①应根据不同的铺贴地点选用相应的胶黏剂。例如 PVA 胶黏剂,适宜于铺贴两层以上的塑料地板;而耐水胶黏剂则适用于潮湿环境中塑料地板的铺贴,也可用于 -15℃ 的环境中。不同的胶黏剂有不同的施工方法。

如用溶剂型胶黏剂,一般应在涂布后晾干、溶剂挥发到手触不粘手后再进行铺贴。用 PVA 等乳液型胶黏剂时则不需要晾干过程,最后将塑料地板的黏结面打毛,涂胶后即可铺贴。采用环氧树脂胶黏剂时,应按配方准确称量固化剂(常用乙二胺)加入调和,涂布后即可铺贴。若采用双组分胶黏剂,如聚氨酯和环氧树脂等,要按组分配比正确称量预先进行配制,并及时用完。

②通常施工温度应在 10—35℃ 范围内,暴露时间为 5—15min。低于或高于此温度,不能保证铺贴质量,最好不进行铺贴。

③如果采用乳液型胶黏剂,应在塑料地板的背面刮胶;如果采用溶剂型胶黏剂,只在地面上涂胶即可。

④聚醋酸乙烯溶剂胶黏剂,甲醇挥发速度快,所以涂胶的面不能太大,稍加暴露就应马上铺贴。聚氨酯和环氧树脂胶黏剂都是双组分固化型胶黏剂,即使含有一定稀释剂,也是含量很少的,可稍加暴露铺贴。

(4)铺贴

铺贴塑料地板主要控制三个方面的问题:一是塑料地板要黏贴牢固,不得有脱胶、空鼓现象;二是缝隙和分格应当顺直,避免错缝发生;三是表面平整、干净,不得有凹凸不平及破损与污染。在铺贴中注意以下三个方面。

①对于塑料地板接缝处理,黏结坡口做成同向顺坡,搭接宽度不小于 300mm。

②铺贴时,切忌整张一次贴上,应先将边角对齐黏合,轻轻地用橡胶辊筒将地板平伏地黏贴在地面上,在准确就位后,用橡胶辊筒压实将空气赶出,或用锤子轻轻敲实。用橡胶锤子敲打应从一边向另一边依次进行,或从中心向四边敲打。

③铺贴到墙边时,可能会出现非整块地板,应准确量出尺寸后进行现场裁割。裁割后再按上述方法一并铺贴。

(5)清理

铺贴完毕后,应及时清理塑料地板表面,特别是施工过程中因手触摸留下的胶印。对溶剂胶黏剂用棉纱蘸少量松节油或 200 号溶剂汽油擦去从缝中挤出来的多余胶,对于水乳胶黏剂只需要用湿布擦去,最后上地板蜡。

第四章 卷材地面铺装的装饰性

（6）养护

塑料地板铺贴完毕要有一定的养护时间，一般为1—3d。养护内容主要有两个方面：一是禁止行人在刚铺过的地面上大量行走；二是养护期间避免沾污或用水清洗表面。

（四）软质塑料地板施工操作要点

软质聚氯乙烯地面用于需要耐腐蚀、有弹性、高度清洁的房间，这种地面造价高、施工工艺复杂。软质塑料地板可以在多种基层材料上黏贴，基层处理、施工准备和施工程序基本与半硬质塑料地面相同。

1. 料具准备工作

（1）根据设计要求和国家的有关质量标准，检验软质聚氯乙烯塑料地板的品种、规格、颜色与尺寸。

（2）应根据基层材料和面层的使用要求，通过试验确定胶黏剂的品种，通常采用401胶黏剂比较适宜。

（3）焊枪是塑料地板连接的机具，其功率一般为400—500W，枪嘴的直径宜与焊条直径相同。

（4）鬃刷是涂刷胶黏剂的专用工具，其规格为5.0cm或6.5cm。

（5）V形缝切口刀是切割软质塑料地板V形缝的一种专用刀具。

（6）压辊是用以推压焊缝的工具，也是塑料地板施工的必备工具。

2. 地板铺贴施工

（1）分格弹线

基层分格的大小和形状，应根据设计图案、房间面积大小和塑料地板的具体尺寸确定。在确定分格弹线时应当考虑以下因素。

①分格时应当尽量减少焊缝的数量，兼顾分格的美观和装饰效果。因此，一般多采用软质聚氯乙烯塑料卷材。

②从房间的中央、向四周分格弹线，以保证分格的对称和美观。房间四周靠墙处不够整块者，尽量按镶边进行处理。

（2）下料及脱脂

将塑料地板平铺在操作平台上，按照基层上分格的大小和形状，在板面上画出切割线，用V形缝切口刀进行切割。然后用湿布擦洗干净已切好的板面，再用丙酮涂擦塑料地板的黏贴面，以便脱脂去污。

（3）预铺

在塑料面板正式黏贴的前一天，将切割好的塑料板块运入待铺设的房间内，按分格弹线进行预铺。预铺时，尽量照顾色调一致、厚薄相同。

地面铺装的装饰性

铺设好的塑料板块一般不得再搬动,待次日黏贴。

（4）黏贴

①将预铺好的塑料地板翻开,先用丙酮或汽油把基层和塑料板黏贴面全部涂刷一遍,以便更彻底脱脂去污。待表面的丙酮或汽油挥发后,将瓶装的 401 胶黏剂按 0.8kg/m² 的 2/3 量倒在基层和塑料板黏贴面上,用鬃刷纵横涂刷均匀;待 3—4min 后,将剩余的 1/3 胶液,以同样的方法涂刷在基层和塑料板上;待 5—6min 后,将塑料地板四周与基线分格对齐,调整拼缝至符合要求后,再在板面上施加压力,然后从板块的中央向四周来回辊压,排出板下的全部空气,使板面与基层黏贴紧密,最后排放砂袋进行静压。

②对有镶边者,应当先黏贴大面,后黏贴镶边部分;对无镶边者,可由房间最里侧往门口黏贴,以保证已黏贴好的板面不受人行走的干扰。

③塑料地板黏贴完毕后,在 10d 内施工地点的温度要保持在 10—30℃,环境湿度不超过 70%,在黏贴后的 24h 内不能在其上面走动和其他作业。

（5）焊接

为使焊缝与板面的色调一致,应使用同种塑料板上切割的焊条。

①黏贴好的塑料地板,至少要经过 2d 的养护才能对拼缝施焊。在施焊前,先打开空压机,用焊枪吹去拼缝中的尘土和砂粒,再用丙酮或汽油将表面清洗干净,以便进行施焊。

②施焊前应检查压缩空气的纯度,然后接通电源,将调压器调节到 100—200V,压缩空气控制在 0.05—0.10MPa,热气流温度一般为 200—250℃,这样便可以施焊。施焊时按 2 人一组进行组合,1 人持枪施焊,1 人用压辊推压焊缝。施焊者左手持焊条,右手握焊枪,从左向右依次施焊,持压辊者紧跟施焊者进行施压。

③为使焊条、拼缝同时均匀受热,必须使焊条、焊枪喷嘴保持在拼缝轴线方向的同一垂直面内,且使焊枪喷嘴均匀上下撬动,撬动次数为 1—2 次/s,幅度为 10mm 左右。持压辊者同时在后边推压,用力和推进速度应均匀。

（五）卷材塑料地板的施工操作要点

1. 材料准备

根据房间尺寸大小,从 PVC 卷材上切割料片,由于这种材料切割后会发生纵向收缩,因此下料时应留有一定的余地。将切割下来的卷材片依次编号,以备在铺设时按次序进行铺贴,这样可以使相邻料片之间的色差不会太明显。对于切割下来的料片应在平整的地面上静置3—6d,使其充分收缩,以保证铺贴质量。

2. 定位裁切

堆放并静置后的塑料片,按照其编号顺序放在地面上,与墙面接触处应翻上去2—3cm。为使卷材平伏便于裁边,在转角(阴角)处切去一角,遇阳角时用裁刀在阴角位置切开。裁切刀必须锐利,使用过程中要注意及时磨快,以免影响裁边的质量。裁切刀既要有一定的刚性,又要有一定的弹性,在切墙边部位时可以适当弯曲。

卷材与墙面的接缝有两种做法:如果技术熟练、经验丰富,可直接用切刀沿墙线把翻上去的多余部分切去;如果技术不熟练,最好采用先划线、后裁切的做法。卷材料片之间的接缝一般采用对接法。对无规则花纹的卷材切割比较容易,对有规则图案的卷材,应先把两片边缘的图案对准后再裁切。对要求无接缝的地面,接缝处可采用焊接的方法,即先用坡口直尺切出V形接缝,熔入同质同色焊条,表面再加以修整,也可以用液体嵌缝料使接缝封闭。

3. 铺贴施工

黏贴的顺序一般以一面墙开始黏贴。黏贴的方法有两种:一种是横叠法,即把料片横向翻起一半,用大涂胶刮刀进行刮胶,接缝处留下50cm左右暂不涂胶,以留做接缝,黏贴好半片后,再将另半片横向翻起。以同样方法涂胶黏贴;另一种是纵卷法,即纵向卷起一半先黏贴,而后再黏贴另一半。

四、塑料地板地面的注意事项

在塑料地板施工过程中,影响其质量的因素很多。这些因素既有材料本身的问题,也有施工中环境条件、施工工艺等方面的问题。为确保塑料地板工程的质量,在施工中应当注意以下事项。

(1)施工环境温度是保证施工质量的重要条件,一般施工温度应控制在10℃—15℃范围内,当高于15℃或低于10℃最好停止施工,以免影响施工质量。

(2)在进行塑料地板铺贴时,基层必须清理干净,要特别注意不能有小砂粒,所以黏贴施工时应在操作室备有专用鞋,并禁止非施工人员入内。

(3)塑料地板表面要平整、干净,不得有凹凸不平及污染、破损。

地面铺装的装饰性

（4）胶的湿度对塑料地板的黏贴有极大的影响,若用手触摸不干就铺贴,很容易撕开;胶干后再进行黏贴,其黏结力较强。

（5）在进行塑料地板的黏贴时,要用橡皮锤从中间向四周敲击,将黏贴塑料地板时存留的气泡赶净;使塑料地板与基层贴牢,不得出现脱胶空鼓的质量问题。

（6）聚氯乙烯塑料(PVC)卷材应在黏贴前 3—6d 进行裁切,考虑其收缩和其他因素应留有一定的余量。

（7）如果黏贴塑料地板使用氯丁橡胶胶黏剂、环氧树脂胶黏剂等有毒性的材料,在施工中应开窗通风换气,并戴上防毒口罩;在较密闭的房间作业,应安装换气扇或通风扇。在正式使用时应请有关部门进行检测,符合要求后才能启用。

五、质量通病及防治措施

塑料地板具有重量轻、成本低、耐磨、耐腐蚀、绝缘性好、防火、隔音、便于用水冲洗以及弹性好等优点,因此,被广泛用于各类工业与民用建筑的楼地面面层,船舶、车辆等地面也常采用。塑料板地面的施工质量涉及基层、板材、胶黏剂、铺贴、焊接、切削等多种因素,常见的质量通病有以下几项。

（一）面层空鼓

1. 质量现象

面层有起鼓现象,不仅塑料地板不能黏贴牢固,而且使人走在上面有不舒服的感觉,同时也严重影响地面的美观。

2. 原因分析

（1）基层表面粗糙,或有凹陷孔隙。粗糙的表面形成很多细孔隙,涂刷胶黏剂时,不但增加胶黏剂的用量,而且厚薄不均匀。黏贴后,由于细孔隙内胶黏剂多,其中的挥发性气体将继续挥发,当聚积到一定程度后,就会在黏贴的薄弱部位形成板面起鼓或板边起翘现象。

（2）基层含水率大,面层黏贴后,基层内的水分继续向外蒸发,在黏贴的薄弱部位聚积鼓起,当基层表面粗糙时尤为显著。

（3）基层表面不清洁,有浮尘、油脂等,降低了胶黏剂的胶结效果。

（4）涂刷胶黏剂后,面层黏贴时间未掌握好。为了便于胶黏剂涂刷,一般都掺入一定量的稀释剂,如丙酮、甲苯、汽油等。当涂刷到基层表面和塑料板黏贴面后,应稍等片刻,待稀释剂挥发后,用手摸胶层表面感到不粘手时再进行黏贴。如果面层黏贴过早,稀释剂未得到充分挥发,当积聚到一定程度后,就会在面层黏贴的薄弱部位起鼓。如果面层黏贴过迟,则黏性减弱,最后也易造成面层起鼓。

(5)塑料板在工厂生产成型时,表面涂有一层极薄的蜡膜,黏贴前,未进行除蜡处理,影响黏贴效果,也会造成面层起鼓。

(6)面层黏贴好后就进行拼缝焊接施工,胶黏剂还未充分凝固硬化,受热后产生膨胀,使焊缝两侧的塑料板空鼓。

(7)黏贴方法不当,不是按一定顺序黏贴,而是整块一起黏贴,使面层板块与基层间存有空气,影响黏贴效果,也易使面层空鼓。

(8)施工环境温度过低,黏结层厚度过大,这样既浪费胶黏剂,又降低黏结效果,有时还会产生冻结,从而会引起面层空鼓。

(9)胶黏剂质量差或已经变质,不仅会影响黏结效果,也会因黏贴不牢而出现起鼓。

3. 维修方法

起鼓的面层应沿焊缝切开后进行更换,基层应进行认真清理,用铲子铲平,四边缝隙应切割整齐。新黏贴的塑料板在材质、厚薄、色彩等方面,应与原来的塑料地板完全一致。待胶黏剂干燥硬化后再进行切割拼缝,并进行拼缝焊接施工。对于局部小块空鼓处,可用医用针头在空鼓处注入胶黏剂,然后用重物压平压实。

(二)塑料板颜色、软硬不一

1. 质量现象

塑料地板铺设后,发现外观颜色深浅不一,行走时脚下感觉软硬不同,不仅影响其美观,而且影响其使用。

2. 原因分析

(1)在塑料地板黏贴前,置于温水中的浸泡时间掌握不当,热水温度高低相差较大,造成塑料板软化程度不同,颜色和软硬程度也不一样,不但影响美观和使用效果,而且还会影响拼缝的焊接质量。

(2)如果所用的塑料地板不是同一厂家、同一品种和同一批号的,其颜色和软硬程度往往是不一样的。

地面铺装的装饰性

3. 维修方法

对于一般建筑中不影响使用、对装饰效果影响不严重的,一般可不进行修理。但对外观及使用质量要求较高的,以及产生起鼓、影响拼缝焊接质量和颜色差别严重的,必须进行修补。其维修方法见"面层空鼓"的治理方法。

(三)塑料板黏贴后表面呈波浪形

1. 质量现象

塑料地板铺设完毕后,经目测表面有明显的波浪形,严重影响地面的美观,对其使用也有很大影响。

2. 原因分析

(1)黏贴塑料地板的基层未按设计要求进行处理,由于基层本身的表面平整度比较差,在黏贴塑料地板后必然出现波浪形。

(2)所用的刮涂胶黏剂的刮板,齿的间距过大或深度较深,使刮涂的胶黏剂具有明显的波浪形。

(3)在塑料地板进行黏贴时,由于胶黏剂内的稀释剂挥发过快,胶黏剂的流动性较差,地板在黏贴时不易抹平,从而使面层呈现波浪形。

(4)胶黏剂在低温下施工,由于流动性和黏结性能均比较差,不易刮涂均匀,造成胶黏层厚薄不均。加上由于塑料地板本身很薄(一般为2—6mm),黏贴后就会出现明显的波浪形。

3. 维修方法

对于塑料地板黏贴后表面呈波浪形,可以参照"面层空鼓"的维修方法进行维修。

(四)拼缝焊接未焊透

1. 质量现象

塑料地板的焊缝两边有焊瘤,焊条熔化物与塑料板黏结不牢,有裂缝、脱落等现象。

2. 原因分析

(1)焊枪出口气流温度过低,焊条未达到充分熔化的程度。

(2)焊枪出口气流速度过小,空气压力过低。

（3）焊枪喷嘴离焊条和板缝距离较远，使焊条未达到熔化的温度。

（4）在进行塑料地板焊接操作时，没有按操作规范进行，焊枪的移动速度过快。

以上四种情况中的任何一种情况，都会使焊条与板缝不能充分熔化，焊条与塑料板难成为一个整体，使焊条熔化物与塑料板黏结不牢。

（5）焊枪喷嘴与焊条、焊缝三者不成一条直线，或喷嘴与地面的夹角太小，使焊条熔化物不能准确地落入塑料地板的接缝中，从而使黏结不牢。

（6）焊枪所喷出的压缩空气不纯，有油质或水分混入熔化物中，影响相互黏结的质量。

（7）焊缝坡口切割过早，被一些脏物污染，焊接时又未进行清理，从而影响黏结质量。

（8）焊接的两块塑料地板质量不同，它们的熔化程度不一样，从而也会影响黏结质量。

（9）塑料地板采用的焊条不当，或因焊条本身质量较差（或不洁净）而影响焊接质量。

3. 维修方法

塑料地板接缝如果焊接不牢，将严重影响地板的使用功能和装饰效果，因此对焊接不牢（或不透）的焊缝应返工，需按有关要求重新施焊。

（五）焊缝处发黄、烧焦

1. 质量现象

塑料地板焊接完毕后，用肉眼观察有明显的黄斑、焦斑，对于地板装饰性影响很大。

2. 原因分析

工程实践证明，焊缝出现发黄和烧焦现象的主要原因有：焊枪出口气流温度过高；焊枪移动速度过慢；焊枪喷嘴距离焊条与板缝过近。

以上三种情况中的任何一种情况，都会引起塑料板因受热过久而分解，导致塑料板内部的增塑剂迅速挥发，从而影响塑料的柔软性，造成塑料板表面发黄，甚至出现烧焦、变黑等现象。

3. 维修方法

对于不影响使用或不发生空鼓、裂缝等现象者，一般可不进行返修处理。但对外观质量要求较高的高级装修，或有空鼓、裂缝者，应予返修处理。返修的焊接应按要求进行施焊。

（六）焊缝凹凸不平、宽窄不一

1. 质量现象

塑料地板焊接完毕后，经检查焊缝表面高低不平，缝隙宽窄不一致，外观质量较差，不符合设计的要求。

2. 原因分析

（1）塑料板坡口切割宽窄、深浅不一致。由于焊接时焊枪的行进速度一般是等速的，所以焊好后不仅造成焊缝宽窄不一致，还将造成大（深）缝处填不满，呈下凹状；小（浅）缝处又填不下，呈凸起状，切平后还会出现高低不平的现象。

（2）焊接后，在焊缝熔化物还未完全冷却的情况下就进行切平工作，俗称"热切"，冷却后往往收缩成凹形。

（3）拼缝的坡口较大，而焊条的体积较小，在焊接完成后，也会使焊缝成凹形。

（4）焊枪的空气压力过高，将焊缝处的熔化物吹成波浪形状。

（5）塑料地板的切平工作马虎粗糙，切平后焊缝深浅不一。

3. 维修方法

焊缝出现凹凸不平和宽窄不一，应分别不同程度地加以适当维修处理。对于不影响使用者，一般可不进行返修处理。但对外观质量要求较高者，应予返修处理。

六、成品保护

1. 块材地板应平放在平整的地面上，不宜侧立以防变形。卷材地板运输与贮存时应直立堆放，或用铁芯搁置于支架上，以防压瘪，丧失弹性。贮存仓库室温不宜超过50℃，且应通风，并避免阳光直射。

2. 塑料地板施工时不准穿钉鞋。

3. 面层铺贴完后，及时用塑料薄膜覆盖以防污染。严禁在面层上放置油漆容器。

4. 在面层养护期间，禁止人在地板上走动。必须进入室内工作时应穿拖鞋。

5. 电工、油漆工等工种操作时所用木梯、凳腿下端头，要用泡沫塑料或软布头保护,以免划伤地面。

6. 塑料地面如受污染,可用肥皂水擦洗或用汽油轻轻擦拭,不得用热水或碱水擦洗。

七、质量验收标准和检验方法

根据国家标准《建筑地面工程施工质量验收规范》(GB 50209—2002)的规定,塑料地板地面的质量验收标准和检验方法如下。

1. 一般规定

(1)塑料地板面层应采用塑料板块材、塑料卷材以胶黏剂在水泥类基层上铺设。

(2)水泥类基层表面应平整、坚硬、干燥、密实、洁净,无油脂及其他杂质,不得有麻面、起砂、裂缝等缺陷。

(3)胶黏剂选用应符合国家标准《民用建筑工程室内环境污染控制规范》(GB 50325—2001)的规定。其产品应按基层材料和面层材料使用的相容性要求通过试验来确定。

2. 主控项目

(1)塑料地板面层所用的塑料板块和卷材的品种、规格、颜色等级应符合设计要求和现行国家的规定。

检验方法:观察检查和检查材质合格证明文件及检测报告。

(2)面层与下一层的黏结应牢固,不翘边、不脱胶、无溢胶。

检验方法:观察检查,敲击及钢直尺检查。

3. 一般项目

(1)塑料地板面层应表面洁净、图案清晰、色泽一致、接缝严密、美观。拼缝处的图案、花纹吻合,无胶痕;与墙面交接严密,阴阳角收边方正。

检验方法:观察检查。

(2)板块焊接的焊缝应平整、光洁,无焦化变色、斑点、焊瘤和起鳞等缺陷,其凹凸允许偏差为 ±0.6mm。焊缝的抗拉强度不得小于塑料板强度的75%。

检验方法:观察检查和检查检测报告。

(3)镶边用料应尺寸准确、边角整齐、拼缝严密、接缝顺直。

检验方法:用钢直尺检查和观察检查。

(4)塑料地板地面的允许偏差和检验方法应符合规定,见表4-5。

地面铺装的装饰性

表 4-5　塑料地板地面的允许偏差和检验方法

项次	项目	允许偏差 /mm	检验方法
1	表面平整度	2.0	用 2 米靠尺和楔形塞尺检查
2	缝格平直	3.0	拉 5m 线和用钢直尺检查
3	接缝部高低差	0.5	用钢直尺和楔形塞尺检查
4	踢脚板上口平直	2.0	拉 5m 线和用钢直尺检查

第五章　板块地面铺装的装饰性

本章主要阐述板块地面铺装的基本知识。分别以实际地面铺装任务为例,讲述陶瓷地砖地面和大理石、花岗岩地面的装饰工艺。

第一节　陶瓷地砖底地面装饰工艺

一、任务描述

为一个客厅铺设 600mm×600mm 全瓷抛光瓷砖,要求地面施工平整,无翘起,瓷砖对缝平直,客厅主体地面瓷砖完整,无碎砖。

二、任务分析

为了能够正确完成项目任务,应完成的主要工作内容包括以下几点。
（1）对基体进行验收,对在基层中的水、电、暖等预埋隐蔽工程进行验收,进行施工现场交接。
（2）复核 +500mm 水平控制基准线,并做到与单元内各相邻房间统一。
（3）根据图样尺寸进行现场丈量复核。
（4）确定成活面标高具体尺寸。
（5）画铺设大样图,排列及布置瓷砖,进行节点处理。
（6）分析及确定施工实施方案。

三、相关知识

（一）瓷砖基本知识

1. 陶瓷装饰砖

陶瓷是以黏土为主要原料,经原料处理、成型、焙烧而成的无机非金属材料。陶瓷可分为陶和瓷两大类。

陶的烧结程度较低,产品吸水率高,表面粗糙、无光,不透明,敲击时声音粗哑,可施釉也可不施釉。

瓷的坯体致密,烧结程度很高,基本不吸水,有一定半透明性,敲击时声音清脆,通常表面施釉。釉是覆盖在陶瓷坯表面的玻璃质薄层,它能起到使陶瓷表面密实、不吸水、耐腐蚀、耐风化、易清洗的作用。

采用以上原料可制成各种建筑装饰陶瓷,主要包括各类釉面砖、墙地砖、琉璃制品和陶瓷壁画等。

2. 陶瓷墙地砖

陶瓷墙地砖为室内外陶瓷墙面砖和室内外楼地面砖的统称。

墙砖和地砖在使用要求上不尽相同。例如,外墙砖除应注重其装饰效果外,更应注重抗冻融和耐污染性;而地砖则应注重抗冲击性和耐磨性。

目前,随着陶瓷生产原料和工艺的不断改进,这类砖趋于墙地两用,故统称为陶瓷墙地砖。

墙地砖的品种创新很快,劈离砖、麻面砖、渗花砖、玻化砖、颗粒玻化砖等,都是近年来市场上常见的陶瓷墙地砖的新品种。

陶瓷墙地砖具有强度高、致密、坚实、耐磨、吸水率小、抗冻、耐污染、易清洗、耐腐蚀、经久耐用等特点,因而应用广泛。

（二）瓷砖楼面、地面构造

瓷砖楼面、地面构造节点图如图 5-1 所示。

第五章 板块地面铺装的装饰性

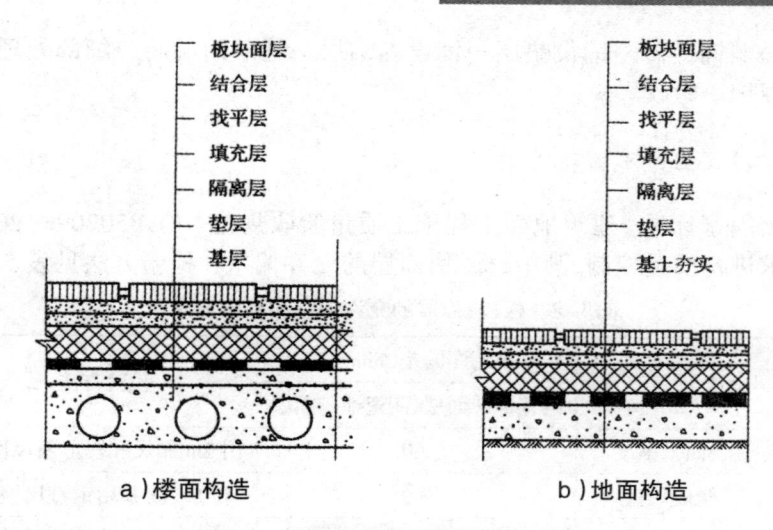

a）楼面构造　　　　b）地面构造

图 5-1　瓷砖楼面、地面构造节点图

（三）施工机具

主要施工机具的名称见表 5-1

表 5-1　主要施工机具的名称

序号	品名	序号	品名
1	单、双轮车	12	靠尺
9	铁锹	13	方尺
3	灰斗	14	水平尺
4	水桶	15	墨斗
5	水壶	16	尼龙线
6	榔头	17	钢卷尺
7	錾子	18	钢丝刷
8	扫帚	19	铁抹子
9	切割机	20	木抹子
10	抄平管	21	橡皮锤
11	刮尺	22	棉纱

（四）瓷砖铺设基本施工程序

瓷砖铺设基本施工程序是：基层处理→找平、弹线控制→面层铺砖

地面铺装的装饰性

试排→贴铺样砖→铺设垫层→铺设黏结层→铺贴面层砖→细部处理、验收→养护→验收。

(五)质量要求

按国家标准《建筑地面工程施工质量验收规范》(GB50209—2002)的要求进行质量控制,其中,板、块面层的允许偏差和检验方法见表 5-2。

表 5-2 板、块面层的允许偏差和检验方法

项次	项目	允许偏差(mm) 陶瓷锦砖面层、陶瓷地砖面层	检验方法
1	表面平整度	2.0	用 2m 靠尺和楔形塞尺检查
2	缝格平直	3.0	拉 5m 线并用钢直尺检查
3	接缝高低差	0.5	用钢直尺和楔形塞尺检查
4	踢脚线上口平直	3.0	拉 5m 线并用钢直尺检查
5	板块间隙宽度	2.0	用钢直尺检查

四、任务实施

瓷砖铺设通常在顶棚完成、墙面基本完成(可留一道面层)时安排施工。施工前,应先对地面进行验收和基层处理,主要内容包括基体(层)、结构、各种预埋、各种附加层做法等合格后,按瓷砖铺设要求进行基层处理,如錾凸找凹、洒水湿润等。

(一)选材及验收

1. 水泥、砂子

配制水泥砂浆时应采用硅酸盐或普通硅酸盐水泥,强度等级不低于32.5 级,现场复检合格。

白水泥:采用白色硅酸盐水泥,强度等级不低于 32.5 级。

砂子:采用中砂、粗砂,含泥量不大于 3%。

勾缝应采用同品种、同强度等级、同颜色的水泥。

2. 面砖

根据设计及图样计算工程量,增加必要的损耗,落实块材规格、颜色、数量。块料质量技术等级、规格大小、吸水率等应符合国家标准,有出厂

质量证明资料。

瓷砖的质量应符合国家标准《陶瓷砖》(GB/T4100—2006)中的有关规定。有防腐要求的砖面层所采用的耐酸瓷砖的材质、铺设以及施工质量验收应符合国家标准《建筑防腐蚀工程施工及验收规范》(GB50212—2002)的规定。

采用胶黏剂在结合层黏贴砖面层时,胶黏剂的选用应符合国家标准《民用建筑工程室内环境污染控制规范》(GB50325—2006)的规定。

(二)施工准备

1. 技术准备

(1)机具准备:对本项施工专用机具已配备完全,可供正常使用。
(2)已弹好+500mm水平标高线。
(3)楼面结构已通过验收。
(4)水、电预埋已完成并验收合格。
(5)顶、墙抹灰湿作业完成。
(6)临时用电、用水已落实(使用正式电源、水源)。
(7)对操作人员已做技术交底,施工程序已安排,质量要求、进度要求等能保证工程正常进行。

2. 材料进场检验

(1)审查主、辅材料是否满足技术指标要求。
(2)检查主要材料合格证、材料检验报告、使用说明书、防伪标志。
(3)对主要材料进行复检,并有复检报告。
(4)对进场材料外观质量进行检查。
确认材料合格、资料齐全,交由监理工程师签字确认。

(三)瓷砖楼地面施工工艺流程

瓷砖楼地面施工工艺流程是:清理基层,提前洒水湿润→测量实际尺寸,试排瓷砖→放排砖线→铺设垫层→铺设样砖→铺设中间瓷砖→铺设嵌边瓷砖→铺设过门石→清理、擦缝→养护→验收。

(四)操作要点

1. 验收

现场工序交接检验。

地面铺装的装饰性

2. 检查

检查楼面、地面垫层的平整度,清除地面垫层上的杂物,基层表面应提前一天浇水湿润。

3. 找标高、弹线

根据墙上的 +500mm 水平标高线往下量出面层标高线,并在四周墙上弹楼面、地面建筑标高线。

由于与客厅相连的房间采用木质地板,考虑到木质地板的标高比瓷砖地面高,故将客厅楼面标高上抬 10mm,即通过将 +500mm 水平线变成 +490mm 水平线来控制地面标高。

4. 测量实际尺寸,试排瓷砖,放排砖线

测量房间的实际尺寸,按板块规格加灰缝,计算长、宽方向应铺设板块的数量。

根据现场测量及板块分块情况,按中心线对称排列较为合理,即在房间地面取中点,拉十字线。

5. 选砖

铺设地板砖前应先进行挑选,将表面有缺陷的地板砖或尺寸偏差较大的地板砖挑出,用于铺设房间的次要部位或有固定家具覆盖的部位。

6. 浸砖

将选配好的地板砖清洗干净后,放入清水中浸泡 2—3h,晾干,表面无明水时方可使用。

7. 铺设垫层和样砖

在地面上洒水湿润,刷一层素水泥浆(俗称扫浆),面积不宜过大,随铺随刷。采用 1∶3 干硬性水泥砂浆铺平拍实。铺贴十字线边的几块样砖,纵、横拉线,上平面距水平线控制 490mm。

8. 铺设中间瓷砖

对所铺设样砖进行检查,确认符合排砖方案,重点是平面和标高位置,随后即可挂线大面积铺贴。

铺贴时,将垫层拍平压实,瓷砖试铺时略高于样砖,翻起,在瓷砖背面抹黏结层(素水泥浆)。正式铺贴瓷砖,左右按线对缝,上下用橡皮锤敲至控制平面,用靠尺检查,达标后逐排、逐列平行推进,直至完成。用同样方法补铺嵌边及过门石。

第五章 板块地面铺装的装饰性

9. 清理、擦缝

边铺贴瓷砖,边擦净瓷砖表面,特别要将缝隙清理干净。待整个客厅全部贴完后,用白水泥浆进行擦缝。擦缝浆须干湿适宜,缝子粗细、深浅必须一致,大面一定要擦干净,显出瓷砖本色即可。

(五)质量、安全、成品保护措施

1. 质量检查

按国家标准《建筑地面工程施工质量验收规范》(GB50209—2002)进行验收。允许偏差和检验方法见表5-2。

2. 安全要求

(1)使用搅拌机时严格按操作规程进行作业,严禁违章操作。

(2)使用电源时必须有可靠的插座面板。切割锯片、机械防护装置应确保安全、有效。

(3)注意做好垂直运输提升机的安全防护工作。

3. 成品保护措施

(1)瓷砖铺贴完成后,三天内不宜踩踏进行其他工作,若必须踩踏则应铺覆盖物加以保护。

(2)施工过程中切割瓷砖时应使用垫板,禁止在已铺好的面层上操作。

(3)推车运料时应注意在门框上加设保护条。

五、知识链接

(一)陶瓷锦砖地面

1. 陶瓷锦砖的规格及特点

陶瓷锦砖俗称马赛克(Masaic)。它是以优质瓷土焙烧而成的小尺寸瓷砖,单块成品砖边长不大于50mm,厚度多为4—5mm。按表面性质不同,马赛克可分为有釉和无釉两种,目前使用的多为无釉马赛克。其形状有正方、长方、六角、菱形和斜长方等。颜色有单色和拼花等多种类型。

由于陶瓷锦砖尺寸较小,产品出厂前经过铺贴,将不同形状、不同颜色的单块成品按一定图案和尺寸反贴在专用牛皮纸上,每张纸的规格为

地面铺装的装饰性

305mm×305mm,称为一联。陶瓷锦砖结构致密,吸水率小,具有优良的抗冻性、耐酸、碱腐蚀性及耐磨性,表面光洁,易清洗。常用于卫生间、门厅、走廊、餐厅、浴室等地面及外墙装修,也可用于内墙装修。

2. 陶瓷锦砖的性能

陶瓷锦砖的技术性能指标:密度为 2.3—2.4g/cm^3,抗压强度为 15—25MPa,吸水率小于 4%,使用温度为 -20—100℃,耐酸度大于 95%,耐碱度大于 84%,莫氏硬度为 6%—7%,耐磨度小于 0.5。

3. 施工准备

(1)材料准备

①水泥。采用 32.5 级以上的普通硅酸盐水泥、矿渣硅酸盐水泥及白水泥。

②砂。中砂、粗砂,筛除杂质,含泥量不大于 3%。

③按设计要求的品种、规格准备好陶瓷锦砖。

(2)机具

主要施工机具包括方尺、水平尺、尼龙线、墨斗、喷水壶、小水桶、刮尺、木抹子、靠尺、铁抹子、小灰铲、木锤或橡皮锤、硬木垫板、棉纱等。

(3)施工条件

①门框已立好且用木板或铁皮保护。

②墙面抹灰完成,墙面上弹好 +500mm 水平线。

③地面管线已铺设,沟槽、洞口已处理。

④垫层强度达到 1.2MPa 以上,防水层做完且蓄水试验合格。

4. 施工工序

具体施工工序是:基层处理→抹找平层或结合层→弹线→铺贴陶瓷锦砖→洒水、揭纸→嵌缝→养护。

5. 施工要点

(1)基层处理

清除基层表面的灰尘等,用水将基层冲洗干净,晾干,将水平标高线弹在墙上。

(2)抹找平层

根据墙面上的水平基准线做灰饼、冲筋,控制找平层的厚度及坡向。铺砂浆前,润湿基层,刮素水泥浆一道,随刮随抹水泥砂浆。用木抹子拍实,用短杠尺刮平,再用长杠尺沿纵、横方向检查表面平整度以及标高泛水是否符合设计要求,最后用木抹子搓成毛面。

第五章　板块地面铺装的装饰性

（3）弹线

找平层抹好 24h 后或强度达到 1.2MPa 以上，在找平层上实测房间的长、宽尺寸，按照图案设计要求弹线，根据设计要求计算出所需铺贴的张（联）数，不足整张的应放到边角，不能贴到醒目位置。在室内与过道相邻处铺砖时应拉通线，注意对缝、对花。

（4）铺贴陶瓷锦砖

铺贴锦砖时应整个房间一次连续铺设。

①铺贴时，用排笔蘸水润湿锦砖背面。

②在水泥浆尚未初凝时，将锦砖对正控制线，纸面朝上，贴平，拍实。

③用喷壶在纸面上均匀洒水，浸透表面的牛皮纸，水量不宜过多。常温下 15—25min 后依次把纸揭掉，并及时将残纸清理干净。

（5）嵌缝

陶瓷锦砖铺完过 2d 后，将缝口清理干净，刷水润湿，用 1∶1 白水泥砂浆勾缝，缝嵌完应及时将表面的灰浆清除，最后将地面擦净。

（6）养护

嵌缝砂浆最终凝固后，铺木屑（或覆盖塑料薄膜）洒水养护 7d 以上。

（二）缸砖地面

1. 性能及特点

缸砖是采用陶土掺以色料压制成型后经干燥烘烧而成的。它一般为红褐色，也有黄色和白色的，表面不上釉，色泽较暗，其耐压强度较高。

2. 规格及用途

规格分为 200mm×200mm×40mm，230mm×230mm×40mm 和 250mm×250mm×40mm 三种。

缸砖地面主要用于有一般防潮要求的房间以及室外地面和路面。例如，位于上海市闵行区的金燕大厦工程的屋面采用氯化聚乙烯橡胶卷材防水并铺贴红缸砖地面。

3. 施工准备

（1）材料准备

①水泥。采用 32.5 级以上的普通硅酸盐水泥、矿渣硅酸盐水泥及白水泥。

②砂。中砂、粗砂，筛除杂质，含泥量不大于 3%。

③按设计要求的品种、规格准备好缸砖，其抗压、抗折强度符合设计要求，尺寸准确，表面平整，色泽均匀，无翘角、裂纹等缺陷。

（2）机具

主要施工工具包括大、小平锹、扫帚、尖凿、扁凿、水平尺、硬木拍板、木锤、拨缝开刀、木刮杠、木抹子、铁抹子以及切砖机、砂轮机、线锯等。

（3）施工条件

①缸砖施工前，设备及管道的安装已完成。

②防水层已经施工完毕，并在墙面和柱面上已弹好+500mm水平线，设置了控制面层标高和排水坡度的水平基准线。

③缸砖按颜色分类已搬运到位备用，有裂纹、掉角和表面有缺陷的缸砖进行了排除。

④缸砖在使用前一天应用水浸泡2—3h并晾干后待用（表面无明水现象）。

⑤接通水源、电源。

⑥绘制出地砖排布大样图，根据铺设的部位或将面积较大的屋面划分成几个单元区格，并进行了编号。

4. 施工工序

具体施工工序是：基层处理→抹找平层→弹控制线→铺贴缸砖→拨缝、勾缝→养护。

5. 施工要点

（1）基层处理

清除基层表面的灰尘等，用水将基层冲洗干净，晾干，将水平标高线弹在墙上。

（2）抹找平层

根据墙面上的水平基准线做灰饼、冲筋，控制找平层的厚度及坡向。铺砂浆前，润湿基层，刮素水泥浆一道，随刮随抹水泥砂浆。用木抹子拍实，用短杠尺刮平，再用长杠尺沿纵、横方向检查表面平整度以及标高泛水是否符合设计要求，最后用木抹子搓成毛面。

（3）弹控制线

在找平层的砂浆强度达到1.2MPa后（大约养护24h），依据缸砖排布大样图尺寸在找平层上弹线，铺砌时便可按照弹线位置施工。

（4）铺贴缸砖

①在铺贴前按设计要求撒素水泥并加适量清水作为缸砖的结合面，边铺砌边撒水泥粘接。

②采取划分区格、铺定位带的做法，先按大样图将铺设面积划分为几个大的单元区格，然后在格内沿纵、横方向上每隔15块砖铺一行，形成控

第五章 板块地面铺装的装饰性

制带,最后在控制带内铺设中间位置的缸砖。

③依照单元区格的大小确定铺砌的面积,且每次铺砌面积不宜过大。

④铺砌时必须拉细线,每块砖要跟线,使缝线顺直,并严格控制其坡度、标高。

⑤在边角处采用非整砖铺砌时,应事先根据尺寸大小,利用切割机和线锯加工成形后再进行铺砌,以便达到表面完整、美观的效果。

⑥保证普通缸砖的板块间隙为2mm,要求缝隙横平竖直,灰缝宽度均匀。

⑦随铺随即将面层上溢出的砂浆清理干净。

（5）拨缝和勾缝

①拨缝。铺完一个单元格后,在面层上洒少量水,使砖浸湿接近饱和,间隔15min左右,用拍板和木锤按顺序满砸一遍,边砸边移动拍板找平。砸平后按先竖后横的顺序调整缝隙,将缝隙调至通顺均匀后,将经过调整后的地砖再砸平一次。

②勾缝、灌缝。地砖铺完2d后,将缝口清理干净,刷水湿润后,在缝宽为10mm的地方采用1:1的水泥砂浆勾缝,其余缝隙缝宽较小,为2mm,故采用1:3的石灰砂浆灌缝的方式。铺砌完的地砖接缝应缝宽均匀,整齐划一,地砖面层应达到密实、平整、光滑的效果。

③擦缝、压缝。较小的缝宽用石灰砂浆灌满后,再在缝上撒上干水泥,然后用棉纱头满擦缝隙。对于留缝宽度为10mm的接缝,应采取压缝的形式,压缝后深度为地砖厚度的1/3,约3mm。要求深度一致,防止深浅不一。

（6）养护

面砖铺贴完毕,待勾缝砂浆终凝（大约24h）以后,将地砖表面清扫干净并洒水养护,养护的时间不得少于7d,养护期间不得让人走动,不宜在面层上穿插其他作业,以防止影响其质量。

（7）缸砖地面的允许偏差和检测方法见表5-3。

表5-3 缸砖地面的允许偏差和检验方法

项次	项目	允许偏差（mm）	检验方法
1	表面平整度	4.0	用2m靠尺和楔形塞尺检查
2	缝格平直	3.0	拉5m线并用钢直尺检查
3	接缝高低差	1.5	用钢直尺和楔形塞尺检查
4	踢脚线上口平直	4.0	拉5m线并用钢直尺检查
5	块间间隙宽度不大于	2.0	用钢直尺检查

地面铺装的装饰性

（三）水泥花砖地面

1. 性能特点及应用

水泥花砖由白水泥或普通水泥掺各种颜料制成。因其质地较硬，光洁而带色彩，常用于各种公共建筑的室外地面、楼地面以及会客室的地面等。

2. 规格

水泥花砖的常用规格包括 200mm×200mm×25mm，250mm×250mm×30mm，250mm×250mm×50mm 等，还有三角形、六角形等多种规格。

3. 施工准备

同缸砖地面。

4. 施工工艺

湿铺法同缸砖地面。

干铺法施工工艺是：基层处理→抹找平层→弹控制线→选砖→试拼、拼排→拉十字线，做标志块→刷素水泥浆结合层→铺砂浆垫层→试铺→抹水泥膏黏结层→铺贴地板砖→擦缝→养护

5. 操作要点

同瓷砖楼地面施工。

第二节　大理石、花岗岩地面装饰工艺

一、任务描述

大理石地面装饰施工与花岗石地面装饰施工相同，本节以大理石地面装饰施工为例进行具体介绍。

此项任务为某酒店大堂地面装饰施工，设计地面为大理石铺贴，已完成结构验收以及水、电管线的预埋和验收，石材已进场并得到使用认可。

二、任务分析

（1）施工前，完成现场交接验收工作。

（2）按照石材地面的构造做法，采用正确的施工工艺，选择恰当的主、辅材料及施工机具，进行现场施工并进行进度及质量控制。

（3）大理石属于天然石材，存在一定的色差，需要提前进行挑选、排列石材。

（4）由于施工面积较大，地面表面平整度、嵌边等为本项施工的重点。

三、相关知识

（一）石材的概念

天然装饰石材主要有大理石和花岗石两大类，它们是用天然岩石加工而成、被广泛采用的建筑和装饰材料。大理石和花岗石常用于公共建筑和装饰等级高的地面工程中。由于石材表观密度较大，对于高层建筑而言，不宜在每层楼面中全部采用石材装饰地面。

（二）石材地面构造

天然石材作为地面装饰材料，依据使用部位的不同，有不同的做法。典型石材楼面、地面构造如图 5-2 所示。

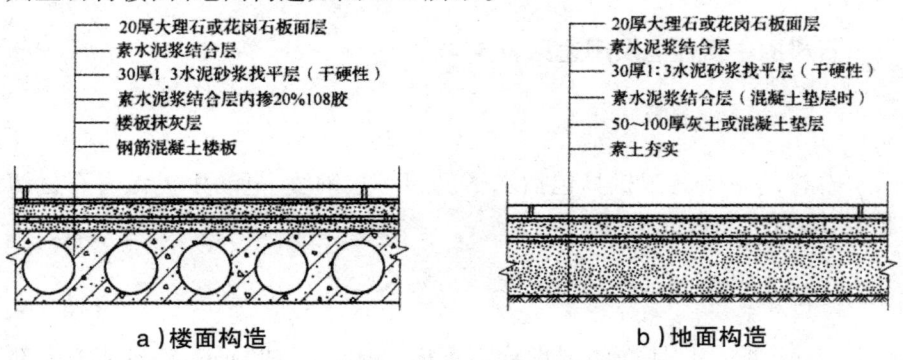

a）楼面构造
- 20厚大理石或花岗石板面层
- 素水泥浆结合层
- 30厚1:3水泥砂浆找平层（干硬性）
- 素水泥浆结合层内掺20%108胶
- 楼板抹灰层
- 钢筋混凝土楼板

b）地面构造
- 20厚大理石或花岗石板面层
- 素水泥浆结合层
- 30厚1:3水泥砂浆找平层（干硬性）
- 素水泥浆结合层（混凝土垫层时）
- 50~100厚灰土或混凝土垫层
- 素土夯实

图 5-2　石材楼面、地面构造

(三)石材的分类

1. 按地质形成条件分

按地质形成条件不同,石材分为变质岩、火成岩(岩浆岩)和沉积岩三类,其中变质岩中的大理石、火成岩中的花岗石以及沉积岩中的青石板,在装饰工程中应用最为广泛。

2. 按表面加工装饰效果分

按表面加工装饰效果不同,分为镜面抛光面、火烧毛面、机刨面、手工凿毛面等。

3. 按规格尺寸分

按规格尺寸不同分为定型和非定型两大类。

定型板材为正方形或矩形,一般长为300—1200mm,宽为150—600mm,厚为20mm。另有7mm、8mm和10mm(常用)的薄板以及30mm、40mm、70mm、80mm、100mm、120mm和150mm的厚板。

非定型板材的规格由设计、施工部门与厂家商定。

4. 按质量分

按质量不同分为优等品、一等品和合格品三个等级。

另外,按品名、花色特征和产地不同,还有更为详细的分类方法。

(四)石材的主要性能及用途

石材的主要性能及用途见表5-4。

(五)施工机具及应用

石材的主要施工机具包括水平尺、开刀、钢錾、电动手提无齿石材切割机、磨石机和抛光机等。

(六)施工基本条件

(1)一般石材地面的铺设均需室内天棚、墙、柱等处,装饰施工大部分是在湿作业完成后才能进行。

(2)地面中的预埋管道、设备等已完成并验收合格。

(3)主材品种、花式、样板间已经有关部门确定、认可。

(4)地面的基层、基体质量验收合格。

第五章 板块地面铺装的装饰性

（5）一般施工环境温度不低于5℃。

（6）地面施工完成后，有可靠的产品保护措施。

表5-4 石材的主要性能及用途

大理石		主要技术性能	花岗石	
主要用途	用于宾馆、饭店、银行、影剧院、展览馆、纪念馆等室内装饰等级要求高的场所，还可用做酒吧吧台、服务台、展示台及家具台面等	表观密度（kg/m³）	2500—2700	主要用途
		表观密度（kg/m³）	2500—2700	
		抗压强度（MPa）	120—250	用于宾馆、饭店、银行、影剧院、展览馆、纪念馆等的室内外装饰，还可用做酒吧吧台、服务台、展示台及家具台面等，也可用于铺设室外广场、停车场、露台、踏步、台阶等
		抗折强度（MPa）	8.5—15	
		抗剪强度（MPa）	13—19	
主要用途		47—140 3.5—14 8.5—18		
		平均韧性（cm）	8	
		10		
		吸水率（%）	<1或极小	主要用途
		<1		
		膨胀系数（10⁻⁶℃⁻¹）	5.6—7.34	
		9.02-11.2		
		耐用年限（年）	75—200	
		20年以上		

（七）质量规范

石材地面的施工应严格按照国家标准《住宅装饰装修工程施工规范》（GB50327—2001）进行。

石材地面铺装完成后，按照国家标准《建筑地面工程施工质量验收规范》（GB50209—2002）进行验收。主要检查项目包括以下两点。

（1）大理石、花岗石面层所用板块的品种、质量应符合设计要求。

（2）面层与下一层应结合牢固，无空鼓。

板、块面层的允许偏差和检验方法见表5-5。

表5-5 板、块面层的允许偏差和检验方法

项次	项目	允许偏差（mm） 大理石面层和花岗石面层	检验方法
1	表面平整度	1.0	用2m靠尺和楔形塞尺检查
2	缝格平直	2.0	拉5m线并用钢直尺检查
3	接缝高低差	0.5	用钢直尺和楔形塞尺检查
4	踢脚线上口平直	1.0	拉5m线并用钢直尺检查
5	板块间隙宽度	1.0	用钢直尺检查

四、任务实施

（一）选材及验收

1. 水泥、砂子

水泥采用强度等级为 42.5MPa 或 32.5MPa 的普通硅酸盐水泥，砂子用中砂或粗砂。

2. 石材

石材品种、规格、图案按设计图样验收，数量满足工程需要，质量、环保指标符合标准要求，并分类存放。

大理石的质量应符合国家标准《天然大理石建筑板材》（GB/T19766—2005）中的有关规定。其放射性限量指标应符合国家标准《建筑材料放射性核素限量》（GB6566—2001）的有关规定。

（二）施工准备

1. 技术准备

（1）机具准备：对本项施工专用机具已配备完全，可供正常使用。

（2）楼面结构已通过验收。

（3）水、电预埋已完成并验收合格。

（4）顶、墙抹灰湿作业完成。

（5）已弹好 +500mm 水平标高线以及各房间中心线（十字线）和花样品种分隔线。

（6）临时用电、用水已落实（使用正式电源、水源）。

（7）对操作人员已做技术交底，施工程序已安排，质量要求、进度要求等能保证工程正常进行。

（8）分块排列布置要求对称，厅、房与走道连通处缝子应贯通。

（9）同一房间按所配花饰、品种、色泽、纹理进行选择、预排、编号，分类存放，铺贴时按号取用。

2. 材料进场检验

（1）审查主、辅材料是否满足技术指标要求。

（2）检查主要材料合格证、材料检验报告、使用说明书、防伪标志。

（3）对主要材料进行复检，并有复检报告。

（4）对进场材料外观质量进行检查。

确认材料合格、资料齐全，交由监理工程师签字确认。

（三）大理石地面施工工艺流程

施工工艺流程是：清理基层，洒水湿润→刷素水泥浆→铺干硬性水泥砂浆→试铺对缝→黏贴石材板块，铺贴就位→清理、擦缝→养护→验收。

（四）操作要点

1. 验收

现场工序交接检验。

2. 检查

检查楼面、地面垫层的平整度，将地面垫层上的杂物清除，基层表面应提前一天浇水湿润。

3. 找标高，弹线

根据墙上的 +500mm 水平标高线往下量出面层标高线，并在四周墙上弹楼面、地面建筑标高线。

4. 测量具体尺寸

根据现场测量及板块分块情况，按中心线对称排列较为合理，即在房间地面取中点，拉十字线。

5. 试铺

在地面上洒水湿润，刷一层素水泥浆。采用 1∶3 干硬性水泥砂浆用抹子拍实抹平。将块料进行预铺，对准纵缝和横缝，用橡皮锤着力敲击板中部，振实砂浆至铺设高度后，翻起块料，检查砂浆表面与块料底面的吻合程度。

6. 石材背面处理

将石材背面清刷干净，铺贴时保持湿润。按中心控制线预排编号，先铺贴两侧基准行，再拉线铺贴中间，由里向外逐行挂线铺贴。

7. 基层处理

在水泥砂浆表面洒适量水，均匀撒一层水泥粉，待其吸水变色后，把块料对准就位铺贴，一次成功。铺贴时，块料方位与试铺时相同，四角同时落下。再用橡皮锤着力敲击至平整,对缝均匀。表面随时用棉纱清理干净。

8. 清理、擦缝

铺贴完成 24h 后,用水泥浆擦缝(缝隙宽度超过 4mm 时,用水泥砂浆勾缝),并随即用棉纱擦净,进行养护。擦缝颜色应与块料颜色相协调。

9. 安装踢脚板

(1)踢脚板的高度一般为 100—200mm,厚度为 15—20mm。采用黏贴法进行施工。

(2)清理墙面,提前一天浇水湿润,刷洗干净。

(3)根据 +500mm 标高线,将踢脚板上口水平线弹在墙面上。

(4)用 1∶3 的水泥砂浆打底,刮平划纹。

(5)在浸水阴干后的大理石踢脚板的背面抹 2—3mm 厚的素水泥浆,黏贴,用橡皮锤敲实、敲平。

(6)24h 后用同色水泥浆擦缝,将余浆擦净。

(五)质量、安全、成品保护措施

1. 质量检查

按国家标准《建筑地面工程施工质量验收规范》(GB50209—2002)进行验收。其允许偏差和检验方法见表 5-5。

2. 安全要求

(1)使用搅拌机时须严格按操作规程进行作业,严禁违章操作。

(2)使用电源时必须有可靠的插座面板。切割锯片、机械防护装置应确保安全、有效。

(3)注意做好垂直运输提升机的安全防护工作。

3. 成品保护措施

(1)大理石铺贴完成后,三天内不宜上人进行其他作业,若必须踩踏则应铺覆盖物加以保护。

(2)施工过程中,切割板材时应使用垫板,禁止在已铺好的面层上操作。

(3)推车运料时,应注意在门框上加设保护条。

五、知识链接

（一）人造饰面石材

1. 概念

人造饰面石材是采用无机或有机胶凝材料作为胶黏剂，以天然砂、碎石、石粉或工业渣等为粗、细填充料，以成型、固化、表面处理等方法制成的一种人造材料。

2. 特点

人造石材具有花纹、色泽、质感逼真、强度高、耐污染、耐腐蚀、价格较低、施工方便等特点。

3. 类别

按材料及制造工艺不同，人造石材分为水泥型、树脂型、复合型和烧结型四类。

4. 用途

人造石材可用于铺设室内外墙面、地面、柱面、楼梯踏步面板、服务台台面等部位。

5. 施工工艺

人造石材地面施工工艺及质量要求与天然装饰石材地面施工基本相同。

（二）水磨石预制板

（1）水磨石预制板是以水泥、石粒、色料、水等拌和，经成型、养护、研磨、抛光、打蜡等工艺制成的装饰石材。

（2）水磨石预制板具有强度高、坚固耐用、美观、施工方便等特点。

（3）水磨石预制板地面施工工艺及质量要求，与天然装饰石材地面施工基本相同。

第六章　特殊面层地面铺装的装饰性

本章主要研究的是玻璃砖地面、导电地面、钛金地砖地面、防水、保温、采暖地面等特殊面层地面的材料要求、装饰工艺以及适用范围方面的知识。

第一节　玻璃砖地面的装饰工艺

一、玻璃材料

（一）光栅玻璃

光栅玻璃（又称镭射玻璃）是一种以玻璃（普通平板玻璃、浮法玻璃或钢化玻璃）为基材，采用特种材料和通过特殊工艺处理，在玻璃表面构成全息光栅或几何光栅的装饰用玻璃。

光栅玻璃的主要特点是，在其背面会出现全息光栅或其他几何光栅，在阳光、月光、灯光等光源的照射下会产生物理衍射的七色光，而且在同一感光点或感光面，会因光源的入射角或观察角的不同而出现不同的色彩变化，使被装饰物显得高雅华贵、富丽堂皇、梦幻迷离。在同一块光栅玻璃上所形成的图案可达百种之多。此外，光栅玻璃的光反射率可根据用户要求在 12%—18% 范围内调整，而且该种玻璃的热反热率也优于其他品种的玻璃；由于光栅玻璃有一层膜层，使其具有良好的抗冲击性和破裂时的安全性。

光栅玻璃常被用于宾馆、酒店、舞厅、商厦、游乐场馆的室内墙面、柱面、地面的装修，也经常被用于门窗、屏风、隔断等建筑部位，还有的被用于制作灯具及装饰画等。我国现已颁布光栅玻璃制品的行业标准。

1. 特性及构成

光栅玻璃的独有特点在于,当它处于任何光源的照射时,将会因物理衍射作用而产生由光谱分光所决定的色彩变化。而且对于同一受光点或受光面来说,随着光线的入射角度和人的视角的不同,所产生的色彩与图案也将不同,这就会给人一种变幻的、五光十色的、梦幻般的感受,这是所有其他玻璃制品所不具备的装饰效果。

光栅玻璃(以钢化玻璃为基材的除外)像普通平板玻璃一样,在施工中可以切割、钻孔,因而在室内装修中应用较为广泛。

光栅玻璃是以普通平板玻璃、浮法玻璃或钢化玻璃为基材,在玻璃表面采用高稳定性材料,经特殊工艺处理而制成。

2. 品种

(1) 按结构分。光栅玻璃按其结构可分为四种:普通光栅玻璃、钢化光栅玻璃、普通夹层光栅玻璃和钢化夹层光栅玻璃。

(2) 按光栅特性分。光栅玻璃按其光栅特性可分为四种:透明光栅玻璃、印刷图案光栅玻璃、半透明半反射光栅玻璃和金属质感光栅玻璃。

(3) 按化学稳定性。光栅玻璃按其化学稳定性可分为两种:A 类光栅玻璃和 B 类光栅玻璃。

(4) 按形状分。光栅玻璃按其形状可分为两种:平面光栅玻璃和曲面光栅玻璃。

3. 规格

光栅玻璃的长度、宽度、厚度及形状,应由供需双方商定。

4. 性能

(1) 技术尺寸。光栅玻璃的尺寸偏差要求见表 6-1。

表 6-1　光栅玻璃的技术尺寸要求　　　单位:mm

长度或宽度 L	允许偏差	厚度	允许偏差
		单层	±0.4
L≤500	+1 −2	≤8	+0.8 −0.5
500<L≤1000	±2	夹层	+1
L>1000	±3	>8	−0.5

— 191 —

地面铺装的装饰性

（2）弯曲度、吻合度。光栅玻璃的弯曲度应≤0.3%；曲面光栅玻璃的吻合度由供需双方商定。

（3）物理与化学性能。光栅玻璃的物理与化学性能要求见表6-2。

表6-2 光栅玻璃的物理与化学性能要求

项目	性能要求	备注
弯曲强度/MPa 耐热性 耐老化性，500h 耐化学稳定性 冻融性 太阳光直接反射比(%)	≥2.5 无气泡、开裂、渗水和显著变色，衍射效果不变 A 类或 B 类均无腐蚀和明显变色，衍射效果不变无气泡、开裂和明显变色，衍射效果不变 ≤0.3	用于镏长的钢化夹层光栅玻璃的抗冲击和耐磨性要求，应符合试验标准要求

（4）外观质量。光栅玻璃的外观质量要求，参见表6-3。

表6-3 光栅玻璃的外观质量要求

	项目	要求
光栅层气泡	长0.5—1mm，每0.1m² 面积内允许个数	≤3
	长1—3mm	
	距离边部10mm 范围内允许个数	≤2
	其他部位	不允许
划伤	宽度在0.1mm 以下的轻划伤	不限
	宽度在0.1—0.5mm，每0.1m² 面积内允许条数	≤4
爆边	每片玻璃每米长度上允许有长度不超过20mm，自玻璃边部向玻璃板表面延伸长度不超过6mm，自板面向玻璃厚度延伸深度不超过厚度一半，允许个数	≤6
缺角	小于1m 的，允许个数	≤2
	玻璃的角残缺以等分角线计算，长度不超过5mm，允许个数	≤1
图案		图案清晰，色泽均匀，不允许有明显漏缺
折皱		不允许有明显折皱
叠差		由供需双方商定

第六章 特殊面层地面铺装的装饰性

(二)夹层玻璃

夹层玻璃是一种在两片(或多片)之间嵌夹透明塑料薄片复合而成的安全型玻璃。夹层玻璃是在1906年由英国人发明并取得专利的,当时的做法是在两片玻璃之间嵌夹一层赛璐珞片复合而成。而后又相继采用明胶与赛璐珞配合,后来采用丙烯酸类树脂及其衍生物作为夹层嵌夹薄层材料。自20世纪40年代中期以来,夹层材料几乎都采用聚乙烯醇缩丁醛(PVB)薄膜。近20年来,由于玻璃科学技术的发展,以钢化玻璃、镀膜玻璃等为玻璃原片制造出具有特殊性能的夹层玻璃,使夹层玻璃向高抗冲击强度和多功能方向发展。

夹层玻璃可适用于高层建筑、工业厂房、大型商场、体育场馆的门窗用玻璃,飞机、防弹车辆、汽车、机车的挡风玻璃,也可用于水下工程、动物园兽展窗等具有特殊要求的窗用玻璃。

我国现已颁布夹层玻璃制品的国家标准。

1. 特性及构成

夹层玻璃的最大特点是其抗冲击强度比普通玻璃高出几倍,而且即使受到强大冲击而产生破坏,也不会产生玻璃碎片伤人。这是由于夹层玻璃中间有塑料薄片的粘合作用,使得夹层玻璃只产生辐射状的裂纹,但不破碎。同时夹层玻璃还具有良好的透光性以及良好的耐热、耐潮湿和耐寒性能。

夹层玻璃是玻璃与玻璃和/或塑料等材料,用中间层分隔并通过处理使其黏结为一体的复合材料的统称。常见和较多使用的是玻璃与玻璃,用中间层分隔并通过处理使其黏结为一体的玻璃构件。

中间层是介于两层玻璃和/或塑料等材料之间起分隔和黏结作用的材料,使夹层玻璃具有诸如抗冲击、阳光控制、隔声等性能。

中间层可选用材料种类和成分、力学和光学性能等不同的材料,如离子性中间层、PVB中间层、EVA中间层等。可以是无色的或有色的,透明的、半透明的或不透明的。

玻璃可选用浮法玻璃、普通平板玻璃、压花玻璃、抛光夹丝玻璃、夹丝压花玻璃等。可以是无色的、本体着色的或镀膜的;透明的、半透明的或不透明的;退火的、热增强的或钢化的;表面处理的,如喷砂或酸腐蚀的等。

塑料可选用聚碳酸酯、聚氨酯和聚丙烯酸酯等。可以是无色的、着色的、镀膜的;透明的或半透明的。

2. 分类

（1）按形状分为平面夹层玻璃和曲面夹层玻璃。

（2）按霰弹袋冲击性能分为Ⅰ类夹层玻璃、Ⅱ-1类夹层玻璃、Ⅱ-2类夹层玻璃和Ⅲ类夹层玻璃。

3. 规格

夹层玻璃的长度、宽度尺寸可参考表6-4。夹层玻璃的厚度没有规定。

表6-4 夹层玻璃的长度和宽度允许偏差　　单位：mm

公称尺寸（边长L）	公称厚度≤8	公称厚度>8	
^	^	每块玻璃公称厚度<10	至少一块玻璃公称厚度≥10
L≤1100	+2.0 -2.0	+2.5 -2.0	+3.5 -2.5
1100<L≤1500	+3.0 -2.0	+3.5 -2.0	+4.5 -3.0
1500<L≤2000	+3.0 -2.0	+3.5 -2.0	+5.0 -3.5
2000<L≤2500	+4.5 -2.5	+5.0 -3.0	+6.0 -4.0
L>2500	+5.0 -3.0	+5.5 -3.5	+6.5 -4.5

4. 性能

（1）尺寸偏差

①长度和宽度。夹层玻璃的长度和宽度尺寸允许偏差见表6-4。

②叠差。夹层玻璃的最大允许叠差见表6-5。

表6-5 夹层玻璃的最大允许叠差　　单位：mm

长度或宽度L	最大允许叠差	长度或宽度L	最大允许叠差
L≤1000	2.0	2000<L≤4000	4.0
1000<L≤2000	3.0	L>4000	6.0

③厚度。对于三层原片以上（含三层）制品、原片材料总厚度超过24mm及使用钢化玻璃作为原片时，其厚度允许偏差由供需双方商定。

a. 干法夹层玻璃厚度偏差。干法夹层玻璃的厚度偏差，不能超过构成夹层玻璃的原片厚度允许偏差和中间层材料厚度允许偏差的总和。

中间层的总厚度 <2mm 时，不考虑中间层的厚度偏差；中间层总厚度 ≥ 2mm 时，其厚度允许偏差为 ± 0.2mm。

b. 湿法夹层玻璃厚度偏差。湿法夹层玻璃的厚度偏差，不能超过构成夹层玻璃的原片厚度允许偏差和中间层材料厚度允许偏差总和。湿法中间层厚度允许偏差应符合表 6-6 的规定。

表 6-6 湿法夹层玻璃中间层厚度允许偏差　　　　　单位：mm

湿法中间层厚度 d	允许偏差	湿法中间层厚度 d	允许偏差
d<1	± 0.4	2 ≤ d<3	± 0.6
1 ≤ d<2	± 0.5	d ≥ 3	± 0.7

④对角线差。矩形夹层玻璃制品，长边长度不大于 2400mm 时，对角线差不得大于 4mm；长边长度大于 2400mm 时，对角线差由供需双方商定。

（2）弯曲度

平面夹层玻璃的弯曲度，弓形时应不超过 0.3%，波形时应不超过 0.2%。原材料使用有非无机玻璃时，弯曲度由供需双方商定。

（3）可见光透射比

夹层玻璃的可见光透射比由供需双方商定。

（4）可见光反射比

按规定进行试验，夹层玻璃的可见光反射比由供需双方商定。

（5）抗风压性能

应由供需双方商定是否有必要进行本项试验，以便合理选择给定风载条件下适宜的夹层玻璃的材料、结构和规格尺寸等，或验证所选定夹层玻璃的材料、结构和规格尺寸等能否满足设计风压值的要求。

（6）耐热性

试验后允许试样存在裂口，超出边部或裂口 13mm 部分不能产生气泡或其他缺陷。

（7）耐湿性

试验后试样超出原始边 15mm、切割边 25mm、裂口 10mm 部分不能产生气泡或其他缺陷。

（8）耐辐照性

试验后试样不可产生显著变色、气泡及浑浊现象，且试验前后试样的可见光透射比相对变化率 △T 应不大于 3%。

（9）落球冲击剥离性能

试验后中间层不得断裂、不得因碎片剥离而暴露。

地面铺装的装饰性

（10）霰弹袋冲击性能

在每一冲击高度试验后试样均应未破坏和/或安全破坏。

破坏时试样同时符合下列要求为安全破坏。

①破坏时允许出现裂缝或开口，但是不允许出现使直径为76mm的球在25N力作用下通过的裂缝或开口。

②冲击后试样出现碎片玻璃时，称量冲击后3min内从试片上剥离下的碎片。碎片总质量不得超过相当于100cm^2试样的质量，最大剥离碎片质量应小于44cm^2面积试样的质量。

Ⅱ-1类夹层玻璃：3组试样在冲击高度分别为300mm、750mm和1200mm时冲击后，全部试样未破坏和/或安全破坏。

Ⅱ-2类夹层玻璃：3组试样在冲击高度分别为300mm和750mm时冲击后，试样未破坏和/或安全破坏；但另1组试样在冲击高度为1200mm时，任何试样非安全破坏。

Ⅲ类夹层玻璃：1组试样在冲击高度为300mm时冲击后，试样未破坏和/或安全破坏，但另1组试样在冲击高度为750mm时，任何试样非安全破坏。

Ⅰ类夹层玻璃：对霰弹袋冲击性能不做要求。

（11）外观质量

a. 周边区缺陷。使用时装有边框的夹层玻璃周边区域，允许直径不超过5mm的点状缺陷存在；如点状缺陷是气泡，气泡面积之和不应超过边缘区面积的5%。

使用时不带边框夹层玻璃的周边区缺陷，由供需双方商定。

b. 裂口。不允许存在。

c. 爆边。长度或宽度不得超过玻璃的厚度。

d. 脱胶。不允许存在。

e. 皱痕和条纹。不允许存在。

合板，钉帽也应在胶合板面下0.5—1mm。

二、玻璃砖地面

玻璃砖地面是采用镭射玻璃砖或幻影玻璃砖进行装饰的地面。玻璃砖具有强度高、花色多、光泽好、防滑、耐磨、耐老化以及图案具有三维空间等特点。玻璃砖装饰主要用于高级舞厅、豪华宾馆、游艺厅、科学馆等公共建筑的地面局部点缀。

第六章 特殊面层地面铺装的装饰性

（一）构造做法

玻璃砖地面施工简单，具体构造做法如图6-1所示。

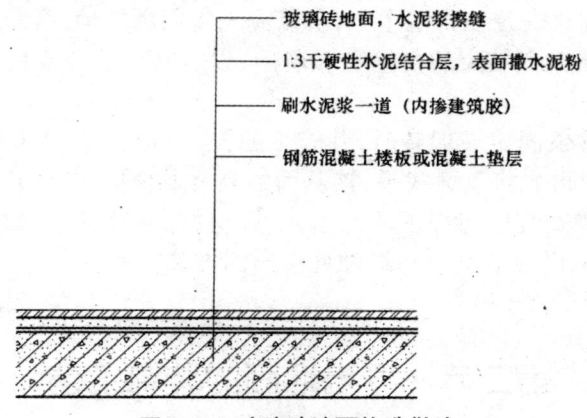

图6-1 玻璃砖地面构造做法

（二）材料要求

玻璃砖主要包括镭射玻璃砖和幻影玻璃砖。

1. 镭射玻璃

镭射玻璃也叫微晶玻璃，是以玻璃为基材的新一代装饰材料。它采用特种工艺处理玻璃表面，其表面的特种材料构成全息光栅或其他几何光栅，在光源的照耀下产生物理衍射的七彩光，对于同一感光点或感光面，随着光源入射角或观察角的变化，会感受到光谱分光的颜色变化，使被装饰物显得华贵、高雅，给人以美妙、神奇的感觉。

镭射玻璃砖结构细腻，色彩柔和而均匀，强度高，特别耐磨，属高级装修材料。常用的尺寸一般为500mm×500mm、600mm×600mm、600mm×1000mm；单层厚度一般为8mm，夹层厚度为(8+4)mm、(8+5)mm、(10+5)mm。

2. 幻影玻璃

幻影玻璃是以电脑控制大平炉或吊炉生产的钢化玻璃，通过艺术加工而成，有闪光与反光性能。幻影玻璃砖有金、红、紫、玉、绿、宝蓝、七彩珍珠等色。可以单色铺地，也可多种组合铺贴，具有低温、抗腐蚀、抗冲击、耐磨等特点。

幻影玻璃砖尺寸一般为：500mm×500mm、600mm×600mm、400mm×

地面铺装的装饰性

400mm；单层厚度一般为 8mm、5mm 两种，夹层厚度为（8+5）mm。

（三）施工工艺

玻璃砖通常安装在舞池中心，所以应先将周围的地面铺贴完毕，且室内其他的安装工作结束后再铺贴玻璃砖，以免在安装过程中重物落下将玻璃砖打碎。

用水泥砂浆固定玻璃砖时，其施工的方法与地砖铺设相同。用玻璃胶安装固定时可先将基面找平，该基面的高度要根据玻璃砖的厚度确定，以便使玻璃砖安装后与周围的地面，铺设材料表面高度一致。玻璃胶高度为 1—2mm，贴完后马上将缝隙处溢出的玻璃胶擦去。

第二节　导电地面的装饰工艺

在一些由于物体带静电会产生各种各样事故的地方，如飞机制造修理工厂，工艺上有使用可燃性气体、溶剂的工厂，医疗卫生机构的手术室等，往往采用导电地面，以便将蓄积在人和物体上的静电引走。

为了避免意外发生，在特殊场合中必须使用导电地面。例如，在使用可燃性麻醉瓦斯的手术室中，因为手术的主刀医生、实习医生和护士，还有患者、手术用器具相互间蓄积起来的静电，在彼此相互接近时产生火花的可能性很大，导致由于这种情况引起可燃气体爆炸的危险时有发生，但是导电性太好也不行，这样势必使手术人员、患者受到电冲击，在生理和心理上产生一定的影响，反而会带来危险。因此，选择有适当电阻的地面是最理想的，以保证室内环境的特殊要求和人的舒适度要求。具体的导电地面有水磨石导电地面、水泥砂浆导电地面、高分子材料块状导电地面（包括瓷砖导电地面）。每一种导电地面都是由面层、找平层、结合层组成，在每一层中都必须加入导电粉。导电粉材料一般有石墨粉、炭黑粉和金属粉，这些材料要经过导电试验成功后方可确定其配方。

一、水磨石导电地面

（一）导电材料

导电材料是导电砂浆，配合比为 1∶1∶3（炭黑∶普通水泥∶砂），也可以采用加入铁粉的导电砂浆,效果会更好些。

(二) 施工要点

(1) 在混凝土基层上抹平15—20mm厚的水泥砂浆后,铺30mm厚的导电砂浆,在导电砂浆中按设计要求铺20号左右铜线,铜线的一端要确定接地。嵌缝条最好采用塑料嵌缝条,将地面每0.36m^{2}分成一块。

(2) 导电砂浆铺好后,以1∶2的配合比(导电砂浆∶石渣)铺导电水磨石层,厚度15mm。

(3) 导电砂浆必须采用砂浆搅拌机充分搅拌均匀,禁止手工进行搅拌。

二、水泥砂浆导电地面

(一) 导电材料

导电材料是加入乙炔炭黑的导电砂浆(底层)和加入铁粉的导电砂浆(面层)。

(二) 施工要点

(1) 在该砂浆的底层中铺设网眼为40—110mm的11—16号镀锌金属网、铜线网满铺作为地线。

(2) 在底层导电砂浆未干透时涂上加入铁粉的砂浆,用铁抹子施工。

三、高分子材料块状导电地面

(一) 导电材料

导电材料是加入乙炔碳黑的塑料地板块,另外还有橡胶薄片、橡胶地板块等导电地面材料。

(二) 施工要点

(1) 在混凝土基层上用1∶3水泥砂浆作找平层,待干燥后作防水处理。

(2) 将30—50mm宽的铜带呈十字形黏贴,再在其上粘导电地板块,使导电地板块的中心正好在铜带的十字上,一块导电地板用铜带分为"田"字,也有将30—50mm宽的铜带呈一字形(水平方向)黏贴的情况。

地面铺装的装饰性

第三节 防水地面的装饰工艺

防水地面工程通常应用于长期有水或其他非腐蚀性液体存在的建筑中,如洗浴中心、盥洗室、食品厂、造纸厂、印染车间、洗衣房等的地面。对其地面的要求是不能有水等液体渗透地面。

防水地面工程中,最关键的环节是确保防水隔离层和防水面层的工程质量。

一、防水隔离层

隔离层是用于建筑地面上有水、油或其他液体经常作用(或浸蚀)时,为防止楼层地面(有时底层地面也用)出现向下渗漏现象而在面层下设置的构造层。

底层地面为防止地下水、潮湿气向上渗透到地面,在面层下也常设置隔离层。不仅防止地下潮气透过地面,还可作防潮层。

隔离层常采用防水类卷材、防水类涂料或沥青砂浆等铺设。防潮要求较低时,也可采用沥青胶泥涂覆式隔离层。

(一)材料要求

隔离层所采用的材料可分为三类:防水卷材、防水涂料和刚性防水材料。目前使用最多的则是防水卷材和防水涂料,在此介绍其主要产品,以供参考。

1. 防水卷材

防水卷材主要有沥青防水卷材、高聚物改性沥青防水卷材、高分子防水卷材。其产品质量要求如下。

(1)沥青防水卷材

①石油沥青纸胎油毡。应符合 GB326—1989《石油沥青纸胎油毡、油纸》的要求。

②煤沥青纸胎油毡。应符合 JC/T505—1996《煤沥青纸胎油毡》的要求。

③石油沥青玻纤胎油毡。应符合 GB/T14686—1993《石油沥青玻璃纤维胎油毡》的要求。

第六章 特殊面层地面铺装的装饰性

④石油沥青玻璃布胎油毡。应符合 JC/T84—1996《石油沥青玻璃布胎油毡》的要求。

（2）高聚物改性沥青防水卷材

①SBS 改性沥青防水卷材。应符合 GB18242—2000《弹性体改性沥青防水卷材》的要求。

②APP 改性沥青防水卷材。应符合 GB18243—2000《塑性体改性沥青防水卷材》的要求。

③改性沥青聚乙烯胎防水卷材。应符合 GB18967—2003《改性沥青聚乙烯胎防水卷材》的要求。

④改性沥青复合胎防水卷材。应符合 JC/T690—1998《沥青复合胎柔性防水卷材》的要求。

⑤自粘橡胶改性沥青防水卷材。应符合 JC840—1999《自粘橡胶沥青防水卷材》的要求。

（3）高分子防水卷材

①氯化聚乙烯防水卷材。应符合 GB12953—2003《氯化聚乙烯防水卷材》的要求。

②氯化聚乙烯—橡胶共混防水卷材。应符合 JC/T684—1997《氯化聚乙烯—橡胶共混防水卷材》的要求。

③聚氯乙烯防水卷材。应符合 GB12592—2003《聚氯乙烯防水卷材》的要求。

④三元丁橡胶防水卷材。应符合 JC/T645—1996《三元丁橡胶防水卷材》的要求。

2. 防水涂料

（1）高聚物改性沥青防水涂料。用于对沥青进行改性的高聚物品种较多，故目前并无针对某一种高聚物改性沥青防水涂料的标准，仅在 GB50345—2004《屋面工程技术规范》中介绍了对高聚物改性沥青防水涂料的质量要求。

①水乳型橡胶改性沥青涂料。水乳型橡胶改性沥青防水涂料是以石油沥青为基料，以水为分散介质，以橡胶为改性剂，并加入无机填料、增塑剂等助剂混合而制成的防水涂料。

a. 水乳型氯丁胶乳改性沥青防水涂料。其物理、化学性能要求见表6—7。

地面铺装的装饰性

表 6-7 水乳型氯丁胶乳改性沥青防水涂料的物理、化学性能要求

项目		指标	
		一等品	二等品
外观		搅拌后为黑色或蓝褐色均质液体,搅拌棒上不黏附任何颗粒	
延伸性/mm	无处理	≥ 6.0	≥ 4.5
	热处理	≥ 4.5	≥ 3.5
	碱处理	≥ 4.5	≥ 3.5
	老化250h后	≥ 4.5	≥ 3.5
柔韧性		−15℃ ± 1℃	−10℃ ± 1℃
		无裂纹、断裂	
固含量(%)		≥ 43	
耐热性		80℃ ± 2℃ 5h 无流淌、起泡和滑动	
黏结性/MPa		≥ 0.20	
不透水性		0.1MPa 30min 不透水	
抗冻性		冻融循环 20 次不开裂	
涂膜干燥性		表干 4h,实干 24h	

b. 水乳型丁苯胶乳改性沥青防水涂料,其物理、化学性能要求见表 6-8。

表 6-8 水乳型丁苯胶乳改性沥青防水涂料的物理、化学性能要求

项目		优等品	合格品	民用品
固体含量(%)		≥ 50		
延伸性/mm	无处理	≥ 4.5		
	处理后	≥ 3.5		
柔韧性,无裂纹、断裂/℃		−15 ± 2	−10 ± 1	−5 ± 1
		110	100	100
耐热性/℃		5h 无流淌、无起泡和滑动		
黏结性/MPa		≥ 0.2		
不透水性(0.1MPa,30min)		不透水		
抗冻性		循环 20 次无开裂		

c. 水乳型 SBS 改性沥青防水涂料,其物理、化学性能要求见表 6-9。

表 6-9 水乳型 SBS 改性沥青防水涂料的物理、化学性能要求

项目		指标	
		优等品	合格品
外观		黑色均质膏体或黏稠液体	
延伸性 /mm	无处理	≥ 6.0	≥ 4.5
	处理后	≥ 4.5	≥ 3.5
柔韧性 /℃		−15 ± 1	−10 ± 1
		涂层无裂纹、断裂(2h,20mm 圆棒)	
固体含量(%)		≥ 43	
耐热性 /℃		85 ± 2	80 ± 2
		涂层无流淌、起泡和滑动(45° 倾斜 5h)	
黏结性 /MPa		≥ 0.20	
不透水性		0.1MPa,30min 不渗水	
抗冻性		冻融循环 20 次无起泡、开裂、剥离	

d. 水乳型弹性厚质改性沥青防水涂料。水乳型弹性厚质改性沥青防水涂料除了具有其他高聚物改性沥青防水涂料的特点之外,其最突出的特点是具有优异的延伸性、回弹性、低温柔性和抗老化性,使用寿命可达 10 年以上。此外,由于其固体含量高,故可一次刮涂数毫米的厚度,可以与建筑表面形成牢固的弹性体防水层。

水乳型弹性厚质改性沥青防水涂料适用于各种预制、现浇混凝土结构以及建筑的屋面防水层,地下室等的防水、防渗及接缝防水,各种建筑上的接缝嵌缝等。

水乳型弹性厚质改性沥青防水涂料的物理、化学性能要求见表 6-10。

表 6-10 水乳型弹性厚质改性沥青防水涂料的物理、化学性能要求

项目	指标
外观	黑色或灰黑色膏状体
固体含量(%)	≥ 48
耐热性(80℃ ± 2℃,5h)	不流淌
低温柔性	−10℃以下绕 ϕ 20mm 圆棒无裂纹

续表

项目	指标
黏结性 /MPa	≥ 0.2
延伸性 /mm	10 ~ 40
不透水性（0.1MPa，30min）	不渗漏
抗冻性（-20℃ ~ 20℃循环 20 次）	无开裂
贮存稳定性（室温）	≥ 1 年

②溶剂型橡胶改性沥青防水涂料。溶剂型橡胶改性沥青防水涂料是以石油沥青为基料，以溶剂为分散介质，以橡胶剂，并加入无机填料、增塑剂等助剂经溶解、混合而制成的防水涂料。

a. 溶剂型氯丁胶改性沥青防水涂料。其物理、化学性能要求见表 6-11。

表 6-11 溶剂型氯丁胶改性沥青防水涂料的物理、化学性能要求

项目	性能指标
固含量（%）	≥ 48
耐热性（80℃ ±2℃，2h）	无变化
低温柔性	-10℃绕 ϕ 10mm 圆棒，无裂纹
黏结强度（20℃ ±2℃，MPa）	≥ 0.2
不透水性（20℃ ±2℃）	0.1MPa，30min，不透水
耐碱性	饱和 Ca（OH）$_2$ 浸 15d，无变化
抗裂性（20℃ ±2℃）	基层裂缝 ≤ 0.4mm 宽，涂膜无裂纹

b. 溶剂型丁基胶改性沥青防水涂料。其物理、化学性能要求见表 6-12。

表 6-12 溶剂型丁基胶改性沥青防水涂料的物理、化学性能要求

项目	性能指标
耐热性（80℃ ±2℃恒温 5h）	无皱皮、起泡等现象
低温柔性（-20℃，10mm 圆棒）	涂膜无网纹、裂纹、剥落等现象
黏结性（用 "∞" 字模法）	≥ 0.2MPa
耐裂性（20℃ ±2℃涂膜厚 1.0mm 时）	基层裂缝宽在小于 1.5mm 时涂膜不开裂
不透水性（动水压 0.1MPa，30min）	不透水
抗拉延伸率	>100%

第六章 特殊面层地面铺装的装饰性

c. 溶剂型 SBS 改性沥青防水涂料。其物理、化学性能要求见表 6-13。

表 6-13 溶剂型 SBS 改性沥青防水涂料的物理、化学性能要求

项目	指标	项目	指标
固体含量(%)	48	黏结强度 /MPa	0.2
延伸性 /mm	4.5	涂膜表干时间 /h	2
耐热性(80℃±2℃,5h)	不流淌、不起泡	涂膜实干时间 /h	24
柔度(-10℃, R=5mm)	不开裂		

（2）合成高分子防水涂料。目前，国外防水涂料的发展已达到相当高的水平。不少国家已制订出产品标准和施工规程，在工业发达的国家，合成高分子防水涂料的产量较高，其工程应用量已占防水材料总量的 12% 左右。在美国、西欧和日本等国家，多以延伸性和耐候性优良的合成树脂和合成橡胶为主要原料，发展出各种合成高分子涂料，取得了很好的效果。

随着我国石油工业的迅速发展，合成高分子涂料在防水工程中的应用量也日益加大，特别是在国家颁布 GB50207—1994《屋面工程技术规范》的基础上，经修改颁布了 GB50207—2004《屋面工程技术规范》，这对合成高分子防水涂料的发展和应用技术提供了可靠的保证。现将该标准中对合成高分子防水涂料的性能要求，列于表 6-14 和表 6-15，以供读者在选择和评价合成高分子防水涂料中参考。

表 6-14 合成高分子防水涂料（反应固化型）性能要求

项目		性能要求	
		I 类	II 类
拉伸强度 /MPa		≥1.9（单、多组分）	≥2.45（单、多组分）
断裂伸长率(%)		≥550（单组分） ≥450（多组分）	≥450（单、多组分）
低温柔性 /℃,2h		-40（单组分），-35（多组分），弯折无裂纹	
不透水性	压力 /MPa	≥0.3（单、多组分）	
	保持时间 /min	≥30（单、多组分）	
固体含量(%)		≥80（单组分），≥92（多组分）	

表 6-15　合成高分子防水涂料(挥发固化型)性能要求

项目		性能要求
拉伸强度 /MPa		≥ 1.5
断裂伸长率(%)		≥ 300
低温柔性 /℃,2h		−20,绕 ϕ 10mm 圆棒无裂纹
不透水性	压力 /MPa	≥ 0.3
	保持时间 /min	≥ 30
固体含量(%)		≥ 65

①聚氨酯防水涂料。聚氨酯防水涂料分为双组分反应固化型和单组分湿固化型两种。

双组分聚氨酯防水涂料中的甲组分(也称：A 料)是由异氰酸酯与复合聚醚经聚合反应成为端基带有异氰酸根(—NCO)的预聚体；乙组分(也称：B 料)由含有多羟基的固化剂、交联剂、催化剂、增塑剂、填料和稀释剂等配制而成。施工时，仅需将甲、乙两组分相混合，然后涂于被保护的基面上，经过混合后的涂料中的甲、乙组分发生反应而固化后，即可形成均匀的、富于弹性的防水涂膜。双组分聚氨酯涂料可分为两种：沥青基聚氨酯防水涂料(适用于隐蔽防水工程)和纯聚氨酯防水涂料(一般为彩色，适用于外露防水工程)。

单组分聚氨酯防水涂料的生产技术要求严格，它有沥青基聚氨酯防水涂料、溶剂型聚氨酯防水涂料和以水为稀释剂的聚氨酯防水涂料等数种。施工时，仅将涂料施于被保护的基面上，当涂料中保留的异氰酸根与大气中的湿气发生反应而固化后，即可形成富有弹性的防水膜，故其为综合性能优异的防水涂料，但价格较贵。

聚氨酯防水涂料的产品质量要求，应符合 GB/T19250—2003《聚氨酯防水涂料》中的规定。

②聚氯乙烯防水涂料。应符合 JC/T674—1997《聚氯乙烯弹性防水涂料》中的产品质量要求。

③聚合物乳液防水涂料。应符合 JC/T864—2000《聚合物乳液建筑防水涂料》中的产品质量要求。

④有机硅防水涂料。应符合 JC/T902—2002《建筑表面用有机硅防水剂》中的产品质量要求。

⑤聚合物水泥防水涂料。应符合 JC/T894—2001《聚合物水泥防水涂料》中的产品质量要求。

3. 刚性防水材料

刚性防水材料是指以水泥、砂、石子为原料,并掺入少量外加剂、高分子聚合物等材料,通过调整配合比、抑制或减少孔隙特征、增加各原材料界面间的密实性等方法,配制成的具有一定抗渗能力的防水水泥砂浆或防水混凝土。

由于刚性防水材料品种较多,在此仅介绍几种已颁布国家或行业标准的产品。

(1)渗透结晶型防水材料。渗透结晶型防水材料是一种掺入硅酸盐水泥或普通硅酸盐水泥、石英砂等基材中的防水材料,可参见 GB18445—2001。

渗透结晶型防水材料的作用机理是:其与水作用后,材料中会有活性化学物质通过载体向混凝土内部渗透,并在混凝土中形成不溶于水的结晶体以填塞毛细孔道,从而使混凝土结构致密、防水。

渗透结晶型防水材料一般是加入水泥、砂等中,制成砂浆或混凝土来实现其防水功能的,有时也使用它来配制成涂料。

(2)防水剂。防水剂是一种掺入水泥、石英砂等基材中的防水材料,可参见 JC474—1999。

防水剂有液体和粉状两种,使用时是将其加入到水泥、砂等中,制成砂浆或混凝土来实现其防水功能的。

(3)膨胀剂。膨胀剂是一种掺入水泥、石英砂等基材中的防水材料,可参见 JC476—2001。

膨胀剂当与水泥、水拌和后,经水化反应而生成钙矾石或氢氧化钙,从而使混凝土产生膨胀,以消除混凝土中的细小缝隙,来实现其防水功能。

膨胀剂主要有以下三种。

①硫铝酸钙类混凝土膨胀剂。是指与水泥、水拌和后经水化反应生成钙矾石的混凝土膨胀剂。

②氧化钙类混凝土膨胀剂。是指与水泥、水拌和后经水化反应生成氢氧化钙的混凝土膨胀剂。

③复合混凝土膨胀剂。是指硫铝酸钙类或氧化钙类混凝土膨胀剂,分别与混凝土化学外加剂复合的,兼有混凝土膨胀剂与混凝土化学外加剂性能的混凝土膨胀剂。

(4)无机防水堵漏材料。无机防水堵漏材料是一种以水泥及添加剂经一定工艺加工而成的粉状防水堵漏材料(但不适用于快速堵漏材料,即初凝时间 <2min 的堵漏材料),参见 JC900—2002。

地面铺装的装饰性

无机防水堵漏材料根据其凝结时间和用途分为两种:缓凝型和速凝型。

缓凝型主要用于潮湿和微渗基层上做防水抗渗工程。速凝型主要用于渗漏或涌水基体上做防水堵漏工程。

(二)应用设计与施工

1. 应用设计

如果采用防水卷材来作为隔离层的话,纸胎的油毡可采用二层的做法;其他的防水卷材若无特殊设计要求,通常采用一层的做法。

如果采用防水涂料来作为隔离层的话,大多需要2—3道,以使防水涂膜厚度达到1.5—2.0mm。

2. 隔离层的施工

(1)施工工艺

防水隔离层的施工工艺流程(卷材防水、涂膜防水和刚性防水)如图6-2所示。

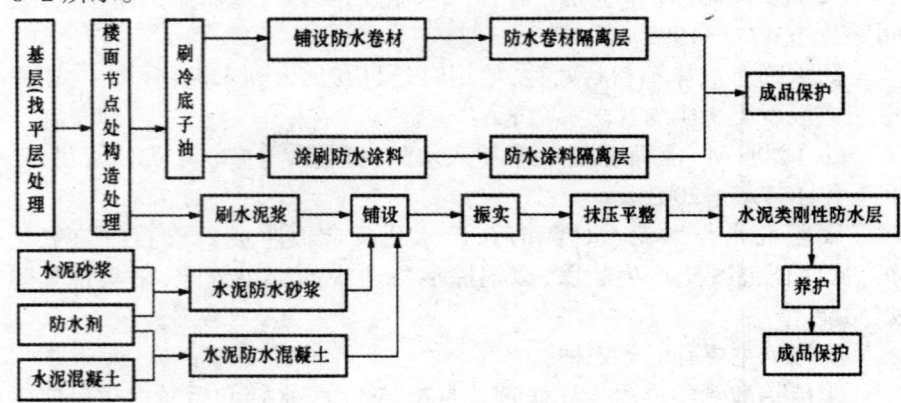

图6-2 施工工艺流程

(2)施工要点

①铺设隔离层前,应对基层(或找平层)进行认真处理,表面不得有空鼓、裂缝和起砂现象。当隔离层为沥青防水卷材类材料时,其表面应平整、洁净、干燥。当隔离层为水泥类刚性防水层时,其表面应平整、洁净、湿润。

在进行基层处理的同时,应楼面节点处的构造处理工作,对穿过楼层面的管道四周,对靠近墙面处、柱根部及有关阴、阳角部位,应增加卷材附加层及涂刷附加层,以防止接点处产生渗漏现象。

②在水泥类基层(或找平层)上涂刷冷底子油时,要涂刷均匀,厚度以 0.5mm 为宜,不应露底和有麻点。

③对防水卷材类隔离层,铺设时应展平压实,挤出的沥青胶结料要趁热刮去。已铺贴好的卷材面不得有皱折、空鼓、翘边和封口不严等缺陷。对于卷材的搭接长度而言,长边不小于 100mm,短边不小于 150mm。搭接的接缝处应用沥青胶泥封严。

④采用防水涂料隔离层时,涂刷一般不少于两遍,其上下层涂刷方向宜相互垂直,并须待先涂布的涂层干燥成膜后方可进行上一层施工操作。防水涂料隔离层每层厚度宜为 1.5—2mm。

在涂刷层干燥前,不得在防水层上进行其他施工作业,也不得在其上面直接堆放物品。

⑤水泥防水砂浆的铺设厚度不应小于 30mm,水泥防水混凝土的铺设厚度不应小于 50mm,并在水泥终凝前完成平整压实工作。

⑥防水隔离层铺设完毕后,必须做蓄水检验。蓄水深度应为 20—30mm,在 24 小时内无渗漏为合格,并应做好验收记录后,方可进行下道工序的施工。

二、防水面层

在防水地面工程中的防水面层主要有三类:水泥类防水面层、防水混凝土面层和板块类防水面层。

(一)水泥类防水面层

1. 材料要求

(1)水泥:水泥宜采用硅酸盐水泥、普通硅酸盐水泥,其强度等级不应低于 32.5 级。不同品种和不同强度等级的水泥不得混合使用,过期水泥也不得使用。

(2)砂:砂应采用中砂或粗砂,含泥量不应大于 3%。

(3)石屑:石屑粒径宜为 3—5mm,其含粉量(含泥量)不应大于 3%。过多的含粉量,对提高面层的质量是极为不利的。而水灰比增大,强度必然下降,且还容易引起面层起灰、裂缝等质量通病。当含泥量超过要求时,应采用淘洗、筛等办法处理。

(4)水:采用饮用水。

地面铺装的装饰性

2. 应用设计

水泥类防水面层是直接铺覆于隔离层上面,其强度一般为C15。

3. 施工及施工要点

(1) 施工工艺

水泥类防水面层的施工工艺流程如图6-3所示。

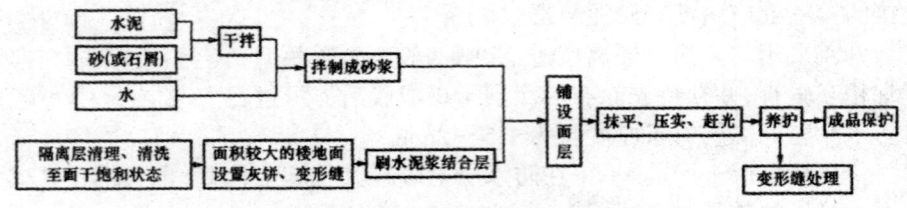

图6-3 水泥类防水面层的施工工艺流程图

(2) 施工要点

①面层下的防水隔离层,应经蓄水试验合格后方可铺设面层。

②施工面层时,应防止对防水隔离层造成损伤。

③面层的坡度应事先做出标志,保证坡度设置正确。

④使用水泥砂浆面层时,宜采用1:2配合比;应严格控制砂浆水灰比,宜用干硬性砂浆铺设。铺设后,用平板振动器或滚子压实,以提高砂浆面层的密实度。

⑤搅拌时间不应小于2min。有条件时应使用干硬性水泥砂浆铺设面层,以增强面层的抗压强度。铺设面层前,应在基层表面涂刷一层水泥浆黏结层,水灰比为0.4—0.5,涂刷均匀,随刷浆,随铺设面层。

⑥切实做好压光工作,掌握好压光最佳时间,以消除可能出现的细微裂缝,使面层达到平整、光洁、无裂缝的效果。

面层施工宜在门、窗(含玻璃)安装后施工,避免穿堂风劲吹造成地面面层裂缝。

⑦及时做好养护工作,如有可能,宜采用蓄水养护或满铺湿润材料后浇水养护,养护时间宜为10—14d。

⑧防止过早上人将地面踩踏粗糙。养护期到后,应做好地面保护工作,防止其他工种(工序)施工时对地面造成损伤。

(二)防水混凝土面层

1. 材料要求

(1) 水泥:同"水泥类防水面层"中的要求。

第六章 特殊面层地面铺装的装饰性

（2）砂：同"水泥类防水面层"中的要求。

（3）石子：采用碎石或卵石，级配应适当。底层地面因厚度较厚，石子粒径可采用30—40mm，但最大粒径不应大于面层厚度的2/3。楼层地面因厚度较薄，石子粒径宜采用15mm左右的豆石或瓜子片。石子的含泥量不应大于2%。

（4）水：采用饮用水。

根据理论分析和实际施工经验总结，防水混凝土配合比常用参数如下。

水灰比：控制在0.6以下。

坍落度：以30—50mm为宜。

水泥用量：不小于320kg/m³。

砂率（砂重量：砂石总重量）：不小于35%，一般以35%—40%为宜。

灰砂比（水泥重量 ᠄ 砂重量）：应不小于1：2.5。

粗骨料最大粒径：不大于40mm。

对于外加剂防水混凝土，其配合比设计除参照上述常用参数外，还应根据不同施工条件和气候因素选择合适的外加剂品种，并严格控制掺量。

2. 应用设计

防水混凝土面层是直接铺覆于隔离层上面，其强度等级应符合设计要求，且不应小于C20。

当防水地面采用水泥混凝土垫层（或结构层）兼面层做成时，大多采用防水混凝土浇筑，目前常用的防水混凝土有普通防水混凝土和外加剂防水混凝土两种。

（1）普通防水混凝土面层。普通防水混凝土是在普通混凝土基础上发展起来的，是通过调整配合比，提高混凝土自身的密实度和抗渗性的一种混凝土。普通防水混凝土的配制除满足强度要求外，还应满足防水抗渗的要求。其中石子骨架的作用有所减弱，水泥浆的数量相应增加，除了满足填充和黏结作用外，还要求在石子周围形成一定数量和质量（浓度）的砂浆包裹层，以提高混凝土的抗渗性能。

（2）外加剂防水混凝土面层。外加剂防水混凝土是在混凝土拌和物中加入少量改善混凝土抗渗性能的外加剂。目前常用的外加剂种类有以下几种。

①加气型外加剂，如松香酸钠、松香热聚物等。它能使混凝土拌和时产生大量均匀而微小的封闭气泡，破坏混凝土内的毛细管，并能改善混凝土的和易性、泌水性和抗冻性。

②密实型外加剂，如氢氧化铁防水剂等。它能在混凝土拌和物内生

成一种胶状悬浮颗粒,填充混凝土中的微小孔隙和毛细管通道,因而能有效地提高混凝土的密实性和不透水性。

③早强型外加剂,如三乙醇胺等。它是水泥胶凝体的活性激发剂,可加快水泥的水化作用,增多水化生成物,使水泥石结晶变细,结构密实,从而提高混凝土的抗渗性和不透水性。

④减水型外加剂,如 MF 型减水剂和 NNO 型减水剂等。它对水泥颗粒有较好的分散作用,因而可改善混凝土拌和物的和易性,减少用水量,减少由于多余水分的蒸发而留下的毛细孔体积,且使毛细孔孔径变细,结构致密,水泥的水化生成物分布均匀,因而能提高混凝土的密实性和抗渗性。

3. 施工及施工要点

(1)施工工艺

防水混凝土面层的施工工艺流程如图 6-4 所示。

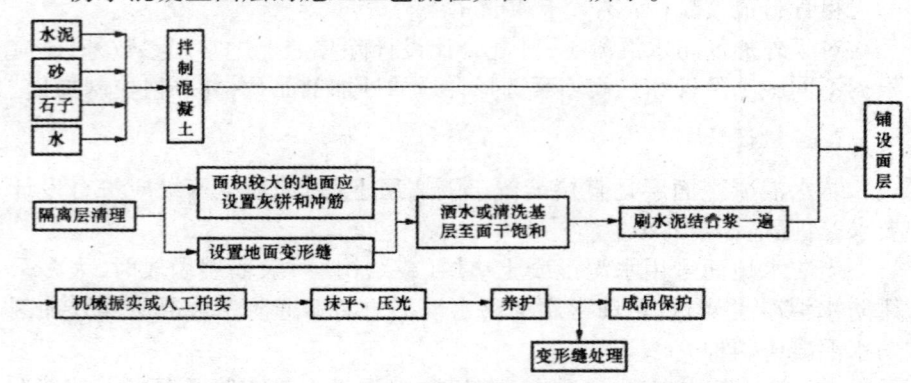

图 6-4 防水混凝土面层的施工工艺流程图

(2)施工要点

防水混凝土施工应尽可能一次浇筑完成,不留(或少留)施工缝。同时,前后之间的衔接时间应严格控制在水泥的初凝时间内。在整个施工过程中,各个环节都要采取严密的质量措施。因此,对施工准备也相应提出了较高的要求。

①—③同水泥类防水面层。

④由于防水混凝土要求较高的密实性,所以拌制也要求有较好的均匀性。防水混凝土应采用机械搅拌,每次搅拌从投料到出料,一般不少于 120s。

⑤当使用外加剂时,应将外加剂配制成一定浓度的溶液后加入搅拌机内(粉剂和水剂均应如此),不得将外加剂干粉或高浓度外加剂直接加

入搅拌机内,防止搅拌不均匀而局部集中,既失去外加剂作用,又容易使混凝土出现质量问题。

⑥防水混凝土配合比设计。

a. 防水混凝土抗渗等级的确定。防水混凝土的抗渗等级根据最大作用水头和混凝土垫层厚度等参数来选择,通常根据设计图纸要求确定,也可参考有关规定。

b. 防水混凝土配合比设计。防水混凝土施工前,应根据其抗渗等级和实际使用材料,由试验部门先行试配,测定其抗压强度和抗渗等级,从中选定最佳配合比作为施工配合比。

(三)板块类防水面层

板块类防水面层是指采用本书第二章和第三章中所介绍的天然花岗石板、天然大理石板、水磨石板、陶瓷锦砖、陶瓷面砖等板块状的制品作为防水面层。

1. 材料要求

所采用的防水面层板块制品的要求,详见本书其它章节的相关内容。

2. 施工及施工要点

(1)施工工艺

所采用的是防水面层板块的施工工艺流程。

(2)施工要点

①铺贴前应对基层(或找平层、隔离层等)做好清洁工作,保证结合牢固,防止面层铺设后造成空鼓等质量弊病。

②重视接缝质量。各种地砖、缸砖,不宜采用狭缝、密缝铺设,宜采用宽缝(不小于5mm)铺缝。塑料地板板缝的焊接应由专业焊工操作,保证焊接施工质量。

③做好灌缝工作。灌缝前应认真清理缝隙,扫清垃圾杂物;灌缝应用 1:1 水泥砂浆或纯水泥浆;在水泥终凝前,用比缝隙略小的压条将缝隙内砂浆压实压光。

④灌缝后应做好养护工作,养护时间不应少于10d。养护期满后,应加强成品保护,不应过早上人。

第四节　保温地面的装饰工艺

目前,建筑地面以其是否直接与土壤接触来分,可分为两种:直接接触土壤的地面和不直接接触土壤的地面。

一、对地面的保温性能要求

针对建筑地面的不同结构,采用不同的保温材料设计出地面的保温结构,如果设计者所选择的建筑地面保温结构的传热系数小于或等于该建筑所规定的地面传热系数值,那么就说明所选择的结构(包括地面结构材料,保温材料的品种和厚度等)是可行的。

(一)居住建筑地面

对居住建筑地面的保温性能要求,应根据该建筑所在的气候分区,符合表6-16中的要求。

表6-16　居住建筑不同气候分区楼地面的传热系数要求

气候分区	楼地面部位	传热系数 K/[W/($m^2 \cdot K$)]
严寒地区 A 区	底面接触室外空气的架空或外挑楼板	≤ 0.48
	周边地面及非周边地面	≤ 0.28
严寒地区 B 区	底面接触室外空气的架空或外挑楼板	≤ 0.45
	周边地面及非周边地面	≤ 0.35
严寒地区 C 区	底面接触室外空气的架空或外挑楼板	≤ 0.50
	周边地面及非周边地面	≤ 0.35
寒冷地区 A 区	底面接触室外空气的架空或外挑楼板	≤ 0.50
	周边地面及非周边地面	≤ 0.50
寒冷地区 B 区	底面接触室外空气的架空或外挑楼板	≤ 0.60
	周边地面及非周边地面	—
夏热冬冷地区	底部自然通风的架空楼板	≤ 1.50
	上下为居室的层间楼板	≤ 2.00

（二）公共建筑地面

对公共建筑地面的保温性能要求，应根据该建筑所在的气候分区，符合表6-17中的要求。

表6-17 公共建筑不同气候分区楼地面及地下室外墙的传热系数

气候分区	楼地面部位	传热系数 K/[W/(m²·K)] 体形系数 ≤ 0.3	传热系数 K/[W/(m²·K)] 体形系数 >0.3	热阻 R/(m²·K/W)
严寒地区 A 区	底面接触室外空气的架空或外挑楼板	≤ 0.45	≤ 0.40	—
	采暖房间与非采暖房间的楼板	≤ 0.60		—
	周边地面	—		≥ 2.00
	非周边地面	—		≥ 1.80
	采暖地下室外墙（-q土壤接触的墙）	—		≥ 2.00
严寒地区 B 区	底面接触室外空气的架空或外挑楼板	≤ 0.50	≤ 0.45	—
	采暖房间与非采暖房间的楼板	≤ 0.80		—
	周边地面	—		≥ 2.00
	非周边地面	—		≥ 1.80
	采暖地下室外墙（与土壤接触的墙）	—		≥ 1.80
寒冷地区	底面接触室外空气的架空或外挑楼板	≤ 0.60	≤ 0.50	—
	采暖房间与非采暖房间的楼板	≤ 1.50		—
	周边及非周边地面	—		≥ 1.50
	采暖、空调地下室外墙（与土壤接触的墙）	—		≥ 1.50
夏热冬冷地区	底面接触室外空气的架空或外挑楼板	≤ 1.00		—
	地面及地下室外墙（与土壤接触的墙）	—		≥ 1.20
夏热冬暖地区	底面接触室外空气的架空或外挑楼板	≤ 1.50		—
	地面及地下室外墙（与土壤接触的墙）	—		≥ 1.00

（三）建筑地面保温设计要点

（1）采暖建筑楼地面面层的热工设计，宜从人们的健康、舒适及采暖方式综合考虑采取不同的表面材料。对于不是采用地板辐射采暖方式的采暖建筑的楼地面，宜采用材料密度小、热导率也小的地面材料。

地面铺装的装饰性

（2）从提高底层地面的保温和防潮性能考虑，宜在地面的垫层中采用不小于20mm厚度的挤塑聚苯板等，以提高地面的热阻；用板、块状保温材料做垫层，使地面的热阻接近于居住建筑的地面热阻。

（3）夏热冬冷和夏热冬暖地区的建筑底层地面，在每年的梅雨季节都会由于湿热空气的差迟而产生地面结露，底层地板的热工设计宜采取下列措施：

①地面构造层的热阻应不少于外墙热阻的1/2，以减少向基层的传热，提高地表面温度，避免结露。

②面层材料的热导率要小，使地表面温度易于紧随室内空气温度变化。

③面层材料有较强的吸湿性，具有对表面水分的"吞吐"作用，不宜使用硬质的地面砖或石材等做面层。

④采用空气层防潮技术，勒脚处的通风口应设置活动遮挡板。

⑤当采用空铺实木地板或胶结强化木地板做面层时，下面的垫层应有防潮层。

（4）楼地面的节能技术，可根据底面是不接触室外空气的层间楼板、底面接触室外空气的架空或外挑楼板及底层地面，采用不同的节能技术。保温系统组成材料的防火及卫生指标应符合现行相关标准的规定。

（5）层间楼板可采取保温层直接设置在楼板上表面或楼板底面，也可采取铺设木龙骨（空铺）或无木龙骨的实铺木地板。

①在楼板上面的保温层，宜采用硬质挤塑聚苯板、泡沫玻璃保温板等板材或强度符合地面要求的保温砂浆等材料，其厚度应满足建筑节能设计标准的要求。

②在楼板底面的保温层，宜采用强度较高的保温砂浆抹灰，其厚度应满足建筑节能设计标准的要求。

③铺设木龙骨的空铺木地板，宜在木龙骨间嵌填板状保温材料，使楼板层的保温和隔声性能更好。

（6）底面接触室外空气的架空或外挑楼板宜采用外保温系统。

（7）严寒及寒冷地区采暖建筑的底层地面应以保温为主，在持力层以上土壤层的热阻已符合地面热阻规定值的条件下，宜在地面面层下铺设适当厚度的板状保温材料，进一步提高地面的保温性能。

二、地面不同保温材料的保温构造及热工性能

（一）直接接触土壤的地面

对于直接接触土壤的非周边地面,一般不需做保温处理,其传热系数即可满足要求；对于直接接触土壤的周边地面(即从外墙内侧算起 2.0m 范围内的地面),应采用保温措施,使地面的传热系数小于或等于 0.30W/($m^2 \cdot K$)。满足这一要求的地面保温构造,如图 6-5 所示。

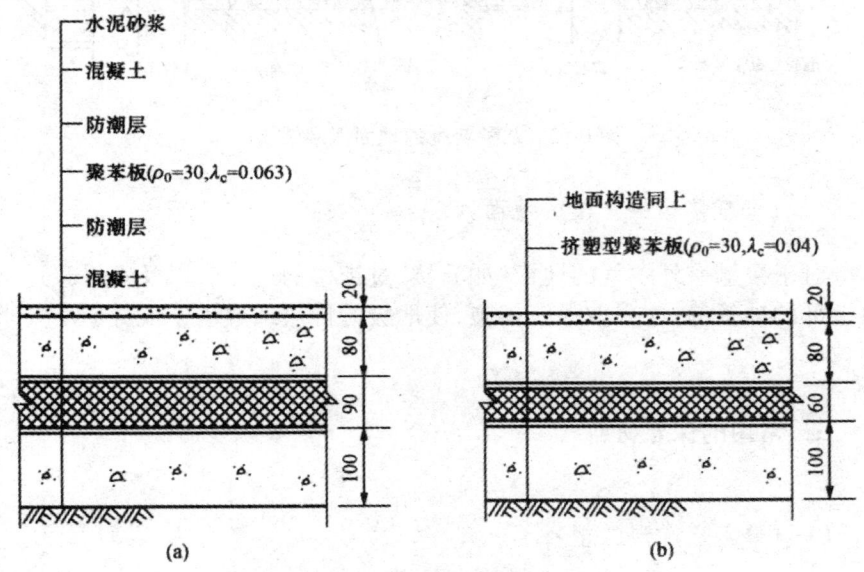

图 6-5 地面保温的结构
(a) 普通聚苯板保温地面 (b) 挤塑性聚苯板保温地面

图 6-6 为几种国外典型的地面保温结构。

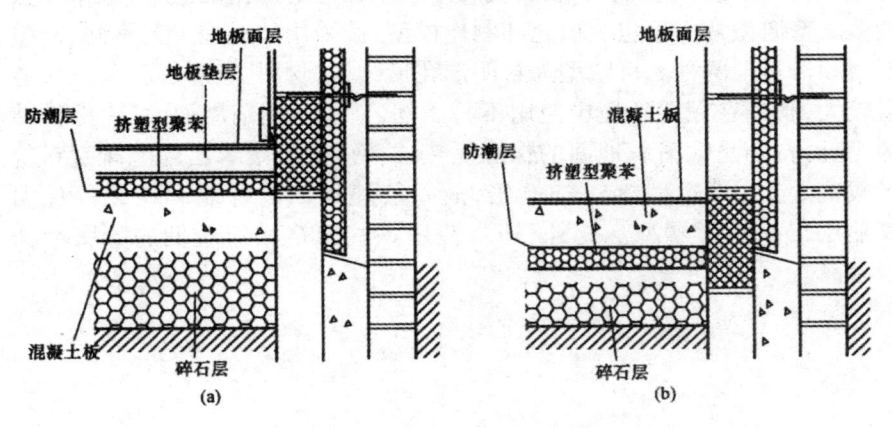

地面铺装的装饰性

图 6-6 几种典型的地面保温结构

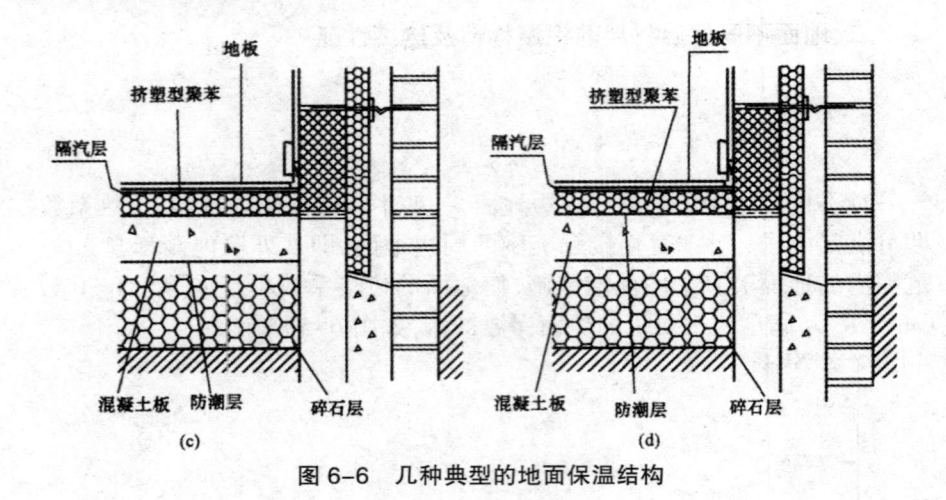

（二）不直接接触土壤的地面

对于接触室外空气的地板（如骑楼、过街楼的地板），以及不采暖地下室上部的地板等，应采取保温措施，使地板的传热系数小于或等于所要求的数值。

三、常用的保温材料

（一）聚苯乙烯泡沫塑料

聚苯乙烯泡沫塑料是以聚苯乙烯树脂为基料，加入发泡剂等辅助材料，经加热发泡而成的轻质材料。按是否掺入阻燃剂，分阻燃型（ZR）和普通型（PT）两种。用于一般建筑、冷库、车厢等的保温隔热层，应采用阻燃型。普通型常用于包装填充和制作模型，按采用的成型工艺不同，分模塑型和挤塑型两种。挤塑型为封闭形孔形结构，材料强度较高，蒸汽渗透阻较大，长期在潮湿环境中使用不易受潮，适用于倒铺屋面、冷库围护结构、地面特别是大荷载地面的保温隔热层。挤塑型聚苯乙烯泡沫塑料价格较高，约为模塑型 2.5—3.0 倍，故一般建筑物的外墙和屋顶的保温隔热层仍采用模塑型。此外，还常使用一些价格相对较低的膨胀珍珠岩制品。

1. 模塑聚苯乙烯泡沫塑料（EPS）

（1）品种

①按密度划分。模塑聚苯乙烯泡沫塑料按其密度来分，可分为六种：Ⅰ、Ⅱ、Ⅲ、Ⅳ、Ⅴ、Ⅵ。

②按燃烧性能划分。模塑聚苯乙烯泡沫塑料按其燃烧性能来分，可分为两种：普通型和阻燃型。

（2）规格。模塑聚苯乙烯泡沫塑料的规格大致可分为四种：长度和宽度小于1000mm、1000—2000mm、2000—4000mm和大于4000mm。

（3）外观质量。模塑聚苯乙烯泡沫塑料的外观质量要求如下。

①色泽：均匀，阻燃型应掺有颜色的颗粒，以示区别。

②外形：表面平整，无明显收缩变形和膨胀变形。

③熔结：熔结良好。

④杂质：无明显油渍和杂质。

2. 挤塑聚苯乙烯泡沫塑料（XPS）

（1）品种

①按压缩强度P和表皮划分。按挤塑聚苯乙烯泡沫塑料制品的压缩强度P和是否带表皮来分，可分为十种：X150—P≥150kPa，带表皮；X200—P≥200kPa，带表皮；X250—P≥250kPa，带表皮；X300—P≥300kPa，带表皮；X350—P≥350kPa，带表皮；X400—P≥400kPa，带表皮；X450—P≥450kPa，带表皮；X500—P≥500kPa，带表皮；W200—P≥200kPa，不带表皮；W300—P≥200kPa，不带表皮。

②按边缘结构划分。根据挤塑聚苯乙烯泡沫塑料制品的边缘结构，可分为四种，如图6-7所示。

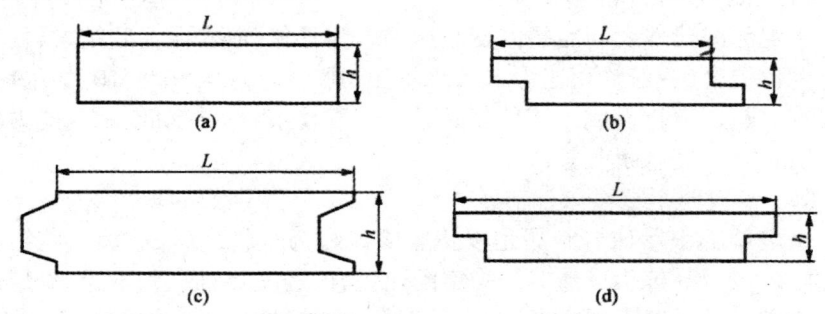

图6-7 挤塑聚苯乙烯泡沫塑料制品的边缘结构形式
（a）SS型（b）SL型（c）TG型（d）RC型

（2）规格。挤塑聚苯乙烯泡沫塑料的规格如下：

长度：1200mm、1250mm、2450mm、2500mm。

宽度：600mm、900mm、1200mm。

厚度：20mm、25mm、30mm、40mm、50mm、75mm、100mm。

（3）外观质量。挤塑聚苯乙烯泡沫塑料的外观质量要求：产品表面应平整，无夹杂物，颜色均匀；不应有明显影响使用的可见缺陷，如起泡、裂口、变形等。

（二）膨胀珍珠岩及其制品

1. 膨胀珍珠岩

膨胀珍珠岩具有低密度、低热导率，良好的耐热性能和吸声性能，电绝缘性能好，耐酸性好，能与不同胶结剂配合制成各种形状的制品，而且价格低廉。缺点是吸水率高，不耐碱。

膨胀珍珠岩是以珍珠岩矿石为原料，经过破碎、筛分，然后预热至400℃—500℃，再于回转窑中焙烧至1250℃—1300℃后，经冷却而成。

2. 膨胀珍珠岩制品

膨胀珍珠岩制品是以膨胀珍珠岩为骨料，以水泥、水玻璃等为胶结剂，按一定的工艺过程制成砖、板、瓦、管等各种形状和规格的产品。膨胀珍珠岩制品主要有水泥膨胀珍珠岩制品、水玻璃膨胀珍珠岩制品、磷酸盐膨胀珍珠岩制品、沥青膨胀珍珠岩制品等数种。目前国家已颁布GB/T10303—2001《膨胀珍珠岩绝热制品》的国家标准，在此标准中没有特定指出是针对上述哪一种制品，因此它具有广泛的适用性。

（1）水泥膨胀珍珠岩制品

水泥膨胀珍珠岩制品是以膨胀珍珠岩为骨料，以水泥为胶结材料，按一定配比混合（一般体积比为42.5级水泥：膨胀珍珠岩＝1∶10）加水后，经搅拌、成型、养护而成。该种制品具有密度较小、热导率低、承压能力较高、施工方便、经济耐久等特点。

（2）水玻璃膨胀珍珠岩制品

水玻璃膨胀珍珠岩制品是以膨胀珍珠岩为骨料，以水玻璃为胶结材料，并加入赤泥（炼铝废渣），按一定配比混合，经搅拌、成型、干燥、烘焙而成。该种制品具有表观密度小、热导率低、耐热性好、吸声性能好等特点，而且施工方便。

（3）沥青膨胀珍珠岩制品

①石油沥青膨胀珍珠岩制品。石油沥青膨胀珍珠岩制品是以膨胀珍珠岩为骨料，以石油沥青为胶结材料，按一定配比混合（一般膨胀珍珠岩与石油沥青的体积比为 11∶1，当成型压缩比为 1.9 时，$1m^3$ 的制品需用膨胀珍珠岩为 $1.65m^3$，石油沥青为 160kg。其中膨胀珍珠岩容重小于 $120kg/m^3$，石油沥青为 10 号建筑石油沥青），加温搅拌、压制成型而成。该种制品具有容重小、热导率较低、吸水率低、耐水性好等特点，故常用于屋面保温层或低温设备的保冷材料。

②乳化沥青膨胀珍珠岩制品。乳化沥青膨胀珍珠岩制品是以膨胀珍珠岩为骨料，以乳化沥青为黏结材料，在常温下按一定配比混合，经搅拌、成型、干燥而成。该种制品具有密度较小、热导率较低、成型方便、防水性能好的特点，故多用于建筑物的墙体和屋面的保温层材料（有时也采用施工现场现浇的方法）。

（4）石膏膨胀珍珠岩制品

石膏膨胀珍珠岩制品是以膨胀珍珠岩为骨料，以石膏为黏结材料，按一定配比加水混合，经搅拌、成型、干燥而成。该种制品一般为砌块、空心条板等墙体材料，其最大特点是较传统墙体材料容重小，保温性能较好，施工也较快。

四、施工及施工要点

（1）铺贴保温材料层的地面基层（含楼板底表面），表面必须平整、干燥。如需设置找平层，找平层表面应用木抹子搓打密实、平整，待充分干燥后再铺（贴）设保温材料层。

（2）采用的保温材料宜用阻燃型的，其密度应符合设计要求，板厚应均匀一致，铺（贴）设时板缝应错开。

（3）底层地面保温材料层的上、下面和楼层地面保温材料层的上面，应设置防潮层，防止保温材料层在施工中浸水受潮，因为受潮后将降低保温效果。

（4）保温材料层应采用 EC 型胶粘剂或 EC 型砂浆作散点状黏结于基层表面。在地板上表面黏结时，其黏结面积应不小于板面积的 15%；在地板下表面黏结时，其黏结面积应不小于板面积的 50%。

（5）在保温材料层上面施工混凝土等面层时，应采取措施，防止损坏保温材料层及防潮层。

（6）保温地面还应十分重视门扇与地面间的密封处理，防止在门扇

地面铺装的装饰性

与地面交接的缝隙中散失热能。

（7）保温地面面层的质量指标，其主控项目和一般项目应符合相应地面面层的质量标准，检验方法也应相同。

（8）保温材料层的铺设应平整、紧密，板块缝隙应错开，表面设有纤维增强层的应黏结牢固。表面平整度用2m靠尺检查，不应超过5mm。

（9）保温材料层在施工中应严格防止浸水受潮，如有受潮，应采取吹（烘）干措施后，再对上面结构层及面层施工。

第五节　采暖地面的装饰工艺

多年以来，我国的建筑采暖大多是采用热电厂或中央锅炉房为热源，再通过热网输送热源到各个用户，这就必然存在着输送过程中的热损耗，而且很难做到分户计量的缺点。近些年，在建筑采暖方式上出现了可以单户自我供热的技术，主要有低温（水媒）辐射采暖地面和低温发热电缆辐射采暖地面。

一、低温（水媒）辐射采暖地面

低温（水媒）辐射采暖系统是由加热器、管道泵、主干管、压力表、过滤器、阀门、分水器、集水器和温度计等组成，并将采暖地面划分成为几个区域，而每个区域又可划分成为若干块。

（一）材料要求

1.绝热材料

（1）绝热材料应采用热导率小、难燃或不燃，具有足够承载能力的材料，且不宜含有殖菌源，不产生有散发异味及可能危害健康的挥发物。

（2）地面辐射供暖工程中采用的聚苯乙烯泡沫塑料主要技术指标应符合表6-18的规定。

表6-18　聚苯乙烯泡沫塑料主要技术指标

项目	单位	性能指标
表观密度	kg/m^3	≥20.0
压缩强度（即在10%形变下的压缩应力）	kPa	≥100

第六章 特殊面层地面铺装的装饰性

续表

项目	单位	性能指标
热导率	W/(m·K)	≤ 0.041
吸水率(体积分数)	%(v/v)	≤ 4
尺寸稳定性	%	≤ 3
水蒸气透过系数	mg/(Pa·m·s)	≤ 4.5
熔结性(弯曲变形)	mm	≥ 20
氧指数	%	≥ 30
燃烧分级	达到 B_2 级	

2. 加热管

目前常用的加热管材有 PE-X 管(交联聚乙烯管)、PE-RT 管(耐热聚乙烯管)、PP-R 管(无规共聚聚丙烯管)、PP-B(嵌段共聚聚丙烯管)、XPAP 管(铝塑复合管)、PB 管(聚丁烯管)和铜管等,这些管材的共同特点是抗老化、耐腐蚀、承高压、不结垢、不渗漏、无环境污染、无水阻力及膨胀系数小,在 50℃ 环境下使用年限可达 50 年。对其要求如下。

(1)低温热水系统的加热管应根据其工作温度、工作压力、使用寿命、施工和环保性能等因素,经综合考虑和技术经济比较后确定。

(2)加热管质量必须符合国家现行标准中的各项规定;加热管的物理性能应符合表 6-19—表 6-21 的规定。

表 6-19 铝塑复合管的物理力学性能

公称直径 /mm	管环径向拉伸力 /N		静液压强度 /MPa		爆破压力 /MPa	
	搭接焊	对接焊	搭接焊 (82℃ 10h)	对接焊 (95℃ 1h)	搭接焊	对接焊
12	2100	—	2.72		7.0	
16	2300	2400	2.72	2.42	6.0	8.0
20	2500	2600	2.72	2.42	5.0	7.0

表 6-20 塑料加热管的物理力学性能

项目	PE-X 管	PE-RT 管	PP-R 管	PB 管	PP-B 管
20℃、1h 液压试验环应力 /MPa	12.00	10.00	16.00	15.50	16.00
95℃、1h 液压试验环应力 /MPa	4.80				

续表

项目	PE-X管	PE-RT管	PP-R管	PB管	PP-B管
95℃、22h液压试验环应力/MPa	4.70	—	4.20	6.50	3.40
95℃、165h液压试验环应力/MPa	4.60	3.55	3.80	6.20	3.00
95℃、1000h液压试验环应力/MPa	4.40	3.50	3.50	6.00	2.60
110℃、8760h热稳定性试验环应力/MPa	2.50	1.90	1.90	2.40	1.40
纵向尺寸收缩率(%)	≤3	≤3	≤2	≤2	≤2
0℃耐冲击	—	—	破损率<试样的10%	—	破损率<试样的10%
管材与混配料熔体流动速率之差	—	变化率≤原料的30%(在190℃、2.16b的条件下)	变化率≤原料的30%(在230℃、2.16kg的条件下)	≤0.3g/10min(在190℃、5kg的条件下)	变化率≤原料的30%(在230℃、2.16kg的条件下)

表6-21 铜管机械性能要求

状态	公称外径/mm	抗拉强度 不小于	伸长率不小于 δ_5(%)	δ_{10}(%)
硬态(Y)	≤100	315	—	—
	>100	295		
半硬态(Y_2)	≤54	250	30	25
软态(M)	≤35	205	40	35

（3）加热管外壁标识应按相关管材标准执行，有阻氧层的加热管宜注明。

（4）与其他供暖系统共用同一集中热源的热水系统、且其他供暖系统采用钢制散热器等易腐蚀构件时，塑料管宜有阻氧层或在热水系统中添加除氧剂。

（5）加热管的内外表面应光滑、平整、干净,不应有可能影响产品性能的明显划痕、凹陷、气泡等缺陷。

（6）塑料管或铝塑复合管的公称外径、壁厚与偏差应符合表6-22和表6-23的要求。

表6-22　塑料管公称外径、最小与最大平均外径(单位:mm)

塑料管材	公称外径	最小平均外径	最大平均外径
PE-X管、PB管、PE-RT管、PP-R管、PP-B管	16	16.0	16.3
	20	20.0	20.3
	25	25.0	25.3

表6-23　铝塑复合管公称外径、壁厚与偏差(单位:mm)

铝塑复合管	公称外径	公称外径偏差	参考内径	壁厚最小值	壁厚偏差
搭接焊	16	+0.3	12.1	1.7	+0.5
	20		15.7	1.9	
	25		19.9	2.3	
对接焊	16	+0.3	10.9	2.3	+0.5
	20		14.5	2.5	
	25（26）		18.5（19.5）	3.0	

3. 分水器、集水器

分水器、集水器应包括分水干管、集水干管、排气及泄水试验装置、支路阀门和连接配件等,对其要求如下。

（1）分水器、集水器(含连接件等)的材料宜为铜质。

（2）分水器、集水器(含连接件等)的表观。内外表面应光洁,不得有裂纹、砂眼、冷隔、夹渣、凹凸不平等缺陷;表面电镀的连接件色泽应均匀,镀层牢固,不得有脱镀的缺陷。

（3）金属连接件间的连接及过渡管件与金属连接件间的连接密封应符合国家现行标准GB/T7306《55°密封管螺纹》的规定。永久性的螺纹连接,可使用厌氧胶密封黏结;可拆卸的螺纹连接,可使用不超过0.25mm总厚的密封材料密封连接。

（4）铜制金属连接件与管材之间的连接结构形式宜为卡套式或卡压试夹紧结构。

（5）连接件的物理力学性能测试应采用管道系统适用性试验的方法,

管道系统适用性试验条件及要求应符合管材国家现行标准的规定。

4. 地面面层材料

供暖地面的面层材料,原则上讲水泥砂浆、水磨石、混凝土、地面面砖、大理石、花岗石以及木质类材料都可以使用,但从使用效果来讲,木质类材料面层更好一些。根据地面辐射采暖的特点,目前建材市场上已经有专门适合这种供热方式的耐(地)热木地板销售。这种地板的特点是,地板厚度尺寸偏薄,宽度尺寸偏窄,含水率低,受热后热稳定性好,尺寸稳定,不容易变形,也有利于热交换和传导。

适宜于地面辐射采暖系统的木地板有以下几种。

(1) 7—8mm 厚的强化木地板,用 2—3mm 的泡沫塑料垫层。

(2) 8—12mm 厚的三层或多层实木复合地板,用 2—3mm 的泡沫塑料垫层。

(3) 8mm 厚的拼花木地板,用 2—3mm 泡沫塑料垫层。

(4) 10—12mm 厚的实木平口地板。

(5) 长、宽、厚分别小于 600mm×60mm×15mm 的实木企口地板,或用 200mm×40mm×10mm 规格的地板,铺设成方形或人字形,使其受热变形均匀。

(二)应用设计

(1) 分户热计量的低温热水地面辐射供暖系统应符合下列要求.

①应采用共用立管的分户独立系统形式。

②热量表前应设置过滤器。

③供暖系统的水质应符合现行国家标准 GB/T1576—2008《工业锅炉水质》的规定。

④共用立管和入户装置,宜设置在管道井内;管道井宜邻楼梯间或户外公共空间。

⑤每一对共用立管在每层连接的户数不宜超过 3 户。

(2) 低温热水地面辐射供暖系统室内温度控制,可根据需要选取下列任意一种方式。

①在加热管与分水器、集水器的接合处,分路设置调节性能好的阀门,通过手动调节来控制室内温度。

②各个房间的加热管局部沿墙槽抬高至 1.4m,在加热管上装置自力式恒温控制阀,控制室温保持恒定。

③在加热管与分水器、集水器的接合处,分路设置远传型自力式或电

动式恒温控制阀,通过各房间内的温控器控制相应回路上的调节阀,控制室内温度保持恒定,调节阀也可内置于集水器中。采用电动控制时,房间温控器与分水器、集水器之间应预埋电线。

（3）各个环路加热管的进、出水口,应分别与分水器、集水器相连接。分水器、集水器内径不应小于总供、回水管内径,且分水器、集水器最大断面流速不宜大于0.8m/s。每个分水器、集水器分支环路不宜多于8路。各路加热管的长度宜接近,并不宜超过120m。每个分支环路供回水管上均应设置可关断阀门。

（4）在分水器之前的供水连接管道上,顺水流方向应安装阀门、过滤器、阀门及泄水管。在集水器之后的回水连接管上,应安装泄水管并加装平衡阀或其他可关断调节阀。对有热计量要求的系统应设置热计量装置。

（5）在分水器的总进水管与集水器的总出水管之间宜设置旁通管,旁通管上应设置阀门。分水器、集水器上均应设置手动或自动排气阀。

（6）进深大于6m的房间,宜以距外墙6m为界分区,分别进行热负荷计算和管线布置。敷设加热管的建筑地面不应计算地面的传热损失。地面的固定设备和卫生洁具下不应布置加热管。

（7）分户热计量的地面辐射供暖系统的热负荷计算,应考虑间歇供暖和户间传热等因素。

（8）地面辐射供暖工程施工图设计文件的内容和深度,应符合下列要求。

①施工图设计文件应以施工图纸为主,包括图纸目录、设计说明、加热管平面布置图、温控装置布置图及分水器、集水器、地面构造示意图等内容。

②设计说明中应详细说明供暖室内外计算温度、热源及热媒参数、加热管技术数据及规格;标明使用的具体条件如工作温度、工作压力以及绝热材料的热导率、密度、规格及厚度等。

③平面图中应绘出加热管的具体布置形式,标明敷设间距、加热管的管径、计算长度和伸缩缝要求等。

（三）施工及施工要点

1. 基层处理

铺设绝热保温层的基层表面应平整、干燥、无杂物。墙面根部应平直,且无积灰现象,所有地面留洞应在填充层施工前完成。

地面铺装的装饰性

2. 绝热保温层铺设

绝热保温层应铺设平整，相互间接合应严密。并用密封胶带黏贴牢固。在绝热保温层上敷设无纺布基铝箔层时，除将加热管固定在绝热层的塑料卡钉穿越外，不得有其他破损。

直接与土接触或有潮湿气体侵入的地面在铺设绝热保温层前，应先铺设一层防潮隔离层。

3. 加热管的敷设

（1）加热管的敷设方式。加热管采取不同布置形式时，会导致地面温度分布不同。布管时，应按设计图纸规定，本着保证地面温度均匀的原则进行，宜将高温管段优先布置于外窗、外墙侧，使室内温度分布尽可能均匀。

加热管的布置常用方式有回折型（旋转型）或平行型（直列型）。

地面散热量的计算都是建立在加热管间距均匀布置基础上的。实际上，房间的热损失主要发生在与室外空气邻接的部位，如外墙、外窗、外门等处。为了使室内温度分布尽可能均匀，在邻近这些部位的区域，如靠近外墙、外窗处，管间距可适当的缩小，而在其他区域则可以将管间距适当的放大。为了使地面温度分布不会有过大的差异，最大间距不宜超过300mm。

（2）加热管敷设前应核对所用管材的品种、规格等是否符合设计图纸要求，还应检查外观质量，管内部不得有杂质（物）。加热管应敷设平整，管间的安装误差不应大于10mm。加热管安装间断或完毕时，敞口处应随时封堵。

（3）塑料及铝塑复合加热管的弯曲半径不宜小于6倍加热管的外径，铜管的弯曲半径不宜小于5倍管外径。弯曲管道时，圆弧的顶部应加以限制，并用管卡进行固定，不得出现"死折"。

（4）加热管切割应采用专用工具，切口应平整，断口面应垂直管轴线。加热管道安装时应防止管道扭曲。埋入填充层内的加热管不应有接头。

（5）加热管应设固定装置，常用的固定方法有以下几种。

①用固定卡将加热管直接固定在绝热保温层上，或设有复合面层的绝热保温板上。

②用扎带将加热管固定在铺设于绝热层上的网格上。

③直接卡在铺设于绝热层表面的专用管架或管卡上。

④直接固定于绝热层表面凸起间形成的凹槽内。

加热管弯头两端宜设固定卡；加热管固定点的间距，直管段固定点

第六章 特殊面层地面铺装的装饰性

间距宜为0.5—0.7m,弯曲管段固定点间距宜为0.2—0.3m。

（6）在分水器、集水器附近以及其他局部加热管排列比较密集的部位,当管间距小于100mm时,加热管外部应采取设置柔性套管等措施。

进入卫生间以及有水房间地面的加热管,穿墙处应采取防水止漏措施。

（7）加热管出地面至分水器、集水器连接处,弯管部分不宜露出地面装饰层。加热管出地面至分水器、集水器下部球阀接口之间的明装管段,外部应加装塑料套管。套管应高出装饰面150—200mm。

（8）加热管与分水器、集水器连接应采用卡套式、卡压式挤压夹紧连接,连接件材料宜为铜质;铜质连接件与PP-R或PP-B直接接触的表面必须镀镍。

（9）加热管的环路布置不宜穿越填充层内的伸缩缝。必须穿越时,伸缩缝处应设长度不小于200min的柔性套管,以确保加热管在填充层内发生热胀冷缩变化时的自由度。

（10）分水器、集水器宜在开始铺设加热管之前进行安装。水平安装时,宜将分水器安装在上,集水器安装在下,中心距宜为200mm,集水器中心距地面不应小于300mm。

在分水器的进水处应装设过滤器,防止异物进入地面的加热管内。

加热管敷设结束后,应绘制竣工图,正确标注加热管位置。

（11）分水器、集水器、阀门组件安装前,应做强度和严密性试验。试验应在每批数量中抽查10%,且不得少于一个。对安装在分水器进口、集水器出口及旁通管上的旁通阀门,应逐个做强度和严密性试验,合格后方可使用。

阀门的强度试验压力应为工作压力的1.5倍,严密性试验压力为工作压力的1.1倍;公称直径不大于50mm的阀门强度和严密性试验持续时间应为15s,其间压力应保持不变,且壳体、填料及密封面应无渗漏。

（12）伸缩缝的设置应符合下列规定。

①在内外墙、柱等垂直构件交接处应留不间断的伸缩缝,伸缩缝填充材料应采用搭接方式连接,搭接宽度不应小于10mm;伸缩缝填充材料与墙、柱应有可靠的固定措施,与地面绝热层连接应紧密,伸缩缝宽度不宜小于10mm。伸缩缝填充材料宜采用高发泡聚乙烯泡沫塑料。

②当地面面积超过30m^{2}或边长超过6m时,应按不大于6m间距设置伸缩缝,伸缩缝宽度不应小于8mm。伸缩缝宜采用高发泡聚乙烯泡沫塑料或满填弹性膨胀膏。

③伸缩缝应从绝热层的上边缘做到填充层的上边缘。

4. 管道水压试验

（1）加热管安装完毕，在浇筑混凝土填充层前以及填充层混凝土养护期满后，应进行两次水压试验。水压试验应以每组分水器、集水器为单位，逐个回路进行。

（2）水压试验前应对加热管道系统进行冲洗。冲洗应在分水器、集水器以外主供、回水管道冲洗合格后再进行室内供暖系统的冲洗。

（3）水压试验的压力应为工作压力的1.5倍，且不应小于0.6MPa。在试验压力下，稳定1h，其压力降幅不应大于0.05MPa。

水压试验宜采用手动泵缓慢升压，升压过程中应随时观察与检查，不得有渗漏；不宜以气压试验代替水压试验。

（4）在有冻结可能的情况下做水压试验时，应采取防冻措施，试压完成后应及时将管内的水吹净、吹干。

5. 中间验收

在混凝土填充层浇筑前的水压试验完成并合格后，应按隐蔽工程要求，由施工单位会同监理单位进行中间验收，下列项目应达到相应技术要求。

（1）绝热保温层的厚度、材料的物理性能及铺设应符合设计要求。

（2）加热管规格、敷设间距、弯曲半径等应符合设计要求，并应固定可靠。

（3）伸缩缝应按设计要求敷设完毕。

（4）加热管与分水器、集水管的连接处应无渗漏，供暖系统水压试验合格。分水器、集水器、阀门的强度和严密性试验资料齐全并符合设计要求。

（5）填充层内加热管不应有接头。

6. 铺设钢筋(丝)网

铺设时应用砂浆垫块将网片垫起，不得直接压在加热管上面。铺设应平整，搭接接头不小于60mm。用扎带或塑料卡钉将网片固定于加热管上。

7. 混凝土填充层施工

（1）混凝土填充层施工应具备以下条件。

①加热管安装完毕且水压试验合格、加热管处于有压状态下。

②所有伸缩缝已安装完毕。

③通过隐蔽工程中间验收。

第六章 特殊面层地面铺装的装饰性

（2）混凝土填充层应由有资质的土建施工方承担,供暖系统施工单位应予密切配合。

（3）混凝土填充层施工中,加热管内的水压不应低于0.6MPa；混凝土养护过程中,系统水压不应低于0.4MPa,待混凝土达到养护期后,管道系统方可泄压。

（4）混凝土填充层施工中,严禁使用机械振捣设备；施工人员应穿软底鞋,采用平头铁锹操作。严禁踩踏在加热管上进行操作,防止加热管被损坏。

（5）在加热管的铺设区内,严禁穿凿、钻孔或进行射钉作业。

（6）混凝土填充层施工完毕且养护期满后,管道系统应再做一次水压试验,验收并做好记录。

8. 水泥砂浆找平层

在混凝土填充层上应铺设厚度为15—20mm厚的1∶3水泥砂浆找平层,以确保面层铺设的平整度。

卫生间及经常有水的房间地面,在填充层上面应再做一层隔离层。

9. 面层施工

面层施工前,混凝土填充层应达到面层需要的干燥度。面层施工除应符合土建施工设计图纸的各项要求外,尚应注意下列事项。

（1）施工面层时不得剔、凿、割、钻和钉填充层,不得向填充层内楔入任何物件。

（2）面层的施工应在混凝土填充层达到要求强度后进行。

（3）石材、面砖在与外墙、柱等垂直构件交接处,应留10mm宽伸缩缝；木地板铺设时应留不小于14mm的伸缩缝。伸缩缝应从填充层的上边缘做到高出装饰层上表面10—20mm,装饰层敷设完毕后应裁去多余部分。伸缩缝填充材料宜采用高发泡聚乙烯泡沫塑料。面砖、大理石、花岗石面层施工时,在伸缩缝处宜采用干贴方法施工。

（4）以木质地板作面层时木材应经干燥处理,并应在正常运行时的最高水温（即设计水温）保持24h以上,使其上面的混凝土填充层和水泥砂浆找平层内的水分充分蒸发后施工,尽量减少木地板在使用过程中吸湿膨胀变形因素。

铺设木地板的安装工人,应经过专门培训,掌握铺设方法和相应技巧。

铺设木地板前,应在地面上（即水泥砂浆找平层上）先铺设一层塑料布,以隔绝下面潮气,然后铺设木地板专用的泡沫塑料垫层,最后铺设面

地面铺装的装饰性

木地板。

踢脚板的铺设时间宜比木地板的铺设时间推迟 48h,待地板胶完全干透后进行铺钉。

10. 调试和试运行

(1) 地面辐射供暖系统的运行调试,应在具备正常供暖的条件下进行。未经调试和试运行的,严禁投入运行使用。

(2) 地面辐射供暖系统的调试和试运行,应在施工完毕且混凝土填充层养护期满后,正式采暖运行前进行。

调试工作应由施工单位在建设单位配合下进行,并作好记录。

(3) 初始加热时,热水升温应平缓,供水温度应控制在比当时环境温度高 10℃左右,且不应高于 32℃的环境中,并应连续运行 48h;以后每隔 24h 水温升高 3℃,直至达到设计供水温度。在此温度下应对每组分水器、集水器连接的加热管逐路进行调节,直至达到设计要求。

(4) 地面辐射供暖系统的供暖效果,应以房间中央离地 1.5m 处黑球温度计指示的温度,作为评价和检测的依据。

二、低温发热电缆辐射采暖地面

低温发热电缆辐射采暖是地面采暖的另一种形式,它将发热电缆直接埋设在地面结构层中,利用电力加热地面垫层及面层而供暖。由于发热电缆直接发热传递热量,它集热源与终端设备为一体,因而具有明显的优势。此外,它和低温热水地面辐射供暖一样,具有诸多的优点和特点。

发热电缆辐射采暖系统地面构造的隔离层、绝热层、填充层、找平层、面层等设置要求,可参见"低温(水媒)辐射采暖地面"中所介绍的相关内容。

(一)材料要求

(1) 发热电缆应经国家电线电缆质量监督检验部门检验合格,产品的电气安全性能、机械性能应符合表 6-24 的规定。

表 6-24 发热电缆的电气和机械性能要求

类别	检验项目	标准要求
标志	成品电缆表面标志 标志间距离	字迹清楚、容易辨认、耐擦 最大 500mm

续表

类别	检验项目	标准要求
电压试验绝缘电阻	室温成品电缆电压试验（2.0kV/5min） 高温成品电缆电压试验（100℃,1.5kV/150min） 绝缘电阻（100℃）	不击穿 不击穿 最小 0.03MΩ·km
导体	导体电阻（20℃） 电阻温度系数	在标定值（Ω/m）的 +10% 和 −5% 之间 不为负数
成品性能试验	变形试验（300N,1.5kV/30s） 拉力试验 正反卷绕试验 低温冲击试验（−15℃） 屏蔽的耐穿透性	不击穿 最小 120N 不击穿 不开裂 试针推入绝缘需触及屏蔽
绝缘层	绝缘厚度 　平均厚度 　最薄处厚度	 最小 0.80mm 最小 0.72mm
	机械物理性能 　老化前抗张强度 　老化前断裂伸长率 空气箱老化（7×24h,135℃） 　抗张强度变化率 　断裂伸长率变化率 空气弹老化（40h,127℃） 　抗张强度变化率 　断裂伸长率变化率	 最小 4.2N/mm^2 最小 200% 最大 ±30% 最大 ±30% 最大 ±30% 最大 ±30%
	非污染试验（7×24h,90℃） 　抗张强度变化率 　断裂伸长率变化率	 最大 ±30% 最大 ±30%
	热延伸（15min,250℃） 　伸长率 　永久伸长率	 最大 175% 最大 15%
	耐臭氧试验（臭氧浓度 0.025%～0.030%,24h）	不开裂
外护套	外护套厚度 　平均厚度 　最薄处厚度	 最小 0.8mm 最小 0.58mm

续表

类别	检验项目	标准要求
外护套	机械物理性能 老化前抗张强度 老化前断裂伸长率 空气箱老化（10×24h,135℃） 老化后抗张强度 老化后断裂伸长率 抗张强度变化率 断裂伸长率变化率 非污染试验（7×24h,90℃） 老化后抗张强度 老化后断裂伸长率 抗张强度变化率 断裂伸长率变化率	最小 15.0N/mm^2 最小 150% 最小 15.0N/mm^2 最小 150% 最大 ±25% 最大 ±25% 最小 15.0N/mm^2 最小 150% 最大 ±25% 最大 ±25%
	失重试验（10×24h,115℃）	最大 2.0mg/cm^2
	抗开裂试验（1h,150℃）	不开裂
	90℃高温压力试验—变形率	最大 50%
	低温卷绕试验（-15℃）	不开裂
	热稳定性（200℃）	最小 180min

（2）发热电缆系统用的温控器是该系统的一个重要组成部分，其作用是调节温度、控制系统工作状态。它由控温和测温两部分组成，由生产厂家整体供应，其质量标准应符合国家现行标准 JJG874—2007《温度指示控制仪》和 GB14536.10—2008《家用和类似用途电自动控制器温度敏感控制器的特殊要求》的规定。

发热电缆系统的温控器外观不应有划痕，标记应清晰，面板扣合应严密、开关应灵活自如，温度调节部件应使用正常。

（3）发热电缆热线部分的结构在径向上从里到外应由发热导线、绝缘层、接地屏蔽层和外护套等组成，其外径不宜小于 6mm。

发热电缆的发热导体宜使用纯金属或金属合金材料，发热电缆必须有接地屏蔽层。

（4）发热电缆的轴向上分别为发热用的热线和连接用的冷线，其冷热导线的接头应安全可靠，并应满足至少 50 年的非连续正常使用寿命。

发热电缆的型号和商标应有清晰标志，冷热线接头位置应有明显标志。

（二）应用设计

（1）当面层采用带龙骨的架空木地板时,发热电缆应敷设在木地板与龙骨之间的绝热层上,可不设置豆石混凝土填充层;发热电缆的线功率不宜大于10W/m;绝热层与地板间净空不宜小于30mm。

（2）发热电缆地面辐射供暖系统的混凝土填充层厚度不宜小于35mm。

（3）在靠近外窗、外墙等局部热负荷较大区域,发热电缆应较密铺设。发热电缆之间的最大间距不宜超过300mm,且不应小于50mm;距离外墙内表面不得小于100mm。

（4）发热电缆的布置,可选择采用平行型(直列型)或回折型(旋转型),设计平面图中应绘出加热电缆的具体布置形式。

发热电缆的布置应考虑对地面家具的影响。地面的固定设备和卫生洁具下面不应布置发热电缆。

（5）每个房间宜独立安装一根发热电缆,不同温度要求的房间不宜共用一根发热电缆;每个房间宜通过发热电缆温控器单独控制温度。发热电缆温控器的工作电流不得超过其额定电流。

（6）发热电缆地面辐射供暖系统采用温控器与接触器等其他控制设备结合的形式实现控制功能,按照感温对象的不同分为室温型、地温型和双温型三种,温控器的选用类型应符合以下要求。

①高大房间、浴室、卫生间、游泳池等区域,应采用地温型温控器。

②对需要同时控制室温和限制地表温度的场合应采用双温型温控器。发热电缆温控器的选型应考虑使用环境的潮湿情况。

（7）发热电缆温控器应设置在附近无散热体、周围无遮挡物、不受风直吹、不受阳光直晒、通风干燥、能正确反映室内温度位置,不宜设在外墙上,设置高度宜距地面1.4m。地温传感器不应被家具等覆盖或遮挡,宜布置在人员经常停留的位置。

（8）发热电缆系统的供电方式,宜采用AC220V供电。当进户回路负载超过12kW时,可采用AC220V/380V三相四线制供电方式,多根发热电缆接入220V/380V三相系统时应使三相平衡。发热电缆的线功率不宜大于20W/m。

（9）配电箱应具有过流保护和漏电保护功能,每个供电回路应设带漏电保护装置的双极开关。

（10）发热电缆地面辐射供暖系统的电气设计应符合国家现行标准JCJ/T16《民用建筑电气设计规范》和GB50303—2002《建筑电气工程施

地面铺装的装饰性

工质量验收规范》中的有关规定。

（11）发热电缆的接地线必须与电源的地线连接。地温传感器穿线管应选用硬质套管。

（12）供暖电耗要求单独计费时，发热电缆系统的电器回路宜单独设置。

（三）施工及施工要点

1. 发热电缆系统的安装

（1）发热电缆应按照施工图纸标定的电缆间距和走向敷设，发热电缆应保持平直，电缆间距的安装误差不应大于10mm。发热电缆敷设前，应对照施工图纸核对发热电缆的型号，并应检查电缆的外观质量，测量其标称电阻和绝缘电阻，并做好记录。

（2）发热电缆出厂后严禁剪裁和拼接，有外伤或破损的发热电缆严禁敷设。

（3）发热电缆施工前，应确认电缆冷线预留管、温控器接线盒、地温传感器预留管、供暖配电箱等预留、预埋工作已完毕。

（4）电缆的弯曲半径不应小于生产企业规定的限值，且不得小于6倍电缆直径。

（5）发热电缆下应铺设钢丝网或金属固定带，发热电缆不得被压入绝缘材料中。发热电缆应采用扎带固定在钢丝网上，或直接用金属固定带固定。

（6）发热电缆的热线部分严禁进入冷线预留管。发热电缆的冷热线接头应设在填充层内。

（7）发热电缆间有交叉搭接时，严禁电缆通电。施工过程中严禁操作人员踩踏发热电缆。

（8）发热电缆安装完毕后应绘制竣工图，并应正确标注发热电缆敷设位置及地温传感器埋设地点。

（9）发热电缆安装完毕，应再次检测其标称电阻和绝缘电阻，并做好记录。

（10）发热电缆温控器的温度传感器安装，应按生产企业相关技术要求进行。发热电缆的温控器应水平安装并应牢固固定，温控器应设在通风良好且不被风直吹处，也不得被家具遮挡，温控器的四周不得有热源体。

（11）发热电缆温控器安装时，应将发热电缆可靠接地。

第六章　特殊面层地面铺装的装饰性

（12）在填充层施工完毕后，还应对发热电缆进行一次标称电阻和绝缘电阻的检测，并做好记录。

2. 伸缩缝的设置

参见"低温热水地面辐射供暖"中的相关内容。

3. 调试和试运行

（1）发热电缆地面辐射供暖系统未经调试严禁运行使用。调试工作应在具备供暖和供电的条件下进行。

（2）发热电缆地面辐射供暖系统的调试工作应由施工单位在建设单位的配合下进行。调试和试运行工作应在地面混凝土填充层养护期满后，正式采暖运行前进行。

（3）发热电缆地面辐射供暖系统初始通电加热时，应控制室温平缓上升，直至达到设计要求。

（4）发热电缆温控器的调试应按照不同型号温控器安装调试说明书进行。

（5）地面辐射供暖系统的供暖效果，应以房间中央离地 1.5m 处黑球温度计指示的温度，作为评价和检测的依据。

参考文献

[1] 陈雁,李国年.地面装饰工程施工技术[M].北京:中国劳动社会保障出版社,2011.
[2] 李书田.现代建筑地面装饰材料与施工[M].北京:中国电力出版社,2010.
[3] 毛苹.地面装饰构造与施工工艺[M].北京:机械工业出版社,2009.
[4] 北京土木建筑学会.装饰装修工程施工技术质量控制实例手册[M].北京:中国电力出版社,2008.
[5] 刘念华.地面装饰工程[M].北京:化学工业出版社,2008.
[6] 李益中.样板生活[M].武汉:华中科技大学出版社,2007.
[7] 宋业功.装饰装修工程施工技术与质量控制[M].北京:中国建材工业出版社,2007.
[8] 李继业.现代工程材料实用手册[M].北京:化学工业出版社,2007.
[9] 王海平.建筑装饰装修工程施工与验收手册[M].北京:中国建筑工业出版社,2007.
[10] 万治华.建筑装饰装修构造与施工技术[M].北京:化学工业出版社,2006.
[11] 陈建平.建筑装饰施工技术[M].天津:天津科学技术出版社,2006.
[12] 李国梁.装饰装修工程施工禁忌手册[M].北京:机械工业出版社,2006.
[13] 李继业.现代建筑装饰工程手册[M].北京:化学工业出版社,2006.
[14] 周菁.建筑装饰装修技术手册[M].合肥:安徽科学技术出版社,2006.
[15] 陆平,黄燕生.建筑装饰材料[M].北京:化学工业出版社,2006.
[16] 张晓丹.地面装饰施工技术[M].北京:高等教育出版社,2005.

参考文献

[17] 李继业. 建筑装饰施工技术 [M]. 北京：化学工业出版社, 2005.

[18] 李继业. 建筑及装饰工程质量问题与防治措施 [M]. 北京：中国建材工业出版社, 2005.

[19] 方世康. 地面装饰构造与施工工艺 [M]. 北京：高等教育出版社, 2005.

[20] 杨天佑. 简明装饰装修施工与质量验收手册 [M]. 北京：中国建筑工业出版社, 2004.

[21] 北京城建集团. 建筑装饰装修工程施工工艺标准 [M]. 北京：中国计划出版社, 2004.

[22] 田永复. 编制装饰装修工程量清单与定额 [M]. 北京：中国建筑工业出版社, 2004.

[23] 王朝熙. 建筑装饰装修施工工艺标准手册 [M]. 北京：中国建筑工业出版社, 2004.

[24] 装饰工程施工技术丛书编委会. 地面装饰工程施工技术 [M]. 北京：中国标准出版社, 2004.

[25] 朱艳. 建筑装饰工程概预算教程 [M]. 北京：中国建材工业出版社, 2004.

[26] 许炳权. 装饰装修施工技术 [M]. 北京：中国建材工业出版社, 2003.

[27] 杨天佑. 建筑装饰装修工程（新规范）技术手册 [M]. 广州：广东科技出版社, 2003.

[28] 马有占. 建筑装饰施工技术 [M]. 北京：机械工业出版社, 2003.

[29] 李继业. 建筑装饰材料 [M]. 北京：科学出版社, 2002.

[30] 建筑装饰工程手册编写组. 建筑装饰工程手册 [M]. 北京：机械工业出版社, 2002.

[31] 彭圣浩. 建筑工程质量通病防治手册 [M]. 北京：中国建筑工业出版, 2002.

[32] 刘念华. 建筑装饰施工技术 [M]. 北京：科学出版社, 2002.

[33] 章俊华. 居住区景观设计Ⅱ [M]. 北京：中国建筑工业出版社, 2001.

[34] 中国建筑装饰协会. 建筑装饰实用手册 [M]. 北京：中国建筑工业出版社, 2000.

[35] 韩建新. 21世纪建筑新技术论丛 [M]. 上海：同济大学出版社, 2000.

地面铺装的装饰性

[36] 宋文章. 如何选用居室装饰材料 [M]. 北京：化学工业出版社，2000.

[37] 安素琴. 建筑装饰材料 [M]. 北京：中国建筑工业出版社，2000.

[38] 陈卫华. 建筑装饰构造 [M]. 北京：中国建筑工业出版社，2000.